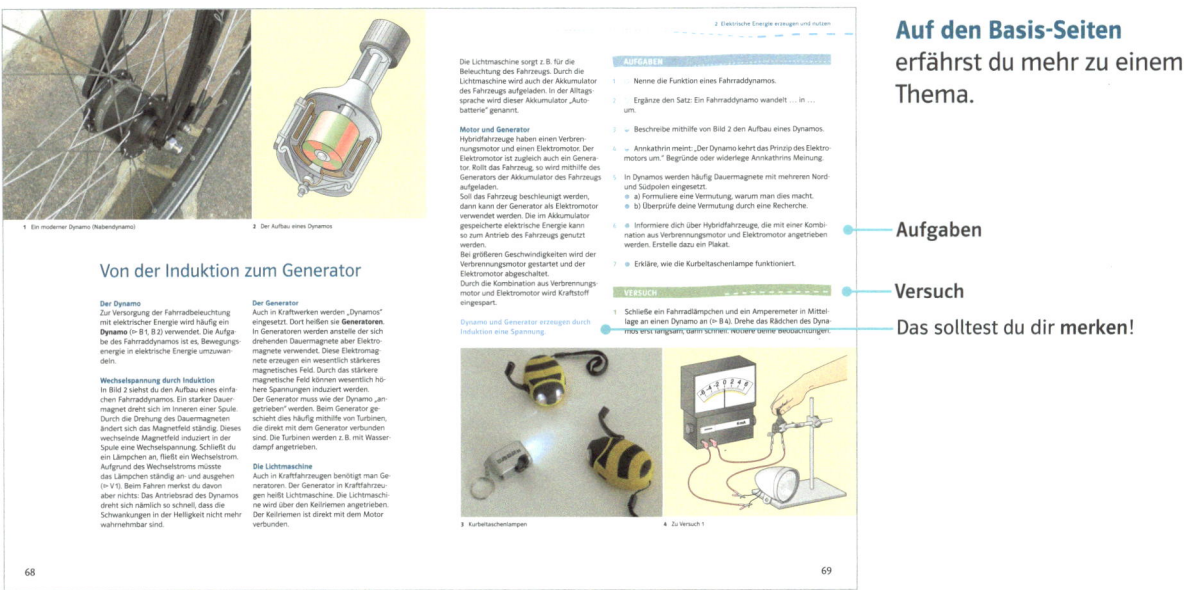

1 Ein moderner Dynamo (Nabendynamo)

2 Der Aufbau eines Dynamos

Von der Induktion zum Generator

Der Dynamo
Zur Versorgung der Fahrradbeleuchtung mit elektrischer Energie wird häufig ein **Dynamo** (▷ B 1, B 2) verwendet. Die Aufgabe des Fahrraddynamos ist es, Bewegungsenergie in elektrische Energie umzuwandeln.

Wechselspannung durch Induktion
In Bild 2 siehst du den Aufbau eines einfachen Fahrraddynamos. Ein starker Dauermagnet dreht sich im Inneren einer Spule. Durch die Drehung des Dauermagneten ändert sich das Magnetfeld ständig. Dieses wechselnde Magnetfeld induziert in der Spule eine Wechselspannung. Schließt du ein Lämpchen an, fließt ein Wechselstrom. Aufgrund des Wechselstroms müsste das Lämpchen ständig an- und ausgehen (▷ V 1). Beim Fahren merkst du davon aber nichts: Das Antriebsrad des Dynamos dreht sich nämlich so schnell, dass die Schwankungen in der Helligkeit nicht mehr wahrnehmbar sind.

Der Generator
Auch in Kraftwerken werden „Dynamos" eingesetzt. Dort heißen sie **Generatoren**. In Generatoren werden anstelle der sich drehenden Dauermagnete aber Elektromagnete verwendet. Diese Elektromagnete erzeugen ein wesentlich stärkeres magnetisches Feld. Durch das stärkere magnetische Feld können wesentlich höhere Spannungen induziert werden. Der Generator muss wie der Dynamo „angetrieben" werden. Beim Generator geschieht dies häufig mithilfe von Turbinen, die direkt mit dem Generator verbunden sind. Die Turbinen werden z. B. mit Wasserdampf angetrieben.

Die Lichtmaschine
Auch in Kraftfahrzeugen benötigt man Generatoren. Der Generator in Kraftfahrzeugen heißt Lichtmaschine. Die Lichtmaschine wird über den Keilriemen angetrieben. Der Keilriemen ist direkt mit dem Motor verbunden.

Die Lichtmaschine sorgt z. B. für die Beleuchtung des Fahrzeugs. Durch die Lichtmaschine wird auch der Akkumulator des Fahrzeugs aufgeladen. In der Alltagssprache wird dieser Akkumulator „Autobatterie" genannt.

Motor und Generator
Hybridfahrzeuge haben einen Verbrennungsmotor und einen Elektromotor. Der Elektromotor ist zugleich auch ein Generator. Rollt das Fahrzeug, so wird mithilfe des Generators der Akkumulator des Fahrzeugs aufgeladen.
Soll das Fahrzeug beschleunigt werden, dann kann der Generator als Elektromotor verwendet werden. Die im Akkumulator gespeicherte elektrische Energie kann so zum Antrieb des Fahrzeugs genutzt werden.
Bei größeren Geschwindigkeiten wird der Verbrennungsmotor gestartet und der Elektromotor abgeschaltet.
Durch die Kombination aus Verbrennungsmotor und Elektromotor wird Kraftstoff eingespart.

Dynamo und Generator erzeugen durch Induktion eine Spannung.

AUFGABEN
1. Nenne die Funktion eines Fahrraddynamos.
2. Ergänze den Satz: Ein Fahrraddynamo wandelt ... in ... um.
3. Beschreibe mithilfe von Bild 2 den Aufbau eines Dynamos.
4. Annkathrin meint: „Der Dynamo kehrt das Prinzip des Elektromotors um." Begründe oder widerlege Annkathrins Meinung.
5. In Dynamos werden häufig Dauermagnete mit mehreren Nord- und Südpolen eingesetzt.
   a) Formuliere eine Vermutung, warum man dies macht.
   b) Überprüfe deine Vermutung durch eine Recherche.
6. Informiere dich über Hybridfahrzeuge, die mit einer Kombination aus Verbrennungsmotor und Elektromotor angetrieben werden. Erstelle dazu ein Plakat.
7. Erkläre, wie die Kurbeltaschenlampe funktioniert.

VERSUCH
1. Schließe ein Fahrradlämpchen und ein Amperemeter in Mittellage an einen Dynamo an (▷ B 4). Drehe das Rädchen des Dynamos erst langsam, dann schnell. Notiere deine Beobachtungen.

3 Kurbeltaschenlampen

4 Zu Versuch 1

68

69

Auf den Basis-Seiten

erfährst du mehr zu einem Thema.

— Aufgaben

— Versuch

— Das solltest du dir **merken!**

Symbole im Buch

1 **Schülerversuch:** Auch die Schülerversuche darfst du nur auf Anweisung der Lehrkraft durchführen. Die allgemeinen Hinweise zur Vermeidung von Unfällen beim Experimentieren müssen bekannt sein.

1ᴸ **Lehrerversuch**

! **Gefahrenhinweis:** Hier müssen besondere Vorsichtsmaßnahmen getroffen werden.

👍 **Super!**

❓ Wenn du noch Fragen hast, dann schau auf dieser Seite nach.

▷ B 2 **Bildverweis**

► Verweis auf ein Basiskonzept oder eine andere Seite

Aufgaben:
○ einfach
◐ mittel
● schwer

Zusatzangebote im Internet:

Auf den Einstiegsseiten im Buch findest du Prisma-Codes.

🌐 29z2u3

Diese Codes führen dich zu weiteren Informationen, Materialien oder Übungen im Internet.
Gib den Code einfach in das Suchfeld auf **www.klett.de** ein.

PRISMA Physik 9|10

Niedersachsen

Marion Barmeier
Klaus Hell
Wolfgang Kugel
Till Stephan
Oliver Wegner

Ernst Klett Verlag
Stuttgart · Leipzig

Inhalt

1 Bewegte Körper und ihre Energie

6 Die Geschwindigkeit
8 STRATEGIE Präsentieren mit dem Beamer
10 Geschwindigkeiten im Straßenverkehr
11 EXTRA Geschwindigkeiten berechnen
12 Geschwindigkeit und Diagramme
14 Die beschleunigte Bewegung
16 EXTRA Beschleunigungen berechnen
18 WERKSTATT Beschleunigung: Zeit und Weg messen
20 EXTRA Das Zeit-Weg-Gesetz
21 EXTRA Der beschleunigte Mensch
22 Der freie Fall
23 Die verzögerte Bewegung
24 Bremsweg und Anhalteweg
26 Faustformeln im Straßenverkehr
27 STRATEGIE Eine Mind-Map erstellen
28 EXTRA Das Newton'sche Kraftgesetz
30 Bewegung und Energie
31 Energiesparen im Straßenverkehr
32 EXTRA Verbrennungsmotoren
34 Der Wirkungsgrad
36 Höhen- und Bewegungsenergie
38 EXTRA Berechnungen mit der Energie
40 Energie pro Zeit
41 LEXIKON Was Fahrzeuge leisten
42 Berufe rund um den Straßenverkehr
44 Zusammenfassung: Bewegte Körper
und ihre Energie
45 Aufgaben

2 Elektrische Energie erzeugen und nutzen

48 Elektrische Größen – Übersicht
50 WERKSTATT Energie und Leistung im Alltag
51 Elektrische Energie sparen
52 Rund um den Magnetismus
54 Elektrizität und Magnetismus
56 Magnetfelder um Draht und Spule
57 LEXIKON Geräte mit Elektromagneten
58 Elektromotoren
60 WERKSTATT Ein einfacher Elektromotor
61 EXTRA Oersted und Faraday
62 Die elektromagnetische Induktion
64 WERKSTATT Induktion im Versuch
65 EXTRA Verändern der Induktionsspannung
66 Wechselspannung
68 Von der Induktion zum Generator
70 EXTRA Generatoren in der Technik
72 Der Transformator
74 EXTRA Berechnungen am Transformator
76 LEXIKON Transformatoren im Alltag
77 STRATEGIE Lernen in der Gruppe
78 Elektrische Energieübertragung
80 Edison vs. Westinghouse
81 EXTRA Vorteile der Verbundnetze
82 Woher kommt unsere Nutzenergie?
84 Wärmekraftwerke
86 Regenerative Energiequellen nutzen
88 LEXIKON Kraftwerke
90 EXTRA Windkraftwerke: Onshore und Offshore
92 Treibhauseffekt und Klimawandel
94 STRATEGIE Planspiel: Die Biogasanlage
96 Neue Leitungen braucht das Land
97 Berufe in der Energieversorgung
98 Zusammenfassung: Elektrische Energie erzeugen
und nutzen
99 Aufgaben

3 Radioaktivität und Kernenergie

102 Das Atom
104 Zehn hoch
106 Woher wissen wir das eigentlich?
108 Der Radioaktivität auf der Spur
110 Ionisierende Strahlung ist überall
111 **WERKSTATT** Radioaktivität wird gemessen
112 Drei Arten von Strahlung
114 Halbwertszeit und Zerfallsreihen
116 **WERKSTATT** Modellversuche zur Halbwertszeit
117 **EXTRA** Berechnungen zur Halbwertszeit
118 Die Aktivität
120 Radioaktivität in der Medizin
121 **EXTRA** Bestrahlen von Lebensmitteln
122 Die Kernspaltung
124 Die Kettenreaktion
126 Das Kernkraftwerk
128 Sicherheit in Kernkraftwerken
129 **STRATEGIE** Recherchieren und zitieren
130 Radioaktive Abfälle: Gorleben und Asse
132 Unfälle in Kernkraftwerken
134 Strahlenschäden beim Menschen
136 Entwicklung der Kernenergie
137 **STRATEGIE** Kompetent bewerten und entscheiden
138 **EXTRA** Geschichte der Kernenergie
140 Berufe: Kerntechnik und Strahlung
142 Zusammenfassung: Radioaktivität und Kernenergie
143 Aufgaben

4 Daten, Dioden und Elektronik

146 Der Mensch sammelt Daten
148 Analog, digital und binär
150 Datenübertragung mit dem Telefon
151 **LEXIKON** Telefone
152 Funkübertragung
154 Halbleiter
156 Der Leitungsvorgang in Halbleitern
158 Die Diode
160 **EXTRA** Das Innere einer Diode
162 Die Solarzelle – ein Minikraftwerk
164 Elektronik im Alltag
165 Immer online?
166 Zusammenfassung: Daten, Dioden und Elektronik
167 Aufgaben

Basiskonzepte

168 Basiskonzept: Energie
172 Basiskonzept: System
174 Basiskonzept: Struktur der Materie
176 Basiskonzept: Wechselwirkung

Anhang

178 Musterlösungen
183 Hilfe zu den Arbeitsaufträgen
184 Stichwortverzeichnis
186 Tabellen
188 Periodensystem der Elemente
190 Bildnachweis

1 Bewegte Körper und ihre Energie

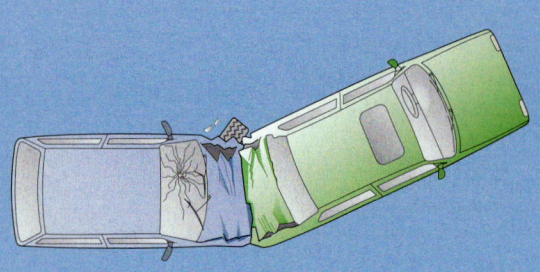

- Was ist ein freier Fall?

- Wie wird Energie im Auto umgewandelt?

- Was ist Beschleunigung?

- „Mein Auto schafft es von 0 auf 100 in 8,5 Sekunden!"
  Was bedeutet das?

- Woher bekommen Snowboardfahrer die Geschwindigkeit?

Die Geschwindigkeit

Den Begriff der Geschwindigkeit hast du bereits früher kennengelernt. Hier findest du noch einmal eine Übersicht über alle wichtigen Begriffe rund um die Geschwindigkeit.

Geschwindigkeit beim Fahrradfahren

Antje fährt mit ihrem Fahrrad über eine lange gerade Straße (▷ B 2). Das Tachometer ihres Fahrrads zeigt eine Geschwindigkeit von 20 km/h an. Antje überlegt sich, was diese Angabe bedeutet. Schnell wird ihr klar: Bei dieser Geschwindigkeit legt sie einen Weg von 20 Kilometern innerhalb der Zeit von einer Stunde zurück. Innerhalb der Zeit von einer halben Stunde wird sie nur einen Weg von zehn Kilometern schaffen.

Weg pro Zeit

Die Geschwindigkeit gibt an, welchen Weg ein Körper in einer bestimmten Zeit zurücklegt:

$$\text{Geschwindigkeit} = \frac{\text{Weg}}{\text{Zeit}}$$

Der zurückgelegte Weg wird auch Strecke genannt.

Formelzeichen

In der Physik wird die Geschwindigkeit mit dem kleinen Buchstaben *v* abgekürzt. Der kleine Buchstabe *s* steht für den zurückgelegten Weg. Für die benötigte Zeit schreibt man ein *t*.

Einheit der Geschwindigkeit

Der zurückgelegte Weg wird in der Einheit Meter (m) gemessen. Die Messung der benötigten Zeit erfolgt in der Einheit Sekunde (s).
Wenn die Geschwindigkeit das Ergebnis der Division von Weg und Zeit ist, dann ist die Einheit der Geschwindigkeit Meter pro Sekunde (m/s).
Sehr häufig wird für die Angabe von Geschwindigkeiten auch die Einheit Kilometer pro Stunde (km/h) verwendet.

Gleichförmige Bewegung

Ein Auto fährt auf einer Autobahn (▷ B 1). Es fährt mit einer gleichbleibenden Geschwindigkeit, z. B. 130 km/h. So eine Bewegung wird **gleichförmige Bewegung** genannt. Bei einer gleichförmigen Bewegung legt ein Körper gleich lange Wege in gleichen Zeiten zurück. Hier heißt das: In

2 Mit dem Fahrrad unterwegs

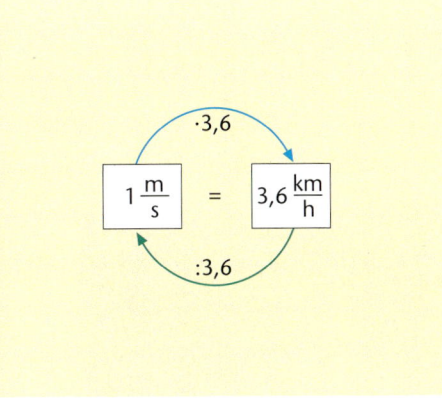

3 Umrechnung der Einheiten

der ersten Stunde legt das Auto einen Weg von 130 km zurück, in der zweiten Stunde wieder 130 km und in der dritten Stunde ebenfalls usw.

Für eine gleichförmige Bewegung gilt: In der doppelten (3-fachen, 4-fachen, …) Zeit legt ein Körper auch den doppelten (3-fachen, 4-fachen, …) Weg zurück. Man sagt auch: Zeit und Weg sind bei einer gleichförmigen Bewegung proportional zueinander.

Beispiel: Das Auto legt in einer Stunde einen Weg von 130 km zurück. Nach 2 Stunden sind es 260 km, nach 3 Stunden 390 km usw.

Durchschnittsgeschwindigkeit und Momentangeschwindigkeit

Bei Bewegungen, die nicht gleichförmig sind, muss man zwischen der **Durchschnittsgeschwindigkeit** und der **Momentangeschwindigkeit** unterscheiden.

Die Momentangeschwindigkeit ist die Geschwindigkeit, die ein Körper im Moment hat. In einem Auto wird die Momentangeschwindigkeit am Tachometer angezeigt.

Die Durchschnittsgeschwindigkeit ergibt sich aus dem insgesamt zurückgelegten Weg und der insgesamt benötigten Zeit.

In der Durchschnittsgeschwindigkeit sind damit zum Beispiel Pausen oder rote Ampeln berücksichtigt.

Die Geschwindigkeit ist Weg pro Zeit. Legt ein Körper gleich lange Wege in gleichen Zeiten zurück, spricht man von einer gleichförmigen Bewegung.

AUFGABEN

1 ○ Ergänze folgenden Satz für eine gleichförmige Bewegung: „In der 3-fachen Zeit wird der … Weg zurückgelegt."

2 ○ Ordne richtig zu: Zeit – Geschwindigkeit – Weg – v – t – s.

3 ○ a) Gib die beiden Einheiten für die Geschwindigkeit an.
   ○ b) Übertrage Bild 3 in dein Heft.
   ◔ c) Ein Flugzeug fliegt mit einer Geschwindigkeit von 278 m/s von Hannover nach Kreta. Stelle diese Geschwindigkeit in der Einheit km/h dar.

4 ◔ Bestimme, welchen Weg das Auto im Text nach einer halben Stunde und nach 1,5 Stunden zurückgelegt hat.

5 ◔ Erstellt ein Quiz mit Fragen, die mithilfe dieser Doppelseite beantwortet werden können. Spielt das Quiz in der Klasse. Falls deine Mitschülerinnen und Mitschüler eine Antwort nicht wissen, dürfen sie im Schulbuch nachsehen.

6 ● Erkläre an einem eigenen Beispiel den Unterschied zwischen der Durchschnittsgeschwindigkeit und der Momentangeschwindigkeit.

Präsentieren mit dem Beamer

1 Eine gute Vorbereitung ist wichtig.

Oft wird zur Präsentation eines Referats oder Vortrags der Computer eingesetzt. Dabei kommt es darauf an, dass du nicht nur mit PC, Laptop und Beamer, sondern auch mit dem Präsentationsprogramm umgehen kannst.

Zu dieser Form der Präsentation gehört aber nicht nur das Beherrschen von Hardware und Software. Damit deine Präsentation ein Erfolg wird, solltest du folgende Punkte berücksichtigen:
- das genaue Thema deiner Präsentation,
- die zur Verfügung stehende Zeit,
- die Erwartungen deiner Zuhörerinnen und Zuhörer.

Vorbereiten der Präsentation
Zuerst solltest du den Inhalt deiner Präsentation festlegen und eine grobe Gliederung anfertigen. Diese bestimmt auch die Menge deiner Folien. Fertige zuerst schriftliche Notizen an. Jede gelungene Präsentation entsteht auf dem Papier.

Jetzt geht es los!
Starte nun dein Präsentationsprogramm. Du kannst entweder mit einem Assistenten arbeiten, der dich beim Erstellen der Präsentation begleitet, oder eine leere Präsentation öffnen. Im zweiten Fall musst du ein wenig experimentieren, bis du alle Funktionen kennengelernt hast. Meist hast du die Wahl zwischen verschiedenen Layouts. Entscheide dich für eines und verwende es durchgängig, sonst wirkt deine Präsentation unruhig.

Die einzelne Folie als Medium
Beachte, dass die Folien deinen Vortrag nicht ersetzen, sondern nur unterstützen sollen. Beachte deshalb:
- Eine gute Folie zeigt nur das Wesentliche. Sie muss nicht alles zeigen.
- Beschrifte die Folien nie ganz bis zum Rand.
- Beschränke den Text auf die zentralen Aussagen.
- Plane höchstens acht Wörter pro Zeile ein.
- Wähle maximal drei verschiedene Schriftgrößen zwischen 16 pt und 20 pt.

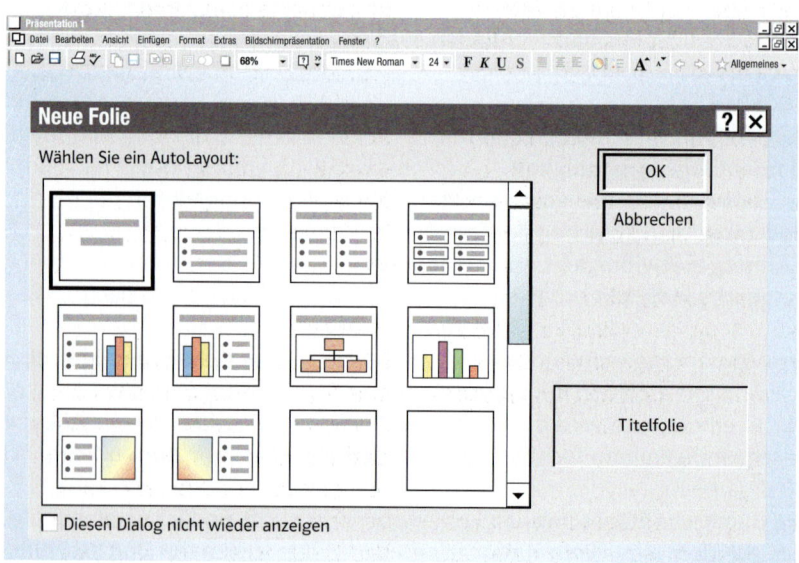

2 Folienvorschläge im Präsentationsprogramm

– Der Zeilenabstand sollte mindestens 1,5 betragen.
– Verwende höchstens zwei unterschiedliche Schriftarten, sonst wirkt die Seite zu unübersichtlich.

Ein Wort zur Farbe

Gerade bei der Farbauswahl deiner Seiten musst du vorsichtig sein. Gestalte deine Präsentation nicht zu bunt, zwei bis drei Farben sind genug. Eine Seite mit weißem Hintergrund kann dagegen „leer" und langweilig wirken.

Denke daran, dass du viel Druckerfarbe verbrauchst, wenn du deine Präsentation auf Papier ausdrucken willst. Falls du für deine Mitschüler ein Handout ausgeben willst, sollte dieses nur schwarz-weiß ausgedruckt werden.

Ein paar wichtige Regeln zum Animieren – weniger ist mehr

Viele Präsentationsprogramme bieten Spezialeffekte an. Wenn du eine Präsentation vorführen willst, sollte aber der Inhalt im Vordergrund stehen. Deine Zuhörer lesen von links nach rechts. Blende die Textbausteine also von links ein. Möchtest du einen Punkt besonders hervorheben, kannst du ihn von rechts einblenden – das weckt die Aufmerksamkeit.

Das gilt auch für Klänge. Eine gelegentliche musikalische Einlage lässt das Publikum aufhorchen. Andauernde Hintergrundgeräusche stören dagegen nur.

Vor Publikum

Positioniere den Computer so, dass du deine Zuhörer während des Vortrags anschaust. Beim Präsentieren

3 Laptop und Beamer

musst du das Tempo, in dem du die Folien zeigst, richtig bemessen. Zu schnell gezeigte Inhalte machen deine Zuhörer nervös. Zu kurz präsentierte Folien können die Zuhörer so schnell nicht erfassen. Probiere den zeitlichen Ablauf vor „Testhörern" aus, bevor du vor dein Publikum trittst. Hast du Spezialeffekte eingeplant, sprich nicht in diese hinein, sondern lasse dem Publikum genügend Zeit, um sie anzuschauen.

Doppelt hält besser

Nichts ist ärgerlicher, als wenn eine Präsentation an technischen Problemen scheitert. Kontrolliere deshalb vor deiner Präsentation, ob Computer und Beamer funktionieren und alle notwendigen Verbindungskabel da sind. Das gilt insbesondere dann, wenn du einen

fremden Präsentationscomputer verwendest.

AUFGABEN

1 ⬭ Erstellt in der Gruppe eine Computer-Präsentation zu den Inhalten von S. 6/7.

2 ⬭ Recherchiere, wie hoch Geschwindigkeiten im Straßenverkehr sind. Berücksichtige dabei unterschiedliche Gegenden, z. B. Städte und Autobahnen. Erstelle dann eine Computer-Präsentation dazu.

3 ⬭ Recherchiere die Geschwindigkeiten verschiedener Fahrzeuge. Berücksichtige Fahrzeuge am Boden, im Wasser und in der Luft. Erstelle dann eine Computer-Präsentation dazu.

1 Unterschiedliche Geschwindigkeiten

2 Geschwindigkeitskontrolle

Geschwindigkeiten im Straßenverkehr

Unterschiedliche Geschwindigkeiten

Auf einer langen, geraden Straße fährt ein langsam fahrender Traktor. Jens fährt mit seinem Auto hinter dem Traktor her und ist über die geringe Geschwindigkeit des Traktors genervt. Der Traktor fährt mit einer Geschwindigkeit von 15 km/h. Jens will unbedingt den Traktor überholen. Zwar sieht Jens in der Ferne ein entgegenkommendes Auto. Er denkt sich aber, dass er das noch schafft – aber dann ist es auch schon passiert, ein Unfall!

Geschwindigkeiten einschätzen

Häufig schätzen wir Geschwindigkeiten im Straßenverkehr falsch ein. Eine überlegte Fahrweise und ein Blick auf das Tachometer helfen, Unfälle zu vermeiden.

Geschwindigkeitskontrollen

Vor allem an Unfallschwerpunkten, Baustellen oder Ortseingängen werden Geschwindigkeitskontrollen durchgeführt (▷ B 2). Autofahrer sind häufig überrascht, wie schnell sie gefahren sind.

Gerade im alltäglichen Straßenverkehr werden Geschwindigkeiten meistens falsch eingeschätzt. Vermeidbare Unfälle sind die Folge.

AUFGABEN

1 ○ Beschreibe, was Jens falsch gemacht hat.

2 ◐ Janina fährt auf eine Kreuzung zu. Wenn ein Auto von rechts kommt, muss sie ihm die Vorfahrt lassen. Ein Auto kann sie 1 s vorher sehen und sie hat dann noch 5 m bis zur Kreuzungsmitte. Sie durchfährt die Kreuzung mit 20 km/h. Sie sagt: „Rechtzeitig bremsen kann ich ja immer noch." Bewerte ihre Fahrweise.

3 ● Recherchiere, wie die Geschwindigkeitsmessung mit einer Laser-Pistole funktioniert.

Geschwindigkeiten berechnen

Berechnung der Geschwindigkeit

Die Geschwindigkeit v ist der Quotient aus dem zurückgelegten Weg s und der dafür benötigten Zeit t. Die Formel lautet:

$$v = \frac{s}{t}$$

Mit dieser Formel kann man Geschwindigkeiten von bewegten Körpern (z.B. von einem Auto) berechnen. In Bild 2 siehst du ein Beispiel.

Das Rechendreieck

Das Rechendreieck ist ein gutes Hilfsmittel, um im Physik-Unterricht Rechenaufgaben richtig zu lösen (▷ B 1). Vor dem Lösen der Aufgabe musst du allerdings genau überlegen, welche physikalische Größe gesucht ist.

Ist beispielsweise die Zeit t gesucht, musst du das t mit dem Finger zuhalten. Dann siehst du sofort, was du rechnen musst:

$$t = \frac{s}{v}$$

Soll dagegen der Weg s ausgerechnet werden, dann liefert das Rechendreieck folgende Formel:

$$s = v \cdot t$$

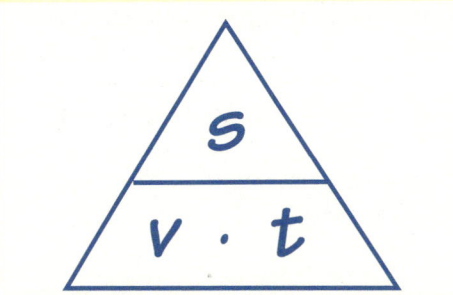

1 Rechendreieck

Gegeben: $s = 100\,m$;
$\qquad\quad t = 16\,s$

Gesucht: v

Lösung: $v = \frac{s}{t}$

$\qquad\qquad v = \frac{100\,m}{16\,s}$

$\qquad\qquad v = 6,25\,\frac{m}{s}$

2 Beispielrechnung

AUFGABEN

1　◗ Ein Auto hat eine Geschwindigkeit von 50 km/h. Berechne, welchen Weg das Auto in einer Sekunde zurücklegt.

2　◗ Eine Fahrradfahrerin hat eine Geschwindigkeit von 25 km/h. Berechne, welche Zeit sie benötigt, um einen Weg von 120 Metern zurückzulegen.

3　● Ein Fußgänger benötigt für einen 10 km langen Weg 1 h 40 min. Ein Auto legt einen Weg von 180 km in zwei Stunden zurück. Ein ICE braucht für einen 75 km langen Weg 45 min. Berechne und vergleiche die Geschwindigkeiten.

1 Beispiel für die Bewegung eines Körpers: Fahrender Pkw

Geschwindigkeit und Diagramme

Erstellen von Diagrammen

Mit der Hilfe von Diagrammen lassen sich in der Physik bestimmte Zusammenhänge viel besser darstellen und auch viel leichter interpretieren, als das mit reinen Zahlenwerten möglich wäre. Solche Diagramme kannst du selbstverständlich mit einem Bleistift in deinem Heft eigenhändig zeichnen. Allerdings bieten auch Tabellenkalkulationsprogamme am Rechner die Möglichkeit, aus vorgegebenen Zahlenwerten schnell und einfach dazugehörige Diagramme zu erstellen.

Zeit-Weg-Diagramm

Die Bewegung eines Körpers (▷ B 1) lässt sich zeichnerisch mit einem **t-s-Diagramm (Zeit-Weg-Diagramm)** darstellen. Auf der x-Achse (waagerechte Achse) wird die Zeit t und auf der y-Achse (senkrechte Achse) der Weg s eingetragen (▷ B 2). Bei einer gleichförmigen Bewegung entsteht eine ansteigende Gerade.

In Bild 2 erkennt man deutlich, dass das Motorrad eine größere Geschwindigkeit als der Pkw hat. Das erkennst du daran, dass die rote Gerade des Motorrads steiler verläuft als die blaue Gerade des Pkws.

Mit der Hilfe des Diagramms kannst du auch Geschwindigkeiten bestimmen. Dazu suchst du dir innerhalb des Diagramms einen beliebigen Zeitpunkt heraus und liest den entsprechend zurückgelegten Weg ab.

Zeit t in min	Weg s in km
5	1
10	2
15	3
30	6

4 Messwerte eines Langstreckenläufers

Zeit t in h	Weg s in km
0,5	10
1	20
2	40
4	80

5 Messwerte eines Fahrradfahrers

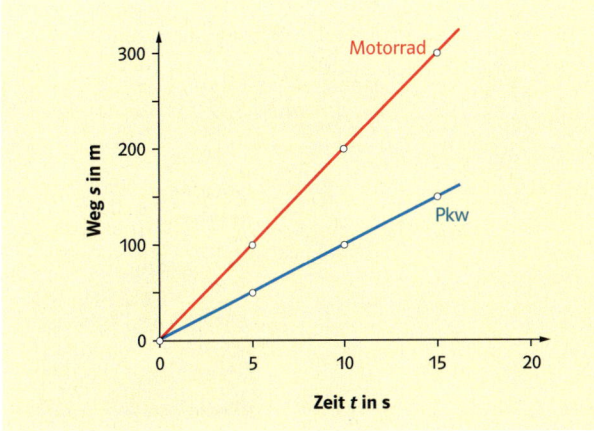

2 Zeit-Weg-Diagramm

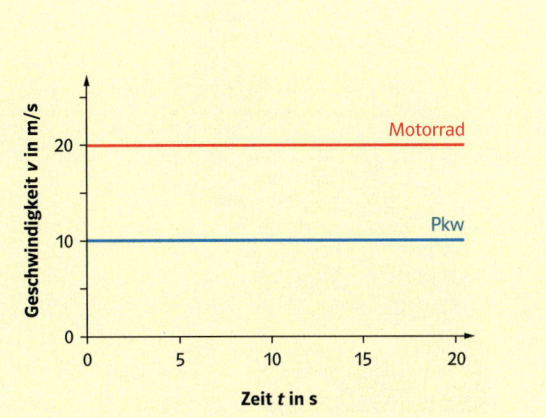

3 Zeit-Geschwindigkeits-Diagramm

Beispiel: Zur Zeit t = 5 s hat das Motorrad einen Weg von rund 100 Metern zurückgelegt. Die Geschwindigkeit des Motorrads beträgt also rund 100 m/5 s und damit 20 m/s.

Zeit-Geschwindigkeits-Diagramm

Stellt man in einem Diagramm den Zusammenhang von Zeit t und Geschwindigkeit v dar, spricht man von einem ***t-v*-Diagramm (Zeit-Geschwindigkeits-Diagramm)**. In einem t-v-Diagramm wird auf der x-Achse (waagerechte Achse) die Zeit t und auf der y-Achse (senkrechte Achse) die Geschwindigkeit v eingetragen (▷ B 3).

Bei einer gleichförmigen Bewegung entsteht eine Gerade, die waagerecht verläuft, da die Geschwindigkeit gleich bleibt.

In einem *t*-*s*-Diagramm (Zeit-Weg-Diagramm) wird auf der x-Achse (waagerechte Achse) die Zeit t und auf der y-Achse (senkrechte Achse) der Weg s eingetragen.

In einem *t*-*v*-Diagramm (Zeit-Geschwindigkeits-Diagramm) wird auf der x-Achse (waagerechte Achse) die Zeit t und auf der y-Achse (senkrechte Achse) die Geschwindigkeit v eingetragen.

AUFGABEN

1 ○ Schau dir Bild 2 an. Lies ab, welchen Weg das Motorrad nach einer Zeit von 15 Sekunden zurückgelegt hat.

2 ○ Beschreibe Bild 2 in eigenen Worten. Verwende folgende Wörter: Geschwindigkeit, größer, kleiner, steiler, flacher.

3 Bei einem Langstreckenläufer wurden Zeit und Weg gemessen (▷ B 4).
◒ a) Formuliere eine Vermutung, wie das Zeit-Weg-Diagramm aussieht. Begründe deine Vermutung.
◒ b) Zeichne eigenhändig zu den Messwerten ein Zeit-Weg-Diagramm und überprüfe deine Vermutung.
◒ c) Vergleicht eure Diagramme miteinander. Überprüft, ob die Diagramme die gleiche Bewegung darstellen.

4 ◒ „Ich mag Tabellen nicht. Der Wert, den ich suche, steht nie da. Diagramme sind viel praktischer." Diskutiert diese Aussage.

5 ◒ a) Erkläre, wie du aus Bild 2 die Geschwindigkeit des Pkws und des Motorrads bestimmen kannst.
● b) Erkläre, wie man aus Bild 2 das Bild 3 erstellt.

6 Bei einem Fahrradfahrer wurden Zeit und Weg gemessen (▷ B 5).
● a) Erstelle mit einem geeigneten Tabellenkalkulationsprogramm das Zeit-Weg-Diagramm. Füge eine geeignete Trendlinie hinzu.
● b) Beurteile anhand der Daten, ob Zeit und Weg proportional zueinander sind.

1 Start eines Formel-1-Rennens

Die beschleunigte Bewegung

Beim Start eines Formel-1-Rennens wird es sehr laut. Wenn die Ampel ausgeht, drücken die Fahrer auf die Gaspedale (▷ B 1). Die Rennwagen werden immer schneller, die Geschwindigkeit nimmt zu. Man sagt: Die Fahrzeuge werden beschleunigt.

Was genau ist die Beschleunigung?

Die **Beschleunigung** gibt an, um wie viel die Geschwindigkeit in einer bestimmten Zeit zunimmt:

$$\text{Beschleunigung} = \frac{\text{Geschwindigkeitszunahme}}{\text{Zeit}}$$

Die Beschleunigung hat das Formelzeichen a.

Beschleunigung in der Formel 1

Bei einer beschleunigten Bewegung ändert sich die Geschwindigkeit. Die Formel-1-Fahrer sehen dies am Tachometer ihrer Fahrzeuge. Solange ein Fahrzeug beschleunigt wird, nimmt die Geschwindigkeit immer weiter zu, z. B. um 36 km/h pro Sekunde. Dieser Wert gilt für einen Formel-1-Rennwagen. Autos im Straßenverkehr haben kleinere Werte.

Von 0 auf 100 in zehn Sekunden

In Autotests findet man häufig Aussagen wie „von 0 auf 100 in 10 Sekunden". Diese verkürzte Sprechweise soll Folgendes bedeuten: Ein Auto beschleunigt aus dem Stillstand (0 km/h) heraus und erreicht nach einer Zeit von 10 Sekunden die Geschwindigkeit von 100 km/h.

Einheit der Beschleunigung

In den Beispielen oben hat man die Einheit km/h verwendet. Es ist aber geschickt, die Geschwindigkeit in der Einheit m/s anzugeben. Für den Formel-1-Rennwagen gilt dann: Seine Beschleunigung beträgt 10 m/s pro Sekunde. Dies kann man auch als 10 m/s^2 schreiben. Mit dem Formelzeichen schreibt man es so: $a = 10 \text{ m/s}^2$.

t in s	v in m/s
0	0
2	4
4	8
6	12
8	16
10	20

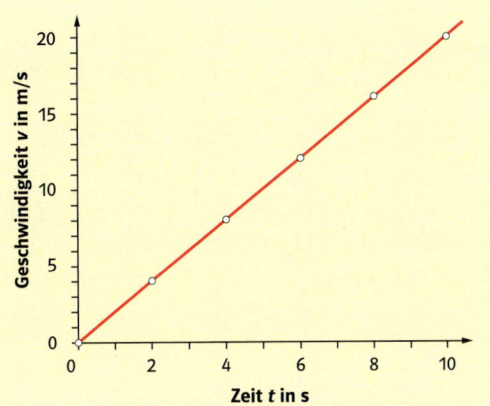

2 – 3 Tabelle und t-v-Diagramm

Gleichmäßig beschleunigt

In unseren Beispielen gehen wir davon aus, dass die Beschleunigung a immer gleich bleibt. Dies nennt man eine **gleichmäßig beschleunigte Bewegung**. In der Realität gibt es manchmal Abweichungen. Diese können wir aber vernachlässigen.

Zeit-Geschwindigkeits-Diagramm

Eriona möchte in einem Experiment herausfinden, wie die Beschleunigung ihres neuen Autos ist. Dazu beschleunigt sie ihr Auto, während ihr Freund Darius alle notwendigen Messwerte in einer Tabelle festhält (▷ B 2). Eriona und Darius erkennen, dass das Auto pro Sekunde um 2 m/s schneller wird.

Die in der Tabelle stehenden Messwerte kann man in ein t-v-Diagramm (Zeit-Geschwindigkeits-Diagramm) übertragen (▷ B 3). Es entsteht eine ansteigende Gerade.

t in s	v in m/s
0	0
1	1,5
2	3
3	4,5
4	6
5	7,5

4 Messwerte eines ICE

Bei einer beschleunigten Bewegung nimmt die Geschwindigkeit zu.

$$\text{Beschleunigung} = \frac{\text{Geschwindigkeitszunahme}}{\text{Zeit}}$$

Die Einheit der Beschleunigung ist m/s^2.

AUFGABEN

1 ○ Beschreibe, woran du eine beschleunigte Bewegung erkennen kannst.

2 ○ Christoph sagt: „Mein neuer Wagen beschleunigt von 0 auf 100 in 7,5 Sekunden." Erläutere mit physikalischen Fachbegriffen, was Christophs Aussage bedeutet.

3 ◐ Vergleiche die im Text genannten Beschleunigungen von Formel-1-Rennwagen und Autos im Straßenverkehr.

4 ◐ Begründe, warum es sich in Bild 3 um eine beschleunigte Bewegung handelt.

5 In Bild 4 siehst du die Messwerte für einen ICE.
◐ a) Erstelle zu den Messwerten ein t-v-Diagramm.
● b) Beurteile, ob es sich um eine gleichmäßig beschleunigte Bewegung handelt. Begründe dein Ergebnis.

6 ● Paul stellt fest: Von 0 auf 50 beschleunigt sein Auto in 6,9 Sekunden, von 50 auf 100 aber in 7,1 Sekunden. Paul sagt: „Das ist ja überhaupt keine gleichmäßig beschleunigte Bewegung." Beurteile, ob seine Aussage angemessen ist.

7 ● Erkläre, wie man aus Bild 3 die Beschleunigung bestimmen kann.

Beschleunigungen berechnen

Berechnung der Beschleunigung
Die Beschleunigung a ist der Quotient aus der Geschwindigkeitszunahme v und der dafür benötigten Zeit t. Die Formel lautet:

$$a = \frac{v}{t}$$

Mit dieser Formel kannst du die Beschleunigung, z. B. eines Fahrzeugs, berechnen.

In Bild 2 siehst du das Rechenbeispiel für ein Flugzeug auf der Startbahn. Damit ein Flugzeug von der Fahrbahn abheben kann, muss es aus dem Stillstand auf eine Geschwindigkeit von rund 80 m/s (rund 300 km/h) beschleunigen. Ein Flugzeug benötigt dafür rund 40 Sekunden.

Das Rechendreieck
Du kannst ein praktisches Rechendreieck anwenden. Das Rechendreieck siehst du in Bild 4.
Du musst jeweils die physikalische Größe mit dem Finger zuhalten, die du suchst.

Beispiel: Wenn du die Beschleunigung a zudeckst, dann erkennst du die Formel von oben wieder:

$$a = \frac{v}{t}$$

Berechnung der Zeit
Ist dagegen die Zeit t gesucht, musst du das t mit dem Finger zuhalten. Dann erhältst du folgende Formel:

$$t = \frac{v}{a}$$

In Bild 5 siehst du das Rechenbeispiel für ein schweres Containerschiff, das nur sehr langsam beschleunigen kann.

Berechnung der Geschwindigkeit
Du kannst auch die Geschwindigkeitszunahme berechnen. Wenn du im Rechendreieck (▷ B 4) das v zuhältst, dann erkennst du folgende Formel:

$$v = a \cdot t$$

Gegeben: $v = 80 \frac{m}{s}$; $t = 40\,s$

Gesucht: a

Lösung: $a = \frac{v}{t}$

$a = \frac{80 \frac{m}{s}}{40\,s}$

$a = 2 \frac{m}{s^2}$

1–2 Berechnung der Beschleunigung eines Flugzeugs

3 Containerschiffe beschleunigen sehr langsam.

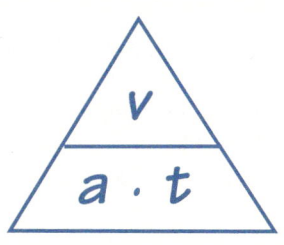

4 Rechendreieck

Gegeben: $a = 0,01 \frac{m}{s^2}$;

Geschwindigkeitszunahme
von $0 \frac{km}{h}$ auf $36 \frac{km}{h}$.
$v = 36 \frac{km}{h} = 10 \frac{m}{s}$

Gesucht: t

Lösung: $t = \frac{v}{a}$

$t = \frac{10 \frac{m}{s}}{0,01 \frac{m}{s^2}}$

$t = 1000 s = 16,7 \, min$

5 Berechnung der Zeit

AUFGABEN

1 ⬤ Ein Pkw beschleunigt aus dem Stillstand. Nach der Zeit $t = 10,5\,s$ hat der Pkw die Geschwindigkeit $v = 95\,km/h$. Berechne die Beschleunigung.

2 ⬤ Die Beschleunigung eines Autos beträgt $a = 2,1\,m/s^2$. Berechne die Zeit, nach der das Fahrzeug aus dem Stillstand heraus die Geschwindigkeit von $v = 120\,km/h$ erreicht hat.

3 ⬤ Ein Containerschiff beschleunigt aus dem Stillstand. Es beschleunigt eine Viertelstunde lang mit $a = 0,007\,m/s^2$. Berechne die Geschwindigkeit in km/h, die das Schiff erreicht hat.

4 ⬤ Bjarne sagt: „Ein Containerschiff hat ja eine ganz kleine Beschleunigung. Da beschleunigt ja eine Schnecke stärker!" Nimm Stellung zu seiner Aussage.

5 ⬤ Ein Motorrad wird aus dem Stillstand mit $a = 3,5\,m/s^2$ beschleunigt. Erstelle eine Zeit-Geschwindigkeits-Tabelle und damit das dazugehörige t-v-Diagramm.

6 ⬤ Ein Containerschiff beschleunigt aus dem Stillstand mit $a = 0,008\,m/s^2$. Erstelle mit einem Tabellenkalkulationsprogramm eine Zeit-Geschwindigkeits-Tabelle und damit das zugehörige t-v-Diagramm. Achte auf sinnvolle Werte für die Zeit. Überprüfe am Schluss dein Diagramm: Es muss sich eine ansteigende Gerade ergeben.

Beschleunigung: Zeit und Weg messen

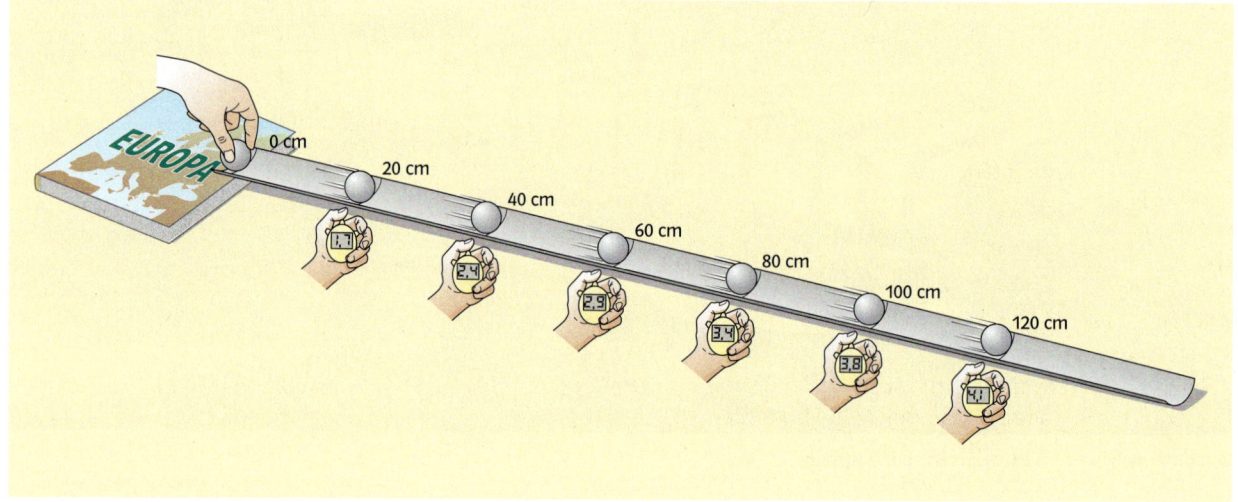

1 Versuchsaufbau

Wenn du eine Stahlkugel in Richtung Boden fallen lässt, hat sie nach kurzer Zeit schon eine sehr große Geschwindigkeit. Mit einem geschickten Versuchsaufbau kannst du allerdings die Beschleunigung der Kugel verringern: Dazu lässt du die Kugel eine leicht schräg gestellte Rinne hinabrollen. Die Kugel wird dabei beschleunigt. Die Beschleunigung ist jetzt so klein, dass du Messungen durchführen kannst. Die folgenden Versuche könnt ihr gut in Gruppen von 6 – 7 Schülerinnen und Schülern durchführen.

1 Messung von Zeit und Weg
Material
Rinne (Länge rund 1,5 m), Maßband, Stift, 3 cm dicke Unterlage (z. B. Bücher), Stahlkugel (Durchmesser 1 – 2 cm), 6 – 7 Stoppuhren (oder Smartphones mit Stoppuhr)

Versuchsanleitung
a) Vorbereitung: Tragt mit dem Stift vom oberen Ende der Rinne aus Markierungen in folgenden Abständen ein: 0 cm, 20 cm, 40 cm, 60 cm, 80 cm, 100 cm und 120 cm (▷ B 1).
b) Das obere Ende der Rinne soll 3 cm erhöht sein: Legt dazu Bücher unter das Ende der Rinne, das mit 0 cm beschriftet ist (▷ B 1).
c) Setzt die Kugel bei der Markierung 0 cm in die Rinne (▷ B 1).
d) Beim Loslassen muss jeder von euch eine Zeitmessung durchführen: Eine Mitschülerin oder ein Mitschüler stoppt die Zeit, bis die Kugel die Markierung mit 20 cm erreicht hat. Der oder die nächste misst die Zeit bis 40 cm usw. bis zur Markierung 120 cm.
e) Führt insgesamt 10 Versuche durch. Für jede Markierung müsst ihr also 10 Messwerte haben.
f) Berechnet die Durchschnittszeit für jede Markierung.
g) Tragt die Durchschnittswerte in einer Tabelle zusammen (▷ B 2).
h) Erstellt aus der Tabelle ein *t-s*-Diagramm (eigenhändig oder am Rechner). Verbindet die Messpunkte mit einer sinnvollen Ausgleichskurve. Falls ihr am Rechner arbeitet: Nehmt Bild 4 zu Hilfe.
i) Betrachtet die Messwerte sowie das dazugehörige *t-s*-Diagramm. Beschreibt, was euch auffällt.
j) Entscheidet anhand der Ausgleichskurve, wie der Weg *s* und die Zeit *t* zusammenhängen.
k) Vielleicht werden einzelne Werte nicht exakt auf der Ausgleichskurve liegen. Nennt mögliche Fehlerquellen dafür.

2 Die Höhe der Rinne verändern
Material
Aufbau aus Versuch 1, mehr Bücher

Versuchsanleitung
a) Verändert die Höhe und damit die Neigung der Rinne. Legt dazu mehr Bücher unter das obere Ende der Rinne, das mit 0 cm beschriftet ist.
b) Stellt Vermutungen auf, wie sich die Messwerte verändern. Einigt

Weg s in cm	Zeit t in s Durchschnittswerte
0	0
20	1,7
40	2,4
60	2,9
80	3,4
100	3,8
120	4,1

2 Mögliche Messwerte

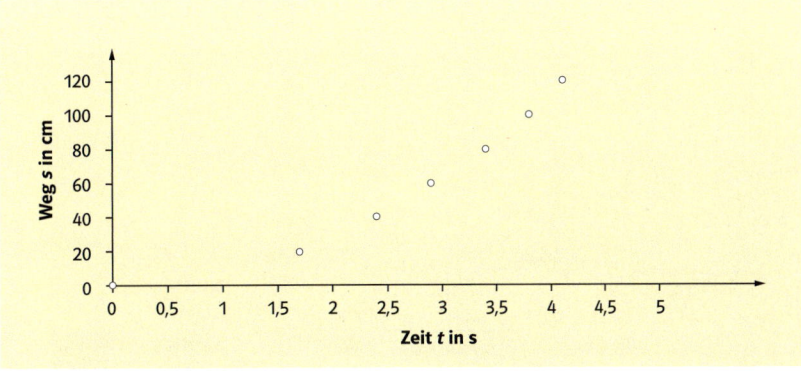

3 Mögliches t-s-Diagramm

euch auf eine Vermutung. Ihr müsst eure Vermutung aber begründen.

c) Führt dann wieder die Messungen durch wie in Versuch 1, Teil d bis g.

d) Erstellt ein t-s-Diagramm.

e) Überprüft anhand von Tabelle und Diagramm, ob eure Vermutung gestimmt hat.

f) Diskutiert abschließend in der Gruppe, welchen Einfluss eine Erhöhung der Rinne hat. Einigt euch auf ein Ergebnis.

Wichtig: Berücksichtigt eure Messergebnisse. Argumentiert immer mit Begründungen.

3 Die Masse der Kugel

Material

Aufbau aus Versuch 1, größere und schwerere Stahlkugel

Versuchsanleitung

a) Für Experten: Stellt Vermutungen auf, welchen Einfluss eine größere Masse der Kugel hat. Einigt euch auf eine Vermutung. Wichtig: Begründet eure Vermutung.

b) Plant eine Versuchsreihe, um eure Vermutung zu überprüfen. Führt die Versuchsreihe dann durch.

c) Überprüft, ob eure Vermutung gestimmt hat.

1 ◯ Entwickelt aus euren Ergebnissen möglichst viele Je-desto-Sätze.

2 ◯ James sagt: „Ich kann meine Messwerte nicht mehr lesen. Ich nehme einfach eines der Diagramme von Seite 13." Bewertet sein Vorgehen.

3 ◯ Michelle sagt: „Wenn sich die Zeit verdoppelt, dann verdoppelt sich auch der Weg. Wir haben bisher immer nur solche Zusammenhänge gehabt." Beurteilt ihre Aussage.

4 ◯ Jenni klagt zu Versuch 1: „Meine Messwerte liegen nicht ganz auf der Ausgleichskurve. Also darf ich keinen Zusammenhang herstellen."
Mehmet erwidert: „Mach dir nichts daraus. Bei mir liegen die Messwerte weit weg von der Geraden."
Beurteilt ihre Aussagen.

5 ● Entwickelt aus euren Ergebnissen mathematische Beziehungen mit Formelzeichen.

4 Ausgleichskurve am Rechner

Das Zeit-Weg-Gesetz

1 Propellerflugzeug beim Start

2 Zeit-Weg-Diagramm

Ein Propellerflugzeug steht auf einer kurzen Startbahn (▷ B 1). Das Flugzeug muss auf eine Geschwindigkeit von 100 km/h beschleunigt werden, damit es abheben kann. Die Startbahn ist aber nur 300 m lang. Der Pilot ist sich unsicher, ob er das schaffen kann.

In seinem Handbuch findet der Pilot ein Diagramm (▷ B 2). Es ist ein t-s-Diagramm.

t-s-Diagramm bei der Beschleunigung

Für eine beschleunigte Bewegung ergibt sich im t-s-Diagramm eine sogenannte Parabel. An Bild 2 kannst du erkennen: Nach der doppelten Zeit t ist der zurückgelegte Weg s viermal so groß, nach der dreifachen Zeit neunmal so groß usw.

Formel für den zurückgelegten Weg

Bei einer beschleunigten Bewegung ist der zurückgelegte Weg s proportional zum Quadrat der Zeit t. Das sogenannte Zeit-Weg-Gesetz für die beschleunigte Bewegung lautet:

$$s = \frac{1}{2} \cdot a \cdot t^2$$

Aus dem Diagramm in Bild 2 kann der Pilot nun die Beschleunigung seines Flugzeugs

bestimmen. Er liest s = 80 m und t = 10 s ab und stellt dann die Formel um: Mit $a = 2s/t^2$ erhält er a = 1,6 m/s².

Zusammenhang zwischen a, s und v

In die erste Formel setzt der Pilot $t = v/a$ ein. Damit sieht er, wie die Beschleunigung a, der Weg s und die Geschwindigkeitszunahme v aus dem Stillstand zusammenhängen:

$$s = \frac{v^2}{2a}$$

Jetzt kann der Pilot ausrechnen, ob er den Start wagen kann.

AUFGABEN

1 ◔ Berechne, ob der Pilot den Start wagen kann.

2 ● Führe die Berechnung des Piloten vollständig von Anfang bis Ende durch. Beginne bei Bild 2.

3 ● Berechne mithilfe der Formeln, nach wie vielen Sekunden das Flugzeug abheben kann. Überprüfe dein Ergebnis anhand von Bild 2.

Der beschleunigte Mensch

Kennst du die Lügengeschichten des BARON VON MÜNCHHAUSEN?

Der BARON VON MÜNCHHAUSEN (1720 –1797) war Soldat in einem russischen Regiment und nahm an mehreren Feldzügen teil. Noch zu Lebzeiten erzählte er Lügengeschichten über seine angeblichen Abenteuer. Eine davon handelte von seinem Ritt auf einer fliegenden Kanonenkugel. Was damals fantasievolle Prahlerei war, wurde Jahre später in abgeänderter Form Wirklichkeit: Dem Zirkusartisten EMANUEL ZACCHINI gelang 1940 ein Flug aus einer Kanone (▷ B 2) über drei Riesenräder hinweg. Er legte dabei eine horizontale Strecke von 69 m zurück und landete dann in einem aufgespannten Netz.

Wo aber liegen die Grenzen der menschlichen Belastbarkeit für Beschleunigungen? Mittlerweile fliegt der Mensch in den Weltraum. Die bemannte internationale Raumstation ISS umkreist die Erde in einer Höhe von ungefähr 400 Kilometer mit einer Geschwindigkeit von ca. 28 000 km/h. Die Astronauten müssen auf diese Geschwindigkeit beschleunigt werden.

1 Astronauten

Aus Beschleunigungstests mit Tieren weiß man, dass lebende Organismen große Beschleunigungen unbeschadet überstehen können, wenn diese von kurzer Dauer sind. Astronauten (▷ B 1) werden beim Start einer maximalen Beschleunigung ausgesetzt, die die Insassen eines Pkws erfahren würden, wenn ihr Wagen in einer Sekunde aus dem Stillstand auf 100 km/h beschleunigt würde.

AUFGABEN

1 ◖ Begründe, warum Astronauten auf hohe Geschwindigkeiten beschleunigt werden müssen.

2 ◖ a) Berechne die maximale Beschleunigung von Astronauten beim Start in m/s².
◖ b) Vergleiche diese Beschleunigung mit der Beschleunigung eines Formel-1-Rennwagens (▶ S.14/15).

3 ● Recherchiere, welchen Beschleunigungen Formel-1-Fahrer in Kurven ausgesetzt sind. Vergleiche mit der Beschleunigung bei einem Raketenstart.

2 Die menschliche Kanonenkugel

1 Fallschirmspringer im freien Fall

Der freie Fall

Der Fallschirmsprung

Fallschirmspringer lassen sich in einem Flugzeug auf einige tausend Meter Höhe bringen und springen dann ab (▷ B 1). Die Fallschirmspringer befinden sich dann im sogenannten **freien Fall**. Dabei werden sie beschleunigt und erreichen große Geschwindigkeiten von rund 200 km/h. Die Ursache für diese Beschleunigung ist die Erdanziehung: Sie beschleunigt alles und jeden in Richtung Erdmittelpunkt.

Die Erdbeschleunigung

Die Beschleunigung zum Erdmittelpunkt ist überall auf der Erde nahezu gleich: Sie beträgt rund $10 \, \text{m/s}^2$. Dieser Wert wird **Erdbeschleunigung** genannt und wird mit dem Formelzeichen g abgekürzt.

Der Fallschirm öffnet sich

Damit die Fallschirmspringer sicher auf der Erde ankommen, öffnen sie rechtzeitig ihre Fallschirme. Dadurch verkleinert sich ihre Geschwindigkeit: Ihre Geschwindigkeit sinkt auf rund 20 km/h. Durch geschicktes Ziehen an den Leinen können die Fallschirmspringer ihre Geschwindigkeit sogar auf nahezu 0 km/h verkleinern. So können sie sicher auf der Erde landen.

Fallschirmspringer werden zunächst im freien Fall auf eine hohe Geschwindigkeit beschleunigt. Dann öffnen sie ihre Fallschirme und verkleinern ihre Geschwindigkeit.
Die Erdbeschleunigung g beträgt rund $10 \, \text{m/s}^2$.

AUFGABEN

1. ○ Gib an, wie groß die Erdbeschleunigung ist.

2. ◓ Vergleiche die Erdbeschleunigung mit Beschleunigungen von Fahrzeugen (► S. 14/15).

3. ● Maxi sagt: „Ich habe gelesen, dass der Wert für die Erdbeschleunigung $9,81 \, \text{m/s}^2$ beträgt. Der Wert von $10 \, \text{m/s}^2$ ist also falsch." Diskutiert in der Klasse ihre Aussage.

Die verzögerte Bewegung

Achtung, rote Ampel!

Schaltet eine Ampel vor einem fahrenden Auto auf Rot, muss der Fahrer abbremsen. Die Geschwindigkeit des Autos wird kleiner. Dies bezeichnet man als **verzögerte Bewegung**.

In Bild 2 ist das Zeit-Geschwindigkeits-Diagramm von zwei Fahrzeugen dargestellt, die eine verzögerte Bewegung ausführen. Beide Fahrzeuge haben zu Beginn eine Geschwindigkeit von 24 m/s. Nach 1 s hat Fahrzeug A nur noch eine Geschwindigkeit von 18 m/s. Pro Sekunde nimmt die Geschwindigkeit von Fahrzeug A um 6 m/s ab. Nach 4 s kommt Fahrzeug A zum Stillstand. Fahrzeug B kommt hingegen schneller zum Stehen. Seine Geschwindigkeit nimmt um 8 m/s pro Sekunde ab.

Verzögerung

Die sogenannte **Verzögerung** gibt an, wie schnell sich die Geschwindigkeit verringert. Beispiel: Für Fahrzeug A verringert sich die Geschwindigkeit um 6 m/s pro Sekunde. Die Verzögerung hat dann einen Wert von 6 m/s^2. Für Fahrzeug B hingegen beträgt die Verzögerung 8 m/s^2.

Vergleich Verzögerung – Beschleunigung

Bei einer beschleunigten Bewegung wird die Geschwindigkeit immer größer. Bei einer verzögerten Bewegung wird die Geschwindigkeit hingegen immer kleiner. Man kann also sagen: Die Verzögerung ist eine umgekehrte Beschleunigung. Man nennt dies auch eine negative Beschleunigung.

Bei einer verzögerten Bewegung wird die Geschwindigkeit kleiner.

AUFGABEN

1 ○ Beschreibe, woran man eine verzögerte Bewegung erkennt.

2 ◗ Denke dir ein Beispiel für die verzögerte Bewegung eines Autos, Fahrrads oder Flugzeugs aus. Zeichne das *t-v*-Diagramm. Dein Sitznachbar muss nun herausfinden und begründen, um welches Fahrzeug es sich handelt.

3 ● Eine Videokamera nimmt auf, wie ein Auto bremst. Beschreibe, was du siehst, wenn du die Aufnahme rückwärts abspielst.

1 Achtung, Rot!

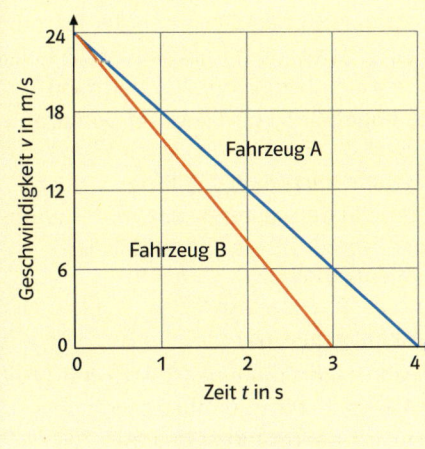

2 Zeit-Geschwindigkeits-Diagramm

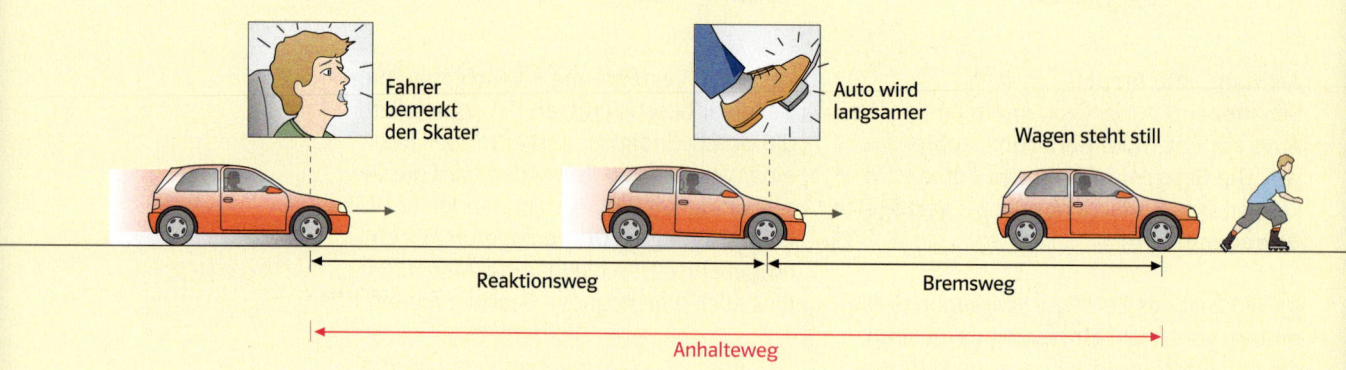

1 Anhalteweg

Bremsweg und Anhalteweg

Ablenkung mit schlimmen Folgen
„Auffahrunfall auf der A3 zwischen Frankfurt und Würzburg. Am letzten Wochenende ereignete sich auf der A3 zwischen den Anschlussstellen Hanau und Seligenstadt ein Auffahrunfall. An den beteiligten Fahrzeugen entstand erheblicher Sachschaden. Verursacht wurde der Unfall von einem Autofahrer, der nach Angaben der Polizei nur eine CD aus dem Handschuhfach holen wollte. Sein Abstand zum Vordermann habe ungefähr 50 bis 60 Meter betragen."

So begann kürzlich ein Zeitungsbericht. Warum hat der Abstand zum Vordermann nicht ausgereicht, als dieser plötzlich abbremste?

Wertvolle Sekunden
Ein Fahrer fährt mit einer Geschwindigkeit von 100 km/h. Wenn er nur 2 s lang abgelenkt wird, dann kann er in dieser Zeit nicht auf Gefahrensituationen reagieren und bremsen. Das Auto hat aber in dieser Zeit ungefähr 56 m zurückgelegt.

Der Anhalteweg
Der **Anhalteweg** setzt sich aus dem **Reaktionsweg** und dem **Bremsweg** zusammen (▷ B 1).
Nachdem der Fahrer die Gefahr erkannt hat, dauert es eine gewisse Zeit, bis er reagieren kann. Diese Zeit bezeichnet man als **Reaktionszeit**. Die Reaktionszeit beträgt meistens 0,7 s. Medikamente, Alkohol, Stress und Ermüdung können die Reaktionszeit wesentlich erhöhen. Laute Musik z. B. kann die Reaktionszeit um 0,2 s verlängern.
Während der Reaktionszeit fährt das Auto mit gleichbleibender Geschwindigkeit weiter. Insgesamt vergeht zwischen dem Erkennen der Gefahrensituation und dem Abbremsen des Autos ungefähr 1 Sekunde. Die Strecke, die das Auto in dieser Zeit fährt, heißt **Reaktionsweg**.

2 Nasse Fahrbahn

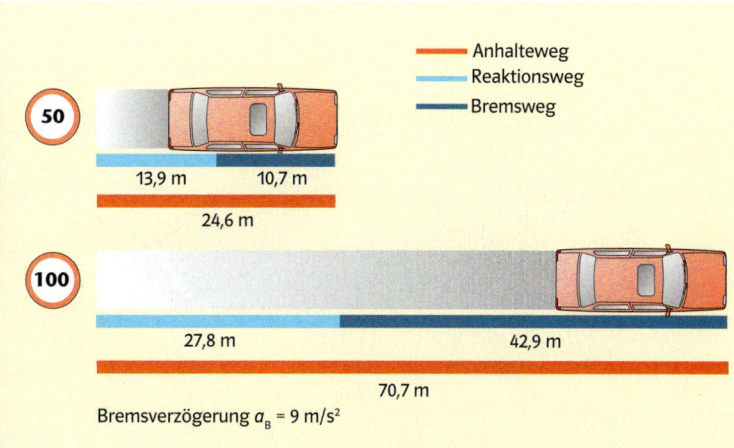

3 Anhalteweg von zwei unterschiedlich schnellen Autos

Nach der Reaktionszeit tritt der Fahrer auf die Bremse. Bis die Bremsen wirken, vergehen ungefähr 0,3 s. Das Auto wird abgebremst und immer langsamer, bis es schließlich stehen bleibt. Die Strecke, die es beim Bremsen zurücklegt, heißt **Bremsweg**.
Die Strecke, die aus Reaktionsweg und Bremsweg besteht, heißt **Anhalteweg**.

Doppelt und mehr als doppelt

Beim Anhalteweg macht es einen großen Unterschied, ob ein Autofahrer mit 50 km/h oder mit 100 km/h fährt.

In Bild 3 siehst du, dass sich bei doppelter Geschwindigkeit auch der Reaktionsweg verdoppelt. Aber der Bremsweg ist 4-mal so lang.

Möglichst schnell langsam werden

Bei der Scheibenbremse werden zwei Bremsbacken gegen die Seiten der Bremsscheibe gedrückt. Dadurch wird das Rad abgebremst. Die Reifen müssen diese Bremskraft auf die Straße übertragen. Wie gut ein Reifen auf der Straße haftet, hängt von verschiedenen Punkten ab, z.B. Gummimischung, Profil und Luftdruck des Reifens. Aber auch die Fahrbahnbeschaffenheit hat einen entscheidenden

Einfluss auf die Länge des Bremswegs: Je glatter die Fahrbahn ist, desto länger wird der Bremsweg. Beispielsweise Kopfsteinpflaster oder eine nasse Fahrbahn (▷ B 2) verlängern den Bremsweg erheblich.

Der Anhalteweg setzt sich aus dem Reaktionsweg und dem Bremsweg zusammen. Der Anhalteweg hängt z.B. ab von der Geschwindigkeit des Fahrzeugs, der Reaktionszeit des Fahrers und dem Straßenbelag.

AUFGABEN

1 ○ Beschreibe, wie sich der Anhalteweg eines Fahrzeugs zusammensetzt.

2 Zähle Punkte auf,
   ○ a) die die Reaktionszeit eines Fahrers beeinflussen können.
   ○ b) die den Bremsweg verlängern können.

3 ◒ Stelle den Sachverhalt von Bild 3 in einem Säulendiagramm dar.

4 ◒ Entwickle aus Bild 3 zwei Je-desto-Sätze.

5 ● Ein Auto fährt mit einer Geschwindigkeit von 100 km/h. Durch Nebel beträgt die Sichtweite 50 m. Durch Ablenkung des Fahrers könnte die Reaktionszeit 1,7 s betragen. Beurteile, ob die Geschwindigkeit angemessen ist.

Faustformeln im Straßenverkehr

1 Zu geringer Sicherheitsabstand ist gefährlich.

Achtung: Diese Faustformel gilt nur, wenn du passende Einheiten verwendest. Du musst die Geschwindigkeit in km/h einsetzen, dann erhältst du den Bremsweg in m.

Ein Rechenbeispiel verdeutlicht diese Faustformel. Hat ein Fahrzeug eine Geschwindigkeit von 60 km/h, so beträgt der Bremsweg nach der Faustformel ungefähr:

$$\text{Bremsweg} = \frac{60^2}{100} = 36$$

Also beträgt der Bremsweg 36 m.

Faustformel für den Sicherheitsabstand

Auch für den Sicherheitsabstand gibt es eine Faustformel: „Halber Tacho" ist eine leicht anwendbare Faustformel. Wer mit einer Geschwindigkeit von 120 km/h fährt, muss einen Sicherheitsabstand von 60 m einhalten.

Mit Faustformeln können Autofahrer den Bremsweg und den Sicherheitsabstand schnell abschätzen.

Punkte für zu kleinen Abstand

Viele Unfälle ließen sich vermeiden, wenn Autofahrer den Bremsweg ihres Fahrzeugs besser einschätzen könnten.

Daher ist es sehr wichtig, dass ein Autofahrer im Straßenverkehr immer einen **Sicherheitsabstand** zum vorausfahrenden Fahrzeug abschätzen kann und auch einhält. Der Sicherheitsabstand muss so groß sein, dass er noch rechtzeitig anhalten kann, wenn das Fahrzeug vor ihm plötzlich bremst. Aus diesem Grund riskiert jeder, der den Sicherheitsabstand nicht einhält, ein Bußgeld und Punkte in der „Flensburger Kartei".

Aus diesem Grund gibt es „Faustformeln". Mit ihnen kann man während der Fahrt leicht den Bremsweg und den Sicherheitsabstand abschätzen.

Faustformel für den Bremsweg

Für den Bremsweg lautet die Faustformel:

$$\text{Bremsweg} = \frac{\text{Geschwindigkeit}^2}{100}$$

AUFGABEN

1 ○ Berechne mit der Faustformel den Bremsweg für die Geschwindigkeiten 30 km/h und 90 km/h.

2 ◔ Alex fährt im Winter auf der Autobahn mit 110 km/h. Plötzlich bildet sich Blitzeis. Alex fährt weiter wie bisher. Er denkt sich: „Die Formel sagt ja, dass mein Sicherheitsabstand ausreicht." Beurteile sein Verhalten.

3 ● Recherchiere im Internet eine weitere Faustformel für den Sicherheitsabstand. Erkläre dann diese Faustformel.

Eine Mind-Map erstellen

Die Mind-Map als Lernhilfe

Eine Mind-Map ist eine Landkarte (Map) aus Gedanken (Mind). Die Gedanken können auch Arbeitsergebnisse sein.

Wenn du eine Mind-Map selbst erarbeitest, beschäftigst du dich intensiv mit einem Thema. Du musst die Schlüsselbegriffe herausfinden und sie von speziellen Fachbegriffen, verfeinerten Ideen oder Beispielen unterscheiden.

Du machst dir auch Gedanken über passende Bilder und Symbole. So kannst du dir die Inhalte deiner Mind-Map leichter merken.

Die Mind-Map-Regeln

1. Verwende verschiedene Farben.
2. Schreibe das Thema in die Mitte.
3. Erstelle die Hauptäste. Die Hauptäste gehen von der Mitte der Mind-Map aus. Zu jedem Hauptast gehört ein Schlüsselbegriff.
4. Lege nun die Nebenäste an. Die Nebenäste gehen von den Hauptästen ab. An die Nebenäste kommen spezielle Fachbegriffe, verfeinerte Ideen oder Beispiele.
5. Ergänze passende Bilder und Symbole.

Mind-Map zu bewegten Körpern

Bild 1 zeigt eine Mind-Map zum Thema „Bewegte Körper". Diese Mind-Map passt zu den Inhalten, die dir bisher im Kapitel begegnet sind.

AUFGABEN

1 ○ Beschreibe, wie man beim Erstellen einer Mind-Map vorgeht.

2 ◒ Erstelle eine Mind-Map zum Thema „Anhalteweg beim Auto".

3 ● Erstellt in der Gruppe eine Mind-Map zum Thema „Physikalische Größen für die Bewegung von Körpern". Präsentiert eure Ergebnisse.

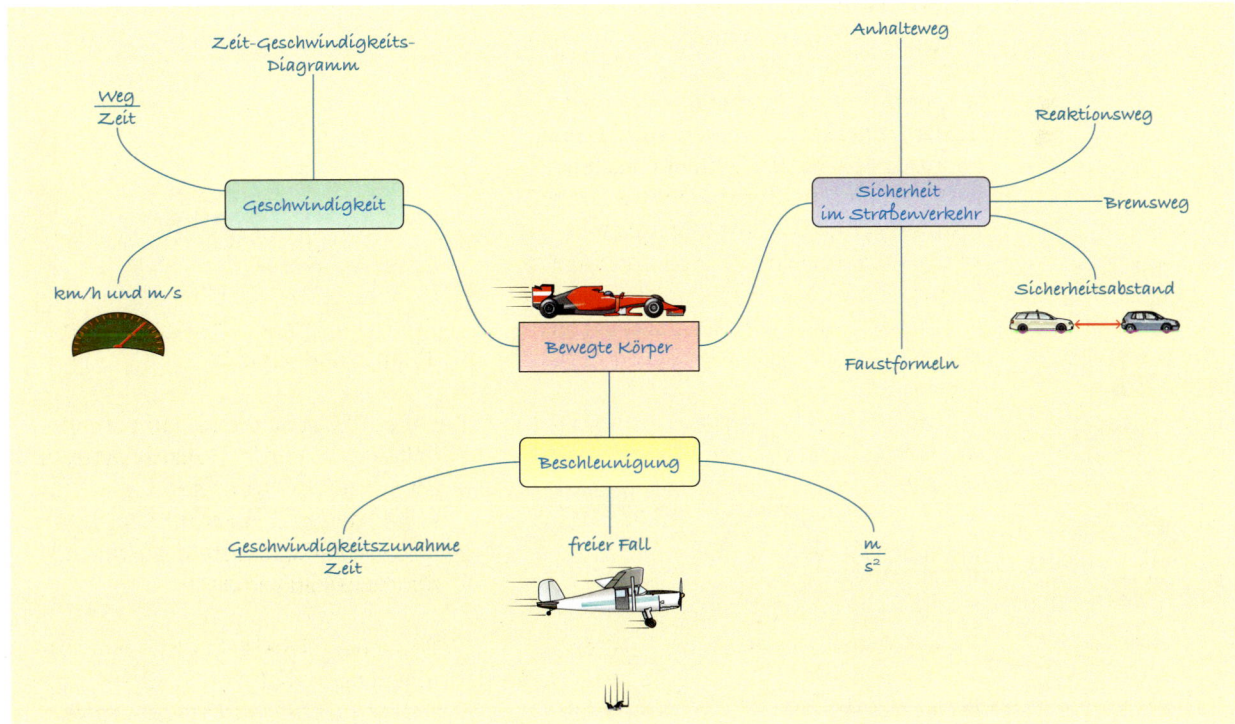

1 Eine Mind-Map ist eine Lernhilfe.

Das Newton'sche Kraftgesetz

Start an der Ampel

Bus und Motorroller stehen nebeneinander. Wer beschleunigt beim Start auf den ersten Metern schneller? Der Bus hat einen großen und starken Motor. Dennoch wird der Bus beim Start aus dem Stand vom Motorroller überholt.

Um dies erklären zu können, müssen wir wissen, von welchen physikalischen Größen die Beschleunigung abhängt.

Bus und Motorroller

Der Motorroller hat gegenüber dem Bus den schwächeren Motor, also die kleinere Antriebskraft.
Die Masse des Motorrollers ist aber im Vergleich zu der des Busses viel kleiner. Beide Größen haben einen Einfluss auf die Beschleunigung.

Kraft und Beschleunigung

Die Antriebskraft des Motors verursacht bei einem Auto eine bestimmte Beschleunigung.
Ein Anhänger hat die gleiche Masse wie das Auto. Wird er an das Auto gehängt, so muss der Motor die doppelte Masse beschleunigen. Die Antriebskraft des Motors wurde aber nicht verändert. Der Motor verursacht deshalb nur eine halb so große Beschleunigung wie ohne Anhänger.

Newton'sches Kraftgesetz

Wenn die Kraft gleich groß bleibt, gilt: Je größer die Masse eines Gegenstands ist, desto kleiner ist die Beschleunigung.
Bleibt die Masse des Gegenstands gleich, dann gilt: Je größer die beschleunigende Kraft ist, desto größer ist die Beschleunigung (▷ B 2, B 3).

1 Bus und Motorroller fahren an.

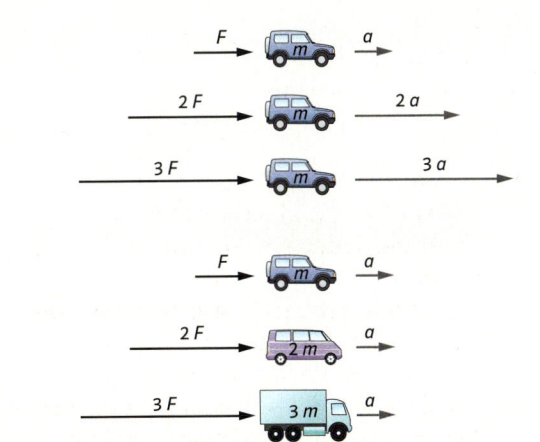

2 Beschleunigung – abhängig von Kraft und Masse

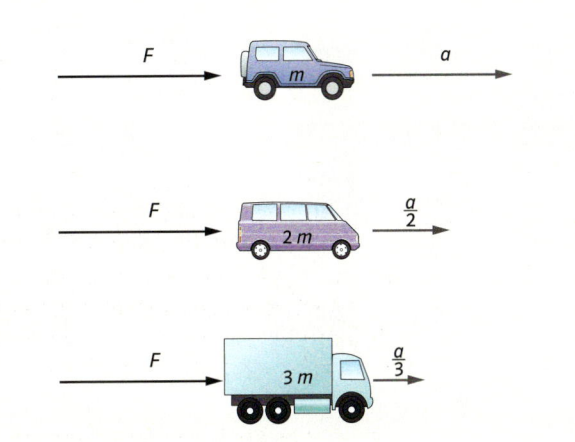

3 Die Kraft bleibt gleich, die Masse wird größer.

Daraus hat ISAAC NEWTON (1643–1727) ein berühmtes Gesetz abgeleitet, das nach ihm benannt ist.

Im Newton'schen Kraftgesetz wird der Zusammenhang zwischen Kraft, Masse und Beschleunigung beschrieben:

Die Kraft ist das Produkt aus Masse und Beschleunigung.

Kraft = Masse · Beschleunigung
$F = m \cdot a$

Die Einheit der Kraft
Die Einheit der Kraft kennst du bereits: das Newton (N).
Die Kraft von 1 N wirkt dann, wenn ein Körper mit der Masse 1 kg die Beschleunigung von $1\,m/s^2$ erfährt.
Damit kann die Einheit der Kraft auch über die Masse und die Beschleunigung festgelegt werden. Es gilt:
$1\,N = 1\,kg \cdot m/s^2$

Verhältnis von Antriebskraft und Masse
Die unterschiedliche Beschleunigung von Bus und Motorroller lässt sich nun mit dem Newton'schen Kraftgesetz erklären: Das Verhältnis von Antriebskraft und Masse F/m und damit die Beschleunigung a ist beim Motorroller größer als beim Bus.

AUFGABEN

1 ◔ Erstelle eine Tabelle mit allen Größen und Einheiten, die auf dieser Seite vorkommen.

2 ◔ Begründe, warum der Motorroller in Bild 1 besser beschleunigt als der Bus.

3 ◔ Erkläre Bild 2 in eigenen Worten. Benutze dabei die Begriffe Masse, Kraft und Beschleunigung.

4 ◔ Die Antriebskraft verschiedener Fahrzeuge ist gleich. Ihre Masse ist allerdings unterschiedlich. Beschreibe, wie sich die Beschleunigung der Fahrzeuge unterscheidet. Nimm Bild 3 zu Hilfe.

5 ◔ Ein Kleintransporter hat eine Masse von 8 t. Er wird beim Anfahren mit $1{,}2\,m/s^2$ beschleunigt. Berechne die benötigte Antriebskraft.

6 ● Erstelle ein Poster, auf dem du die in Bild 2 und 3 dargestellten Sachverhalte erklärst.

7 ● Ein Automotor hat eine Antriebskraft von 4 kN. Das Auto hat eine Beschleunigung von $3\,m/s^2$. Berechne die Masse des Autos.

8 Ein Auto mit der Masse 1 500 kg soll in 9 s auf eine Geschwindigkeit von 100 km/h beschleunigt werden.
● a) Berechne die Beschleunigung des Autos.
● b) Berechne die dazu notwendige Kraft.

1 Chemische Energie   **2** Bewegungsenergie

Bewegung und Energie

Energieumwandlungen

An einer roten Ampel stehen Autos. Schaltet die Ampel auf Grün, fahren alle Autos los: Sie beschleunigen. Dazu benötigen sie **Energie**. Diese Energie steckt als chemische Energie im Treibstoff. Durch die Verbrennung im Motor wird diese Energie in **Bewegungsenergie** umgewandelt. Bewegungsenergie wird auch **kinetische Energie** genannt.

Energieentwertung

Wenn das Auto abbremst, wird die kinetische Energie durch Reibung in Wärme umgewandelt. Dabei erwärmen sich die Bremsscheiben des Autos. Diese Wärme ist für uns nicht mehr nutzbar. Man sagt: Die Energie wurde entwertet. Man spricht von **Energieentwertung**.

Energieerhaltung

Bei allen Energieumwandlungen wird ein Teil der eingesetzten Energie in Wärme umgewandelt. Dabei geht aber keine Energie verloren. Die Energiemenge vor und nach der Energieumwandlung ist gleich groß. Dies ist der **Energieerhaltungssatz**.

Ein Teil der Energie wird jedoch in Energieformen (z. B. in Wärme) umgewandelt, die wir nicht mehr nutzen können. (► Energie, S. 168 – 171)

Bei Energieumwandlungen werden Energieformen in andere Energieformen umgewandelt. Dabei geht keine Energie verloren.
Beim Autofahren wird chemische Energie in kinetische Energie (Bewegungsenergie) umgewandelt.

AUFGABEN

1 ○ Nenne den Energieerhaltungssatz.

2 ◓ Beschreibe an einem Beispiel, was man unter Energieentwertung versteht.

3 ◓ Sören sagt: „Beim Bremsen eines Autos geht viel Energie verloren." Beurteile seine Aussage.

4 ● Beschreibe die Energieumwandlungen bei einem Auto mit Elektromotor.

Energiesparen im Straßenverkehr

Berufsverkehr

Während des Berufsverkehrs sind die Straßen in den Städten mit Autos verstopft (▷ B 1). In den meisten Autos sitzt nur eine Person und jedes Auto braucht eine Menge Energie für die Fortbewegung.

Zwischen den Autos fahren auch Straßenbahnen und Busse, in denen sehr viele Fahrgäste gleichzeitig transportiert werden können. Diese Verkehrsmittel bieten Möglichkeiten, Energie im Straßenverkehr zu sparen und gleichzeitig die Umwelt nicht zu sehr zu belasten.

Eine weitere Möglichkeit, wie auch du Energie im Straßenverkehr sparen kannst, ist die Benutzung des Fahrrads. Die Umwelt wird geschont und Sport ist wichtig für deine Gesundheit.

Energiesparen beim Autofahren

Die Automobilhersteller tragen mit technischen Verbesserungen an den Autos auch zum Energiesparen bei. Die Fahrzeuge werden leichter und die Motoren verbrauchen weniger Kraftstoff.

Auch der Autofahrer kann sich durch folgende Maßnahmen am Energiesparen beteiligen:

- die Fahrweise an den Verkehrsfluss anpassen
- bei längerem Stillstand, z.B. an geschlossenen Bahnschranken, den Motor ausschalten
- Leichtlaufreifen verwenden
- den Kofferraum entrümpeln
- die Klimaanlage nur in dringenden Fällen einschalten

Energiesparen im Straßenverkehr spart Kraftstoff und schont die Umwelt.

AUFGABEN

1 ○ Zähle auf, wie du ganz persönlich zum Energiesparen im Straßenverkehr beitragen kannst.

2 ◔ a) Vergleiche die Verkehrsmittel Fahrrad und Auto, und zwar in Hinblick auf Umwelt und Gesundheit.
● b) Wie kommst du zur Schule? Nimm Stellung zu deinem eigenen Verhalten.

3 ● Diskutiert in der Gruppe das folgende Thema: „Energiesparen im Straßenverkehr – muss das denn sein?"

1 Berufsverkehr

Verbrennungsmotoren

Verbrennungsmaschinen

Seit dem 17. Jahrhundert wurden viele Experimente mit Verbrennungsmaschinen durchgeführt.

Um 1876 gelang es dem Kölner Kaufmann NICOLAUS AUGUST OTTO (1832 – 1891), eine Maschine zu entwickeln, deren Prinzip noch heute angewandt wird: den Ottomotor. In Ottomotoren erfolgt die Verbrennung eines Kraftstoff-Luft-Gemischs (z.B. eines Benzin-Luft-Gemischs) im Inneren eines Zylinders.

Durch eine explosionsartige Verbrennung wird ein Kolben angetrieben.

Der Viertakt-Ottomotor

Bild 1 zeigt die wichtigsten Teile eines Viertakt-Ottomotors. Welche Aufgaben sie erfüllen, kann man leicht verstehen, wenn man dazu die vier Takte, d.h. die vier Funktionsschritte, betrachtet (▷ B 2). Nur im 3. Takt verrichtet ein Viertakt-Motor Arbeit. In den anderen Takten muss dem Motor von außen Energie zugeführt werden. Damit solche Motoren ruhig und gleichmäßig laufen, ordnet man mehrere Zylinder so an, dass sie zeitlich versetzt laufen und sich immer ein Zylinder im Arbeitstakt befindet.
Das alte Prinzip des Ottomotors wurde immer weiter entwickelt. So findet man z.B. in neuen Motoren Zylinder mit mehr als zwei Ventilen. Doch die Arbeitsabläufe im Motor sind nach wie vor unverändert.

Dieselmotoren

Um 1897 entwickelte RUDOLF DIESEL (1858 – 1913) den Dieselmotor. Dieselmotoren benötigen keine Zündkerzen. Der Kolben verdichtet kein Kraftstoff-Luft-Gemisch, sondern nur Luft. Die Verdichtung ist aber so hoch, dass der Druck stark zunimmt und die Temperatur auf über 700 °C steigt. Kurz bevor der Kolben seinen oberen Punkt erreicht, wird Dieselöl als Kraftstoff eingespritzt. Der Kraftstoff entzündet sich dabei von selbst.

Dieselmotoren nutzen die chemische Energie besser als entsprechende Ottomotoren. Doch wegen des höheren Drucks und der stärkeren Explosionen müssen sie stabiler gebaut werden als Ottomotoren.
Heute kommen Dieselmotoren z.B. in Autos, Lastkraftwagen, Baufahrzeugen oder Schiffen vor.

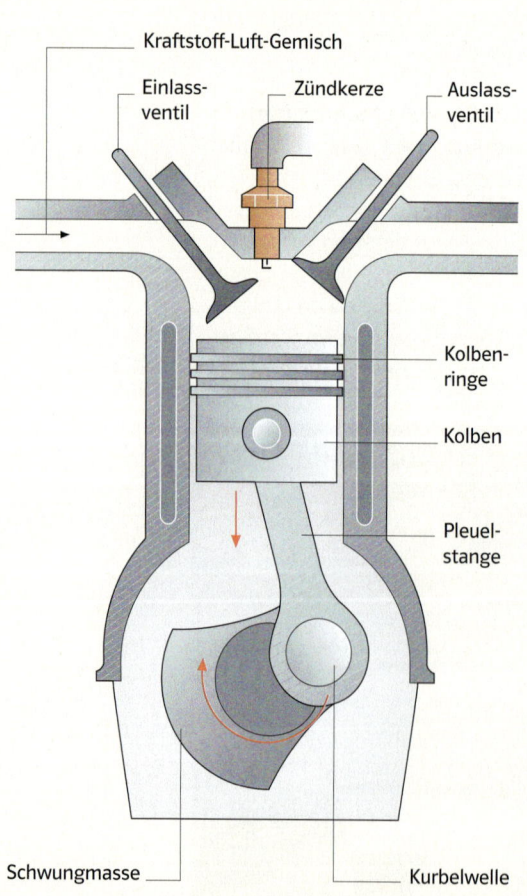

Kraftstoff-Luft-Gemisch
Einlass-ventil
Zündkerze
Auslass-ventil
Kolben-ringe
Kolben
Pleuel-stange
Schwungmasse
Kurbelwelle

1 Zylinder eines Viertakt-Ottomotors

1. Takt: Ansaugen
Das Einlassventil ist geöffnet. Der Kolben bewegt sich abwärts und erzeugt so einen Unterdruck im Zylinder. Das Kraftstoff-Luft-Gemisch wird durch den Unterdruck angesaugt. Hierzu ist Arbeit erforderlich.

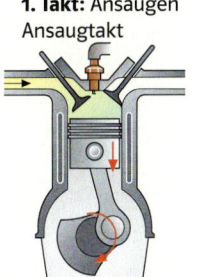

1. Takt: Ansaugen
Ansaugtakt

2. Takt: Verdichten
Beide Ventile sind geschlossen. Der Kolben bewegt sich nach oben und verdichtet das Gemisch. Dadurch nehmen die Temperatur und der Druck im Zylinder stark zu. Auch hier muss Arbeit verrichtet werden.

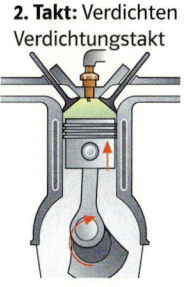

2. Takt: Verdichten
Verdichtungstakt

3. Takt: Arbeiten
Der Funke einer Zündkerze entzündet das Gemisch. Es verbrennt explosionsartig. Die Verbrennungsgase dehnen sich aus und treiben den Kolben abwärts. Hier verrichtet der Kolben Arbeit.

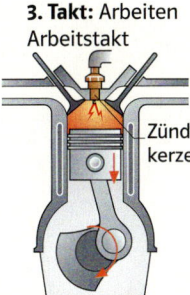

3. Takt: Arbeiten
Arbeitstakt

Zündkerze

4. Takt: Ausstoßen
Die über die Pleuelstange auf die Schwungmasse übertragene Bewegungsenergie sorgt dafür, dass sich der Kolben wieder aufwärts bewegt. Da das Auslassventil geöffnet ist, können die Verbrennungsgase durch den Auspuff ins Freie strömen. In diesem Takt muss wieder Arbeit aufgebracht werden.

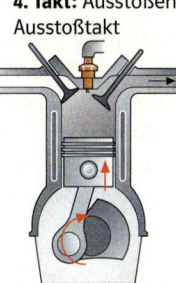

4. Takt: Ausstoßen
Ausstoßtakt

2 Vier Takte des Ottomotors

Alternativen zu Verbrennungsmotoren

Bei Verbrennungsmotoren entstehen auch immer schädliche Abgase, die uns Menschen und unserer Umwelt schaden. Es werden immer mehr Fahrzeuge mit alternativen Antrieben entwickelt. Viele Automobilhersteller bieten inzwischen Elektro-Autos oder Autos mit Hybridantrieb an. Ein Elektro-Auto hat einen Elektromotor, während bei einem Hybridantrieb ein Verbrennungsmotor mit einem Elektromotor kombiniert ist.

Die Elektromotoren in den Autos benötigen Energie für ihren Betrieb. Heutzutage wird diese Energie häufig mithilfe von Akkumulatoren in den Autos gespeichert.

Die Zerlegung von Wasser in Wasserstoff und Sauerstoff ist eine weitere Möglichkeit, Energie zu speichern. Um diese gespeicherte Energie wieder nutzbar zu machen, bringt man die beiden Gase in einer sogenannten Brennstoffzelle zur Reaktion. So wird direkt elektrische Energie erzeugt. Dabei entsteht unschädlicher Wasserdampf.

AUFGABEN

1 ◖ Nenne die Takte eines Viertakt-Ottomotors und erläutere kurz die Abläufe bei jedem Takt.

2 ◖ Beschreibe, wie das Kraftstoff-Luft-Gemisch in einem Ottomotor gezündet wird.

3 ◖ Dieselmotoren benötigen keine Zündkerzen. Erkläre, wie die Zündung des Kraftstoffs ohne Zündkerze erfolgt.

4 ● Recherchiere Vorteile und Nachteile der im Text genannten Antriebe für Autos. Stelle die Vorteile und Nachteile in einer Tabelle zusammen.

5 ● Recherchiere, wie ein Zweitakt-Ottomotor aufgebaut ist und wie er funktioniert. Recherchiere Vorteile und Nachteile gegenüber einem Viertakt-Ottomotor. Fertige eine Computer-Präsentation an (► S.8/9) und stelle sie deiner Klasse vor.

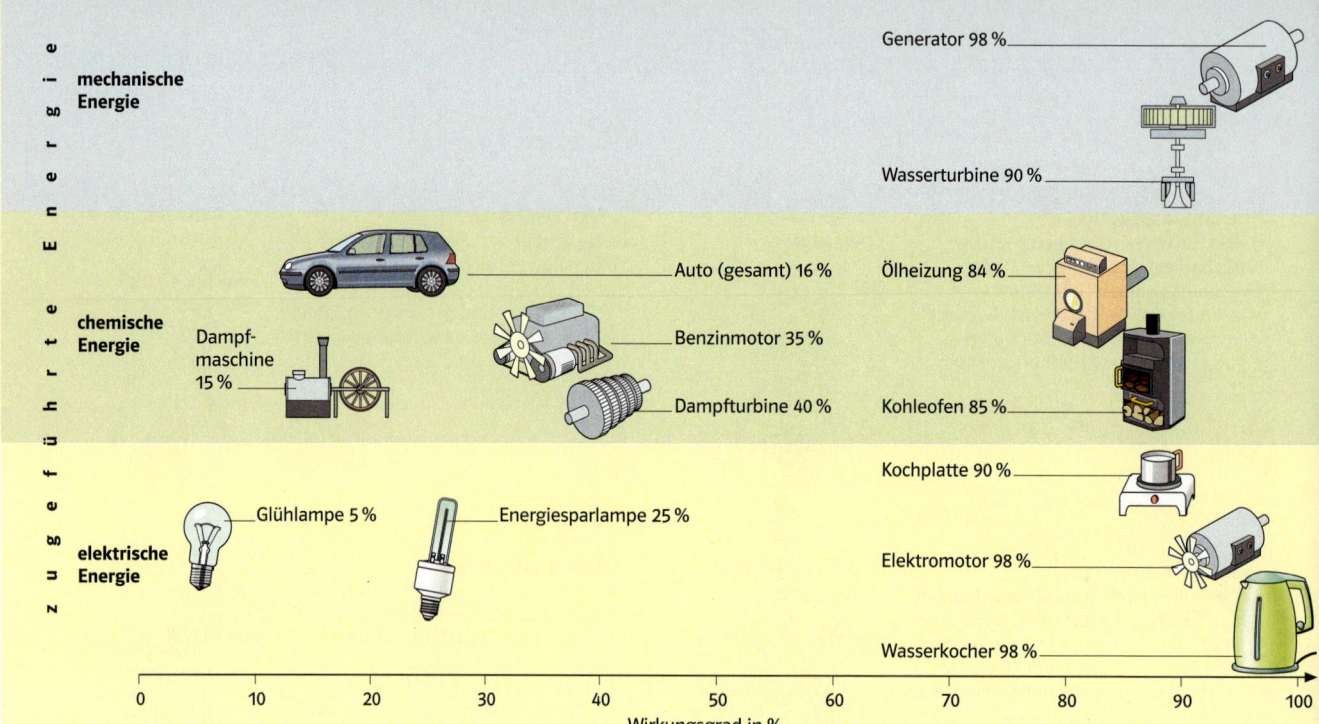

1 Verschiedene Wirkungsgrade

Der Wirkungsgrad

Energiebilanz beim Autofahren

Damit Autos fahren, Maschinen arbeiten und Lampen leuchten können, muss Energie eingesetzt werden.

Von der eingesetzten Energie nutzt ein Auto tatsächlich aber nur einen sehr kleinen Anteil: Nur rund 16 % der im Kraftstoff (Benzin oder Diesel) gespeicherten Energie werden für die Fortbewegung genutzt. Der größte Teil der eingesetzten Energie geht aber als Wärme an die Umgebung.

Der Wirkungsgrad

Der Wirkungsgrad gibt den Anteil an der insgesamt eingesetzten Energie an, der für den gewünschten Zweck tatsächlich genutzt wird.

Beispiel: Eine Maschine hat einen Wirkungsgrad von 50 %. Dies bedeutet, dass die Hälfte der eingesetzten Energie für den gewünschten Zweck genutzt wird.

Die übrigen 50 % bleiben aber ungenutzt: Sie sind für die Nutzung verloren.

Je größer der Wirkungsgrad ist, desto mehr Energie wird für den gewünschten Zweck genutzt.

Man berechnet den Wirkungsgrad, indem man die genutzte Energie durch die eingesetzte Energie dividiert:

$$\text{Wirkungsgrad} = \frac{\text{genutzte Energie}}{\text{eingesetzte Energie}}$$

Der Wirkungsgrad hat als Formelzeichen den griechischen Buchstaben η (Eta).
(► Energie, S. 168 – 171)

Den Wirkungsgrad berechnen

In einem Kohlekraftwerk wird chemische Energie in Form von Kohle zugeführt. Die Kohle enthält die zugeführte Energie. Die zugeführte Energie wird im Kraftwerk in elektrische Energie umgewandelt.

2 Dieselmotor

3 Kohlekraftwerk

Zahlenbeispiel: Die chemische Energie, die einem Kohlekraftwerk (▷ B 3) in Form von Kohle am Tag zugeführt wird, beträgt 132 000 000 MJ. Werden daraus 47 520 000 MJ elektrische Energie erzeugt, so kann man den Wirkungsgrad berechnen:

$$\text{Wirkungsgrad} = \frac{\text{genutzte Energie}}{\text{eingesetzte Energie}}$$

$$\text{Wirkungsgrad} = \frac{47\,520\,000\,\text{MJ}}{132\,000\,000\,\text{MJ}}$$

Das Ergebnis ist 0,36. Dies kann man auch als 36 % schreiben.
Das bedeutet, dass 36 % der eingesetzten Energie von uns als elektrische Energie genutzt werden.
64 % der eingesetzten Energie werden dagegen nicht für den gewünschten Zweck genutzt.

Der Wirkungsgrad ist der Quotient aus tatsächlich genutzter Energie und eingesetzter Energie.

$$\text{Wirkungsgrad} = \frac{\text{genutzte Energie}}{\text{eingesetzte Energie}}$$

Formelzeichen: η (Eta)

AUFGABEN

1 ○ Gib an, was man unter dem Wirkungsgrad versteht.

2 ○ Für ein Gerät gilt η = 90 %. Suche ein passendes Gerät aus Bild 1 heraus.

3 ◐ Erkläre den Begriff Wirkungsgrad an einem Beispiel aus Bild 1.

4 ◐ a) Recherchiere, welchen Wirkungsgrad Dieselmotoren haben (▷ B 2).
◐ b) Skizziere für einen Dieselmotor eine Energieumwandlungskette mit Prozentzahlen.
◐ c) Vergleiche die Wirkungsgrade von Diesel- und Benzinmotoren.

5 ◐ Einem Kohlekraftwerk (▷ B 3) werden 120 000 000 MJ chemische Energie in Form von Kohle zugeführt. Davon werden 45 600 000 MJ in elektrische Energie umgewandelt. Berechne den Wirkungsgrad des Kohlekraftwerks.

6 ● Begründe, warum der Wirkungsgrad nie 100 % beträgt.

7 ● Merve und Alexej unterhalten sich über den Wirkungsgrad von Autos. Merve sagt: „Ein kleiner Wirkungsgrad ist schlecht für unsere Umwelt." Alexej meint: „Ein kleiner Wirkungsgrad ist eher schlecht für meinen Geldbeutel!" Nimm Stellung dazu.

1 Snowboardfahrer in einer Halfpipe

Höhen- und Bewegungsenergie

Energieumwandlungen
Bei den letzten Olympischen Winterspielen konnte man sehen, wie Snowboardfahrerinnen und Snowboardfahrer mit großer Geschwindigkeit in einer Halfpipe hin- und herfuhren. Dabei zeigten sie komplizierte Sprünge und andere Kunststücke (▷ B 1).

Zu Beginn stehen die Fahrer an einer Rampe etwas oberhalb der Halfpipe (▷ B 3). Sie haben **Höhenenergie**. Höhenenergie wird auch **potentielle Energie** genannt. Beim Hinunterfahren nimmt die potentielle Energie ab. Die kinetische Energie (Bewegungsenergie) nimmt dafür zu. Am tiefsten Punkt, in der Mitte der Halfpipe, ist die potentielle Energie vollständig in kinetische Energie umgewandelt worden. Bei der Aufwärtsbewegung auf der anderen Seite der Halfpipe nimmt die kinetische Energie wieder ab, während die potentielle Energie zunimmt.
In der Halfpipe wird also ständig kinetische Energie (Bewegungsenergie) in potentielle

Energie (Höhenenergie) umgewandelt und umgekehrt (▷ B 3).
(► Energie, S. 168 – 171)

Je höher, desto ...
Man kann feststellen, dass die potentielle Energie von der Höhe in der Halfpipe abhängt. Je höher sich der Snowboarder in der Halfpipe befindet, desto größer ist die potentielle Energie. Bei doppelter Höhe ist auch die potentielle Energie doppelt so groß.

Je schneller, desto ...
Je größer die Geschwindigkeit des Snowboaders wird, desto größer ist seine kinetische Energie. Aber hier gilt: Bei doppelter Geschwindigkeit wird die kinetische Energie viermal so groß.

Einheit für die Energie
Die Einheit für die Energie ist das Joule (J). Die Einheit für die kinetische Energie und die potentielle Energie ist daher auch das Joule (J).

Kinetische Energie im Straßenverkehr

Ein Auto, das mit hoher Geschwindigkeit fährt, hat eine große kinetische Energie (Bewegungsenergie). Trifft ein Auto wie bei einem Crashtest ungebremst auf ein Hindernis, kommt es zu einer Energieumwandlung: Die kinetische Energie wird in Verformungsenergie umgewandelt. Dabei verformt sich das Auto.

Die kinetische Energie nimmt mit der Geschwindigkeit des Autos zu. Verdoppelt der Fahrer die Geschwindigkeit (z. B. von 20 km/h auf 40 km/h), wächst die kinetische Energie auf das Vierfache. Wird die Geschwindigkeit verdreifacht, wächst die kinetische Energie sogar auf das Neunfache. Das hat schwerwiegende Folgen für Unfälle bei hohen Geschwindigkeiten.

Da bei einer größeren Geschwindigkeit auch der Anhalteweg deutlich länger wird, ist immer Vorsicht geboten, wenn man sehr schnell fährt. Auffahrunfälle mit hoher Geschwindigkeit sind lebensgefährlich.

Potentielle Energie (Höhenenergie) kann in kinetische Energie (Bewegungsenergie) umgewandelt werden und umgekehrt.

Ein Körper in Bewegung hat kinetische Energie. Die kinetische Energie wächst auf das Vierfache (Neunfache), wenn die Geschwindigkeit verdoppelt (verdreifacht) wird.

AUFGABEN

1 ○ Ergänze den folgenden Satz: Je höher ein Snowboardfahrer in einer Halfpipe ist, desto …

2 ○ Die Geschwindigkeit eines Autos verdoppelt sich. Gib an, wie sich die kinetische Energie ändert.

3 ◒ Frau Kramer fährt in den Harz. Dabei muss sie einen Berg hinauf- und wieder hinunterfahren. Beschreibe, welche Energieumwandlungen dabei stattfinden.

4 ◒ Begründe, warum das Risiko schwerer Unfälle mit der Geschwindigkeit ansteigt. Verwende die Begriffe kinetische Energie und Anhalteweg.

5 ● Herr Rohde sagt: „Ich bin immer angeschnallt. Mein Auto hat eine sehr große Knautschzone. Da kann nichts passieren, auch wenn ich sehr schnell fahre." Beurteile seine Aussage.

6 ● Halfpipes beim Snowboarden haben zusätzlich ein Gefälle (▷ B 2). Erkläre, welchen Vorteil das für die Snowboardfahrer hat. Benutze dabei den Begriff Energieumwandlung.

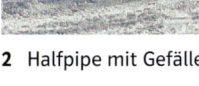
2 Halfpipe mit Gefälle

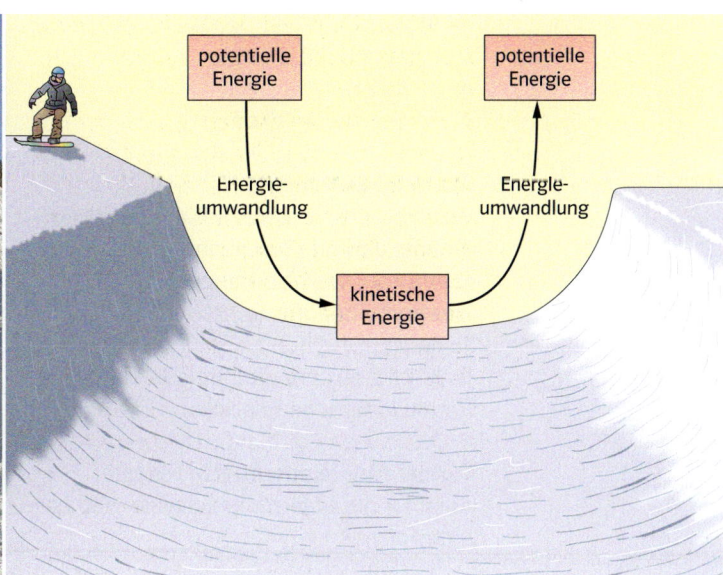
3 Energieumwandlungen in einer Halfpipe

Berechnungen mit der Energie

Gegeben: $m = 1000\,kg$;

$$v = 30\frac{km}{h} = 8{,}3\frac{m}{s}$$

Gesucht: E_{kin}

Lösung: $E_{kin} = \frac{1}{2} \cdot m \cdot v^2$

$$E_{kin} = \frac{1}{2} \cdot 1000\,kg \cdot \left(8{,}3\frac{m}{s}\right)^2$$

$$E_{kin} = 34\,445\,J$$

1 Berechnung der kinetischen Energie

Gegeben: $m = 60\,kg$; $h = 44\,m$

Gesucht: E_{pot}

Lösung: $E_{pot} = F_G \cdot h$

$$F_G = m \cdot g$$

$$F_G = 60\,kg \cdot 10\frac{m}{s^2} = 600\,N$$

$$E_{pot} = 600\,N \cdot h = 600\,N \cdot 44\,m$$

$$E_{pot} = 26\,400\,J$$

2 Berechnung der potentiellen Energie

Formel für die kinetische Energie

Für die kinetische Energie gibt es eine Formel:

$$E_{kin} = \frac{1}{2} \cdot m \cdot v^2$$

Dabei stehen die Formelzeichen für folgende Größen:
E_{kin}: kinetische Energie
m: Masse
v: Geschwindigkeit

Achtung, Einheiten!

Wenn du die Masse m in Kilogramm (kg) angibst und die Geschwindigkeit v in m/s ($1\,m/s = 3{,}6\,km/h$), dann erhältst du die kinetische Energie E_{kin} in Joule (J).

In Bild 1 siehst du eine Beispielrechnung für die kinetische Energie.

Formel für die potentielle Energie

Auch für die potentielle Energie gibt es eine Formel:

$$E_{pot} = F_G \cdot h$$

Dabei stehen die Formelzeichen für folgende Größen:
E_{pot}: potentielle Energie
h: Höhe
F_G: Gewichtskraft

Die Gewichtskraft F_G kannst du mithilfe der Masse m und der Erdbeschleunigung g berechnen:

$$F_G = m \cdot g$$

Die Erdbeschleunigung g hat den Wert von rund $10\,m/s^2$.

Achtung, noch mal Einheiten!

Wenn du die Gewichtskraft F_G in Newton (N) und die Höhe h in Metern (m) angibst, dann erhältst du die potentielle Energie E_{pot} in Joule (J).
Um die Gewichtskraft F_G in Newton (N) zu bekommen, musst du die Masse m in Kilogramm (kg) angeben und für die Erdbeschleunigung $g = 10\,m/s^2$ verwenden.
In Bild 2 siehst du eine Beispielrechnung für die potentielle Energie.

Rechnen mit der Energieerhaltung

Auch hier gilt die Energieerhaltung: Die Energie bleibt insgesamt gleich groß. Das kannst du für Berechnungen ausnutzen. Beispiel: Ein Skispringer hat oben auf der Schanze nur potentielle Energie E_{pot}. Wenn er die Schanze hinunterfährt ($\triangleright$ B 4), dann wandelt sich die potentielle Energie in kinetische Energie um: Ganz unten an der Schanze hat er nur kinetische Energie E_{kin}. Weil keine Energie verloren ging, gilt:

$$E_{pot} = E_{kin}$$

$$F_G \cdot h = \frac{1}{2} \cdot m \cdot v^2$$

Damit kannst du nun Höhen h und Geschwindigkeiten v berechnen ($\triangleright$ B 3).

Falls du bei den Einheiten nicht weiterkommst, kannst du Folgendes nutzen:

$$1\,N = 1\,kg \cdot m/s^2; \quad 1\,J = 1\,Nm$$

4 Skispringer

Gegeben: $h = 44\,m$

Gesucht: v

Lösung: $E_{pot} = E_{kin}$

$$F_G \cdot h = \frac{1}{2} \cdot m \cdot v^2$$

$$m \cdot g \cdot h = \frac{1}{2} \cdot m \cdot v^2$$

$$g \cdot h = \frac{1}{2} \cdot v^2$$

$$v^2 = 2 \cdot g \cdot h$$

$$v = \sqrt{2 \cdot g \cdot h}$$

$$v = \sqrt{2 \cdot 10\frac{m}{s^2} \cdot 44\,m}$$

$$v = \sqrt{2 \cdot 10 \cdot 44 \frac{m}{s}}$$

$$v = 29,7\frac{m}{s} = 107\frac{km}{h}$$

3 Berechnung der Geschwindigkeit

AUFGABEN -

1 ● Erstelle eine Mind-Map zu den Formeln auf dieser Seite (0 S.27).

2 ● Berechne die potentielle Energie eines Skispringers mit der Masse von 65 kg auf einer Höhe von 50 m.

3 ● a) Berechne die kinetische Energie eines Fahrzeugs mit einer Masse von 800 kg und einer Geschwindigkeit von 40 km/h.
● b) Berechne, wie sich die kinetische Energie vergrößert, wenn dasselbe Fahrzeug eine Geschwindigkeit von 80 km/h hat.

4 ● Berechne die Absprung-Geschwindigkeit eines Skispringers mit der Masse von 60 kg bei einer Schanzenhöhe von 40 m.

5 ● a) Ein Skifahrer mit der Masse von 60 kg hat eine Geschwindigkeit von 20 km/h. Berechne, wie hoch er eine Anhöhe hinaufgleiten kann (ohne sich anzustrengen).
● b) Beurteile, ob sich das Ergebnis ändert, wenn der Skifahrer eine größere Masse hat.

1-2 Autos unterscheiden sich in ihrer Leistung.

Energie pro Zeit

Beim Autohändler
Wenn man sich ein Auto kauft, fragt man auch nach der **Leistung** des Autos. Der Verkäufer könnte dann beispielsweise sagen: „Die Leistung ist 250 PS." PS ist die Abkürzung für Pferdestärke und ist eine alte Einheit für die Leistung. Heute wird die Leistung häufig in Watt (W) oder Kilowatt (kW) angegeben.

Es gilt: 1 PS ≈ 0,736 kW
1 kW ≈ 1,36 PS

Für das Auto im Beispiel gilt: Es hat eine Leistung von rund 184 kW.

Die Leistung ist eine nützliche Größe, um die Fähigkeiten von Autos und anderen Fahrzeugen zu vergleichen (► S. 41).

Leistung ist Energiestromstärke
Im Alltag wird häufig der Begriff Leistung verwendet. Dies ist ein anderes Wort für den Begriff **Energiestromstärke**. Die Energiestromstärke beschreibt, wie stark der Energiefluss ist: Sie gibt an, wie viel Energie in einer bestimmten Zeit übertragen wird.

$$\text{Energiestromstärke} = \frac{\text{Energie}}{\text{Zeit}}$$

Aus den Einheiten für die Energie (Joule) und die Zeit (Sekunde) ergibt sich die Einheit für die Energiestromstärke: Joule/Sekunde (J/s). Dafür verwendet man auch die Einheit Watt (W): 1 J/s = 1 W. Das Formelzeichen für die Energiestromstärke ist das P.

Die Energiestromstärke gibt an, wie viel Energie pro Zeit übertragen wird. Im Alltag wird die Energiestromstärke auch Leistung genannt.

AUFGABEN

1 ○ Gib an, wie die Größen Energiestromstärke, Zeit, Energie und Leistung zusammenhängen.

2 ◖ Stell dir vor, jemand möchte ein Familienauto kaufen, das nur im Stadtverkehr genutzt werden soll. Zur Auswahl stehen ein Auto mit 350 PS und ein Kombi mit einer Leistung von 80 kW. Erläutere, wie du den Käufer beraten würdest.

3 ● Recherchiere, welche Leistung unterschiedliche Fahrzeuge haben (► S. 41). Fertige eine Computerpräsentation an, die auch darstellt, warum unterschiedliche Leistungen sinnvoll sind (► S. 8/9).

1
2
3
4
5
6

Was Fahrzeuge leisten

Auto (▷ B 1)
Ein Auto wird häufig als Personenkraftwagen (Pkw) bezeichnet. Neue Pkws haben eine durchschnittliche Leistung von rund 140 PS (103 kW). Selbstverständlich gibt es auch Pkws mit kleinerer oder größerer Leistung.
Beim Kauf muss man überlegen, wo und wie man mit seinem Pkw hauptsächlich fahren will. Fährt man fast ausschließlich im Stadtverkehr, wobei man die Geschwindigkeit von 50 km/h nicht überschreitet, reicht eine geringe Leistung. Bei häufigen Autobahnfahrten ist hingegen eine größere Leistung sinnvoll.

Lastkraftwagen (▷ B 3)
Der Begriff Lastkraftwagen wird oft mit Lkw abgekürzt. Der Wortteil „Last" steht dafür, dass ein Lkw schwere Ladungen transportieren kann. Lkw-Motoren haben dazu

häufig eine Leistung von rund 200 PS – 500 PS (147 kW – 368 kW). Bei Lkws kommt es aber nicht auf die Höchstgeschwindigkeit an. Denn für Lkws gilt oft die Geschwindigkeitsbegrenzung von 80 km/h. Lkws fahren dann lange Zeit mit dieser Geschwindigkeit.

Motorrad (▷ B 4)
Ein Motorrad ist ein motorisiertes Zweirad. Ein Motorrad soll hohe Geschwindigkeiten erreichen. Die Leistung von Motorrädern im Straßenverkehr liegt bei rund 50 PS – 120 PS (37 kW – 88 kW).

Motorroller (▷ B 2)
Ein Motorroller ist auch ein motorisiertes Zweirad. Ein Motorroller erreicht aber wesentlich kleinere Geschwindigkeiten als ein Motorrad. Ein Motorroller benötigt daher nur eine geringe Leistung von rund 3 PS – 10 PS (2 kW – 7 kW).

Einen Motorroller mit einer Höchstgeschwindigkeit von 25 km/h darf man schon mit 15 Jahren fahren.

Sportwagen (▷ B 5)
Ein Sportwagen soll in kurzer Zeit eine hohe Geschwindigkeit erreichen. Seine Leistung muss deshalb sehr hoch sein. Die Leistung von Sportwagen liegt bei rund 250 PS – 1 000 PS (184 kW – 736 kW).

Traktor (▷ B 6)
Ein Traktor ist ein Fahrzeug zum Ziehen verschiedener Anhänger und Maschinen, z. B. landwirtschaftlicher Maschinen wie Sämaschinen. Traktoren werden daher häufig in der Landwirtschaft eingesetzt. Die durchschnittliche Leistung von Traktoren liegt bei rund 100 PS (73 kW).

1 Schwertransporter – nur für Berufskraftfahrer/innen

Berufe rund um den Straßenverkehr

Jeder nimmt am Straßenverkehr teil

Jeder von uns ist Teilnehmer am Straßenverkehr: als Fußgänger, Fahrradfahrer, Autofahrer oder Fahrgast in Bus und Bahn. Viele Menschen haben einen Beruf, in dem sie für unsere Sicherheit im Straßenverkehr sorgen.

Pannenhelfer/in

Wenn jemand eine Panne mit dem Auto hat, greift er zum Handy und ruft eine **Pannenhelferin** oder einen **Pannenhelfer** (▷ B 2). Meist kommen diese von einem Automobilclub oder aus einer nahegelegenen Werkstatt. Die Pannenhelfer/innen sind beispielsweise ausgebildet als **Kraftfahrzeugmechatroniker/innen**. Sie haben gelernt, die mechanischen und elektronischen Teile eines Autos auf Fehler zu untersuchen und diese zu beheben. Kraftfahrzeugmechatroniker/innen müssen handwerkliches Geschick und technisches Verständnis haben.

Polizist/in

Auch die Polizei ist oft Helfer im Straßenverkehr. **Polizistinnen und Polizisten** sorgen dafür, dass Verkehrsregeln eingehalten werden, damit die Sicherheit für alle Verkehrsteilnehmer gewährleistet ist. Bei Unfällen sind sie schnell vor Ort und helfen bei der Absicherung der Unfallstelle (▷ B 3). Wer eine Ausbildung bei der Polizei machen will, muss im Team arbeiten können und in der Lage sein, sich in andere Menschen hineinzuversetzen. Man muss körperlich, aber auch psychisch belastbar sein. Man sollte in der Lage sein, auch in Krisensituationen ruhig zu reagieren. Über die Ausbildung bei der Polizei in Niedersachsen informiert die Internetseite der Polizeiakademie Niedersachsen.

Fahren als Beruf: Berufskraftfahrer/in

Berufskraftfahrer/innen nehmen ständig am Straßenverkehr teil – mit unterschiedlichen Kraftfahrzeugen.

Berufskraftfahrer/innen lenken oft Lastkraftwagen über große Entfernungen. Sie müssen gute Fahrer sein, aber auch in der Lage sein, kleinere Reparaturen selbst durchzuführen. Oft sind sie wochenlang unterwegs und fahren dabei in weit entfernte Länder. Sie müssen die Gesetze für den Straßenverkehr aller Länder, durch die sie fahren, kennen und sie befolgen. Gute Fahrer mit hohem Verantwortungsbewusstsein können auch Gefahrguttransporter oder Schwertransporter fahren (▷ B 1).

Busfahrer/in

Auch **Busfahrer/innen** sind Berufskraftfahrer/innen und tragen eine hohe Verantwortung. Sie sind nämlich für die Sicherheit der Fahrgäste verantwortlich. In den Innenstädten müssen sie auch sehr auf die anderen Verkehrsteilnehmer achten. Deshalb müssen sie sich ständig gut konzentrieren und dürfen sich nicht durch Nebensächlichkeiten ablenken lassen.

Taxifahrer/in

Auch **Taxifahrer/innen** sind Berufskraftfahrer/innen. Sie sorgen dafür, dass Menschen ihr Ziel auf dem kürzesten Weg und sicher erreichen. Wer ein Taxi fahren will, muss mehrere Voraussetzungen erfüllen. Man muss mindestens 21 Jahre alt sein und mindestens zwei Jahre Fahrpraxis haben. Um einen Personenbeförderungsschein zu erhalten, ist eine Prüfung nötig, bei der man hunderte Straßenverbindungen auswendig kennen muss. Man muss einen Gesundheitscheck machen, um nachzuweisen, dass man körperlich fit ist und gut sehen und hören kann. Um als Taxifahrer gut zu verdienen, muss man auch nachts, an Wochenenden und an Feiertagen unterwegs sein.

Viele Personen nehmen auch im Beruf am Straßenverkehr teil.

AUFGABEN

1 ○ Nenne drei Berufe aus dem Text, die mit dem Straßenverkehr zu tun haben.

2 ○ Beschreibe zwei Situationen, in denen ein Autofahrer eine Pannenhelferin oder einen Pannenhelfer ruft.

3 ◒ Jannik will Taxifahrer werden. Er kann aber nichts auswendig behalten. Er sagt: „Es gibt ja schließlich das Navi! Wozu soll ich da Straßennamen auswendig kennen?" Nimm Stellung zu seiner Aussage.

4 ◒ Sara hat eine Ausbildung als Kraftfahrzeugmechatronikerin gemacht. Beschreibe zwei Arbeitsstellen, an denen sie ihre Ausbildung nutzen kann.

5 ● Recherchiere auf der Internetseite der Polizeiakademie Niedersachsen die Voraussetzungen für den Polizeidienst. Fertige eine Präsentation an, die du in der Klasse vorstellst.

2 Pannenhelfer

3 Polizist an einer Unfallstelle

Zusammenfassung

Geschwindigkeit
Die Geschwindigkeit gibt an, welchen Weg ein Körper pro Zeit zurücklegt.
Die Einheit der Geschwindigkeit ist Meter pro Sekunde (m/s) oder Kilometer pro Stunde (km/h).

$$\text{Geschwindigkeit} = \frac{\text{Weg}}{\text{Zeit}}$$

Gleichförmige Bewegung
Bei einer gleichförmigen Bewegung legt ein Körper in gleichen Zeiten gleich lange Wege zurück. Die Geschwindigkeit bleibt gleich.

t-s-Diagramm (Zeit-Weg-Diagramm)
In einem t-s-Diagramm wird auf der x-Achse die Zeit t und auf der y-Achse der Weg s eingetragen.

t-v-Diagramm (Zeit-Geschwindigkeits-Diagramm)
In einem t-v-Diagramm wird auf der x-Achse die Zeit t und auf der y-Achse die Geschwindigkeit v eingetragen.

Beschleunigung
Bei einer beschleunigten Bewegung nimmt die Geschwindigkeit zu.
Die Beschleunigung gibt an, um wie viel die Geschwindigkeit pro Zeit zunimmt.
Die Einheit der Beschleunigung ist m/s^2.

$$\text{Beschleunigung} = \frac{\text{Geschwindigkeitszunahme}}{\text{Zeit}}$$

Freier Fall und Erdbeschleunigung
Der freie Fall ist eine beschleunigte Bewegung in Richtung Erdmittelpunkt.
Die Ursache für diese Beschleunigung ist die Erdanziehung. Die Erdbeschleunigung beträgt rund $10\ m/s^2$.
Ein Beispiel ist der Fallschirmsprung: Der Fallschirmspringer befindet sich im freien Fall, bis er den Fallschirm öffnet.

Verzögerte Bewegung
Bei einer verzögerten Bewegung nimmt die Geschwindigkeit ab.
Ein Beispiel für eine verzögerte Bewegung im Straßenverkehr ist das Bremsen eines Autos.

Anhalteweg
Der Anhalteweg eines Fahrzeugs setzt sich aus zwei Teilstrecken zusammen, dem Reaktionsweg und dem Bremsweg:
Anhalteweg = Reaktionsweg + Bremsweg

Energieerhaltungssatz
Bei Energieumwandlungen werden Energieformen in andere Energieformen umgewandelt. Dabei geht aber keine Energie verloren. Dies ist der Energieerhaltungssatz.

Wirkungsgrad
Der Wirkungsgrad gibt an, welcher Anteil der eingesetzten Energie für einen bestimmten Zweck genutzt wird:

$$\text{Wirkungsgrad} = \frac{\text{genutzte Energie}}{\text{eingesetzte Energie}}$$

Kinetische und potentielle Energie
Je schneller sich ein Körper bewegt, desto größer ist seine kinetische Energie (Bewegungsenergie).
Je höher sich ein Körper befindet, desto größer ist seine potentielle Energie (Höhenenergie).
Kinetische und potentielle Energie können sich ineinander umwandeln. Ein Beispiel dafür ist das Snowboardfahren in der Halfpipe.

Leistung ist Energiestromstärke
Die Leistung beschreibt die Stärke des Energieflusses und wird daher auch Energiestromstärke genannt: Sie gibt an, wie viel Energie pro Zeit übertragen wird.

AUFGABEN

1 ○ Beschreibe folgende Größen an Beispielen aus dem Straßenverkehr:
a) Geschwindigkeit
b) Beschleunigung
c) Verzögerung

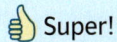 Super! ► S.6/7, 14/15, 23

2 ○ Beschreibe die Gemeinsamkeiten und Unterschiede zwischen einem t-s-Diagramm und einem t-v-Diagramm.

 Super! ? ► S.12/13

3 ○ Beschreibe, was man unter folgenden Begriffen versteht:
a) Anhalteweg
b) Sicherheitsabstand

Super! ? ► S.24/25, 26

4 ○ Gib an, was man unter dem Begriff „kinetische Energie" versteht.

 Super! ? ► S.30

5 ◒ Bei einem beschleunigenden Motorrad wurden folgende Werte gemessen:

t in s	v in m/s
0	0
1	8
2	16
3	24
4	32
5	40

Erstelle zu den Messwerten ein Zeit-Geschwindigkeits-Diagramm (eigenhändig oder am Rechner).

 Super! ? ► S.14/15

6 ◒ Beschreibe, wie sich die Geschwindigkeit eines Fallschirmspringers während des Sprungs verändert. Benutze die Wörter „Absprung" und „Landung".

Super! ? ► S.22

7 ◒ Erkläre, was man unter dem Wirkungsgrad versteht.

Super! ? ► S.34/35

8 ◒ Ein Snowboardfahrer fährt in einer Halfpipe hin und her (▷ B 1). Beschreibe die Energieumwandlungen mithilfe der Begriffe „kinetische Energie" und „potentielle Energie".

Super! ? ► S.36/37

9 ● Ein Kunde in einem Autohaus möchte „ein Fahrzeug für den Stadtverkehr mit möglichst viel kW" haben. Berate den Kunden dahingehend, welche Art von Fahrzeug für ihn in Frage kommt. Schreibe ihm eine Mail.

 Super! ? ► S.40, 41

1 Snowboardfahren in einer Halfpipe

2 Elektrische Energie erzeugen und nutzen

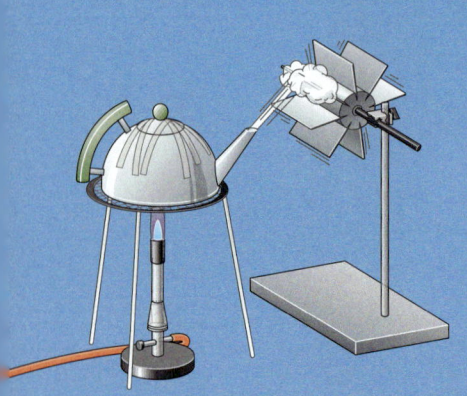

- Wie wird elektrische Energie erzeugt?

- Was zählt eigentlich der „Stromzähler" in einem Haushalt?

- Warum dreht sich ein Elektromotor?

- Was passiert in einem Kraftwerk?

- Was versteht man unter dem Treibhauseffekt?

1 Im Stromkreis wird elektrische Energie übertragen.

2 Der Stromzähler – ein Energiezähler

Elektrische Größen – Übersicht

Die Spannung

Die Elektronen in einem Stromkreis werden von einer Spannungsquelle (z.B. einer Batterie) angetrieben. Je größer die Spannung ist, desto stärker werden die Elektronen angetrieben.
Die Spannung kannst du messen. Sie wird in der Einheit Volt (V) angegeben. Das Formelzeichen für die Spannung ist das U.

Die elektrische Stromstärke

In einem elektrischen Stromkreis bewegen sich Elektronen. Durch die Bewegung der Elektronen wird elektrische Energie übertragen. Die elektrische Stromstärke gibt an, wie viele Elektronen in einer bestimmten Zeit an einem Messpunkt vorbeifließen. Die Einheit der elektrischen Stromstärke ist das Ampere (A). Das Formelzeichen für die elektrische Stromstärke ist das I.

Die elektrische Energie

In einem Stromkreis wird elektrische Energie übertragen. Geräte können diese elektrische Energie in andere Energieformen umwandeln. Ein Heizlüfter erzeugt z.B. Wärme (▷ B 1).
Die elektrische Energie wird in den Einheiten Kilowattstunde (kWh) oder Wattsekunde (Ws) angegeben. Das Formelzeichen für die Energie ist das E.
Die Stromrechnung gibt an, wie viel elektrische Energie wir genutzt haben (▷ B 3). In einem Haushalt wird dazu die Menge der übertragenen elektrischen Energie mit dem Stromzähler gemessen (▷ B 2).

Die elektrische Energiestromstärke

Im Stromkreis wird elektrische Energie übertragen, wenn ein elektrisches Gerät betrieben wird. Es fließt ein Energiestrom. Die Menge der übertragenen elektrischen Energie pro Zeit wird elektrische Energiestromstärke genannt.

$$\text{elektrische Energiestromstärke} = \frac{\text{elektrische Energie}}{\text{Zeit}}$$

Bei gleicher Zeit gilt: Je mehr elektrische Energie übertragen wird, desto größer ist die elektrische Energiestromstärke.
Je kürzer die Zeit ist, in der die elektrische Energie übertragen wird, desto größer ist die elektrische Energiestromstärke.

Die elektrische Energiestromstärke wird in der Einheit Watt (W) angegeben. Ein Heizlüfter (▷ B 1) hat z.B. eine elektrische

Energiestromstärke von 2000 W. Das Formelzeichen für die elektrische Energiestromstärke ist das *P*.
Im Alltag nennt man die elektrische Energiestromstärke auch elektrische Leistung.

Wie die Stromrechnung entsteht

Die Stromrechnung entsteht so: Die elektrischen Geräte im Haushalt haben eine elektrische Leistung, z. B. 2000 W. Die elektrischen Geräte werden für eine bestimmte Zeit in Betrieb genommen.

Je größer die elektrische Leistung ist, desto größer ist die übertragene elektrische Energie.
Je länger die elektrischen Geräte in Betrieb sind, desto größer ist die übertragene elektrische Energie.

Diese Zusammenhänge kann man in einer Gleichung darstellen:

elektrische Energie
= elektrische Leistung · Zeit

Tipp für die Einheiten: Gib die Zeit in Stunden (h) und die elektrische Leistung in Kilowatt (kW) an. 1 Kilowatt sind 1000 Watt (1 kW = 1000 W). Dann erhältst du die elektrische Energie in Kilowattstunden (kWh).

Die gesamte übertragene elektrische Energie wird in der Stromrechnung angegeben, meist in kWh. Mit dem Preis pro kWh ergibt sich dann der Betrag in der Stromrechnung.

Zu den elektrischen Größen gehören die Spannung, die elektrische Stromstärke, die elektrische Energie und die elektrische Energiestromstärke (Leistung).

AUFGABEN

1 ○ Beschreibe, was man unter der Spannung *U* und der elektrischen Stromstärke *I* versteht.

2 ○ Nenne die Einheiten der beschriebenen elektrischen Größen.

3 ◔ Fertige eine Tabelle an, in der du die beschriebenen elektrischen Größen mit Formelzeichen und Einheiten übersichtlich darstellst.

4 ◔ Ergänze folgende Sätze. Verwende das Wort Leistung.
a) Je mehr elektrische Energie in gleicher Zeit übertragen wird, desto …
b) Je größer die Zeit ist, in der die elektrische Energie übertragen wird, desto …

5 ● Der Ausbilder in einem Elektrobetrieb sagt: „Ich berechne die Leistung, indem ich die Spannung mit der Stromstärke multipliziere." Recherchiere, ob diese Aussage richtig ist.

Städtische Energieversorger					Hannover				

| Empfänger | Matthias Balonier
Mencipstr. 51
30159 Hannover | | | | | Kundennummer 25506/708720
(bitte stets angeben) | | Rechnungsdatum | 15.02.2014 |
| | | | | | | | | Rechnungs-Nr. | 2211/70-12564 |

Pos.	Zähler-Nr.	Abrechnungszeitraum		Tage	Zählerstand		Verbrauch	Arbeitspreis	Arbeitsbetrag
		von	bis		alt	neu	kWh	ct/kWh	Euro
1	720021	01.01.2013	31.12.2013	365	41503	45332	3829	18,67	714,87

Pos.	Grundbetrag (98,04 Euro/Jahr)	Stromsteuer (2,05 ct/kWh)	EEG-Umlage (5,28 ct/kWh)	Rechnungsbetrag Euro netto	Umsatzsteuer 19 %	Rechnungsbetrag Euro brutto
1	98,04	78,49	202,17	1093,57	207,78	1.301,35

3 Die Rechnung eines Energieversorgungsunternehmens

Energie und Leistung im Alltag

1 Der Stromzähler ist eigentlich ein Energiezähler.

Der Stromzähler, der jährlich abgelesen wird, bestimmt die Höhe der Stromkosten (▷ B 1). Die Drehgeschwindigkeit des Rädchens in der Mitte des Geräts zeigt an, ob gerade viel oder wenig elektrische Leistung benötigt wird.

Genauere Werte liefert ein Leistungs- und Energiemessgerät (▷ B 2), das ihr von euren örtlichen Stromanbietern auch ausleihen könnt.
Je nach Einstellung liefert dieses Messgerät Aussagen über die Spannung, die Stromstärke, die Leistung, den Energiebedarf und die Einsatzzeit des angeschlossenen elektrischen Haushaltsgeräts.

1 „Stromfresser" entdecken
Material
Stromzähler deiner Wohnung, verschiedene elektrische Geräte im Haushalt

Versuchsanleitung
a) Schalte möglichst viele Geräte wie Heizstrahler, Mikrowelle, Glühlampen oder Föhn ein. Beobachte dann das Rädchen am Stromzähler. Beschreibe deine Beobachtung.
b) Schalte alle Geräte aus.
c) Schalte jetzt jeweils nur ein einzelnes Gerät ein und vergleiche die verschiedenen Drehgeschwindigkeiten des Rädchens. Ermittle auf diese Weise das Gerät mit der größten elektrischen Leistung (den größten „Stromfresser").

2 Leistung und Energie messen
Material
Leistungs- und Energiemessgerät, verschiedene elektrische Geräte deines Haushalts

Versuchsanleitung
a) Miss die Leistung eines elektrischen Geräts. Benutze dazu das Leistungs- und Energiemessgerät.
b) Miss den Energiebedarf eines elektrischen Geräts für einen Tag. Achtung: Du darfst dies nur mit elektrischen Geräten durchführen, die du unbeaufsichtigt lassen kannst.
Benutze für die Messung das Leistungs- und Energiemessgerät. Achte auf die richtige Einstellung.
c) Überlege und beschreibe, wie du den Energiebedarf für ein ganzes Jahr ermitteln kannst.
d) Berechne die Kosten der Geräte für ein Jahr. Nimm an, dass 1 kWh 25 ct kostet.
e) Wiederhole die Versuchsteile a bis d für weitere elektrische Haushaltsgeräte.
f) Ordne die Geräte nach der elektrischen Leistung.
g) Präsentiere deine Ergebnisse mithilfe von Fotos.

AUFGABE

1 ● Recherchiere in einem Fachgeschäft, welche Aussagen du mit der sogenannten Energieeffizienzklasse über einen Kühlschrank machen kannst.

2 Leistungs- und Energiemessgerät

Elektrische Energie sparen

1 Verschiedene Leuchtmittel

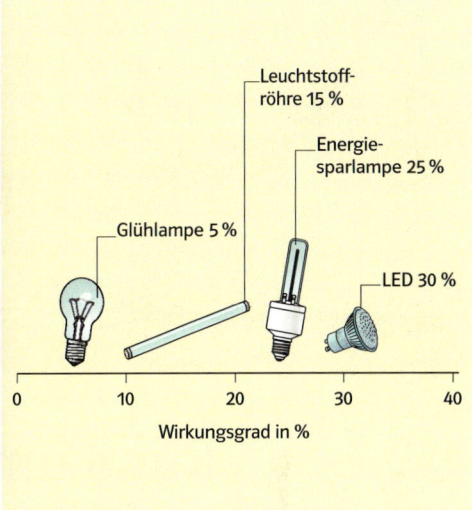

2 Wirkungsgrade verschiedener Leuchtmittel

Licht ist Energie

In Leuchtmitteln, z. B. Glühlampen, Energiesparlampen, Leuchtstoffröhren und Leuchtdioden (LED), wird elektrische Energie in Lichtenergie umgewandelt. Durch den sinnvollen Einsatz von Leuchtmitteln kann elektrische Energie gespart werden.

Der Wirkungsgrad

Leuchtmittel sind Energiewandler. Ein Teil der elektrischen Energie wird in Lichtenergie umgewandelt. Die elektrische Energie, die ungenutzt bleibt, geht z. B. als Wärme an die Umgebung. Der Wirkungsgrad eines Leuchtmittels gibt den Anteil an der insgesamt eingesetzten elektrischen Energie an, der in Lichtenergie umgewandelt wird. Er wird in Prozent (%) angegeben (▷ B 2). Mit einem großen Wirkungsgrad können wir elektrische Energie sparen. (► Energie, S. 168 – 171)

Leuchtmittel mit Vorteilen und Nachteilen

Die Wirkungsgrade verschiedener Leuchtmittel siehst du in Bild 2.
Außerdem unterscheiden sich die Leuchtmittel im Anschaffungspreis, in der Lebensdauer und in der Entsorgung. Energiesparlampen z. B. enthalten gefährliche Stoffe. LED-Lampen haben einen hohen Anschaffungspreis, halten aber viel länger als andere Leuchtmittel.

Leuchtmittel mit einem großen Wirkungsgrad helfen beim Sparen elektrischer Energie im Haushalt.

AUFGABEN

1 ○ Stelle Bild 2 als Tabelle dar.

2 ◒ Erkläre am Beispiel der Leuchtmittel den Begriff Wirkungsgrad. Benutze den Begriff „Lichtenergie".

3 ● a) Informiere dich über die in Bild 2 angegebenen Leuchtmittel. Vergleiche sie hinsichtlich Wirkungsgrad, Anschaffungspreis, Lebensdauer und Entsorgung in einer Tabelle.
● b) Bewerte den verantwortungsvollen Einsatz der verschiedenen Leuchtmittel mithilfe deiner Tabelle.

1 Die Magnetpole eines Stabmagneten

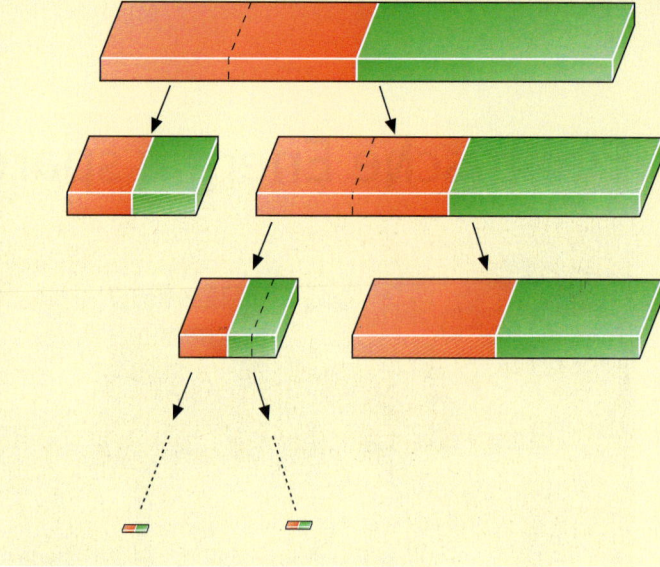

2 Magnete lassen sich teilen.

Rund um den Magnetismus

Magnete hast du bereits kennengelernt und begegnen dir im Alltag immer wieder. Du findest sie an Schranktüren, in Taschenverschlüssen oder als lustige Bilder an der Kühlschranktür. Auch der Kompass würde ohne einen Magneten nicht funktionieren.

Die magnetische Wirkung
In all diesen Beispielen zieht ein Magnet Gegenstände an, die z. B. Eisen oder Nickel enthalten (▷ B 3).

3 Nicht alle Münzen werden angezogen.

Dazu brauchen die Magnete diese Gegenstände nicht einmal zu berühren. Die magnetische Kraft wirkt sogar über eine Entfernung hinweg. Sie kann auch andere Materialien durchdringen, außer diese sind selbst z. B. aus Eisen oder Nickel.

Magnetpole
Jeder Magnet hat einen **Nordpol** und einen **Südpol** (▷ B 1).
Halbierst du einen Magneten, besitzen die beiden Teile wiederum einen Nordpol und einen Südpol (▷ B 2).
So kannst du deine Magnete immer wieder zerteilen, bis sie winzig klein sind.
Irgendwann sind sie so klein, dass sie sich nicht mehr zerteilen lassen. Man spricht dann von **Elementarmagneten**.

Magnetisieren und Entmagnetisieren
Du kannst selbst Magnete herstellen. Hierzu wird ein Gegenstand, der z. B. Eisen oder Nickel enthält, magnetisiert. Dabei richten sich die Elementarmagnete des Gegenstands alle in eine gemeinsame Richtung aus.
Durch Hitze oder starke Erschütterungen verlieren Magnete allerdings ihre Wirkung.

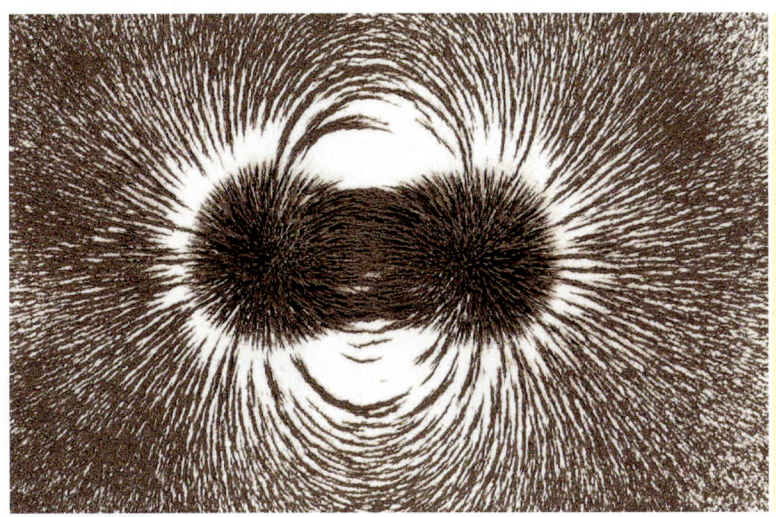

4 Eisenfeilspäne im Magnetfeld

5 Schwebender Magnet

Die Elementarmagnete sind dann wieder ungeordnet.

Die magnetischen Polgesetze

Zwei Magnete können einander anziehen oder abstoßen. Das hängt davon ab, welche Magnetpole sich gegenüberliegen. Bringt man zwei gleichnamige Magnetpole (z. B. zwei Nordpole) zusammen, dann stoßen sie einander ab. Zwei ungleichnamige Magnetpole (Nordpol und Südpol) ziehen einander an.

Das magnetische Feld

Kräfte, die ein Magnet auf andere Magnete oder z. B. auf Gegenstände aus Eisen oder Nickel ausübt, sind unsichtbar. Wir können aber die Auswirkungen beobachten. Grund dafür ist das **magnetische Feld**, das den Magneten umgibt.
Mithilfe von Eisenfeilspänen kannst du das magnetische Feld sichtbar machen (▷ B 4). Die Eisenfeilspäne reihen sich zu Ketten aneinander, die von Pol zu Pol führen und so die **magnetischen Feldlinien** zeigen.

Ein Magnet zieht Gegenstände an, die z. B. Eisen oder Nickel enthalten.
Gegenstände aus Eisen oder Nickel können auch magnetisiert werden.

Jeder Magnet hat einen Nordpol und einen Südpol.
Gleichnamige Pole stoßen einander ab, ungleichnamige Pole ziehen einander an.
Jeder Magnet ist von einem Magnetfeld umgeben, in dem die magnetischen Kräfte wirken.

AUFGABEN

1 ○ Nenne zwei Stoffe, die ein Magnet anzieht.

2 ○ Benenne die Pole eines Magneten.

3 ○ Gib die magnetischen Polgesetze mit eigenen Worten wieder.

4 ○ Benenne den Wirkungsbereich um einen Magneten.

5 ◖ Erkläre, was man unter einem Magnetfeld versteht.

6 ◖ Beschreibe anhand von Bild 4, wo die Anziehungskraft eines Magneten am stärksten ist.

7 ● Begründe, warum der Magnet in Bild 5 schwebt.

8 ● Stelle eine Vermutung zum Feldlinienbild zweier Stabmagnete auf, die einander anziehen oder abstoßen. Zeichne zuerst den Verlauf der Feldlinien und überprüfe dann deine Vermutung durch einen Versuch.

1 Ein Lasthebemagnet auf einem Schrottplatz

2 Je mehr Windungen, desto stärker ist das Magnetfeld

Elektrizität und Magnetismus

Besonders starke Magnete braucht man in Stahlwerken oder auf Schrottplätzen zum Heben von Eisenschrott (▷ B 1). Dazu werden keine Dauermagnete, sondern **Elektromagnete** eingesetzt.

Strom und Magnetismus

Grundlage für den Bau von Elektromagneten war die Entdeckung des dänischen Physikers HANS CHRISTIAN OERSTED (1777 – 1851). Im Jahr 1820 entdeckte er den Zusammenhang zwischen Elektrizität und Magnetismus.

In einem Experiment hielt OERSTED einen Draht parallel über eine Kompassnadel (▷ B 3, V 1). Als er den Strom einschaltete, stellte er fest, dass die Kompassnadel aus ihrer ursprünglichen Nord-Süd-Richtung abgelenkt wurde.

Genau diese Entdeckung kannst du in Versuch 1 wiederholen: Sobald Strom durch den Draht fließt, wird die Kompassnadel aus der Nord-Süd-Richtung abgelenkt. Wenn du die Anschlüsse an der Spannungsquelle vertauschst, dann dreht sich die Kompassnadel in die andere Richtung. Nach dem Ausschalten des Stroms pendelt die Kompassnadel in ihre Ausgangslage zurück.

Ursache für diese magnetische Erscheinung ist der elektrische Strom: Wenn Strom durch einen Draht fließt, dann entsteht um den Draht ein magnetisches Feld. Dieses Magnetfeld führt dazu, dass eine Magnetnadel, die sich in der Nähe befindet, beeinflusst wird. Wird der Strom ausgeschaltet, verschwindet dieses Magnetfeld wieder.

Elektromagnete

Das Magnetfeld um einen geraden stromdurchflossenen Draht ist schwach. Ein stärkeres Magnetfeld erreicht man, wenn der Draht zu einer Spule mit vielen Windungen aufgewickelt wird (▷ B 2, V 3). Eine stromdurchflossene Spule ist ein Elektromagnet.

Ein Elektromagnet hat wie jeder andere Magnet einen Nordpol und einen Südpol. Die Pole befinden sich an den Enden der Spule (▷ V 2a).

Die Stärke des Magnetfelds eines Elektromagneten hängt unter anderem von der Windungszahl der Spule ab (▷ V 3). Je mehr Windungen die Spule hat, desto größer wird die magnetische Wirkung. In Bild 2 erkennst du, dass die Spule mit 1000 Windungen deutlich mehr Schraubenmuttern anzieht als die anderen Spulen mit weniger Windungen. Je mehr Windungen die Spule hat, desto größer wird die magnetische Wirkung. Noch stärker wird das Magnetfeld, wenn man einen stärkeren Strom durch die Spule fließen lässt (▷ V 4). Befindet sich im Inneren der Spule ein **Eisenkern**, verstärkt sich das Magnetfeld um ein Vielfaches (▷ V 2b).

Wenn elektrischer Strom durch einen Leiter fließt, dann entsteht um ihn ein Magnetfeld.
Das Magnetfeld um eine stromdurchflossene Spule lässt sich verstärken:
– durch eine größere Windungszahl
– durch eine höhere Stromstärke
– durch die Verwendung eines Eisenkerns

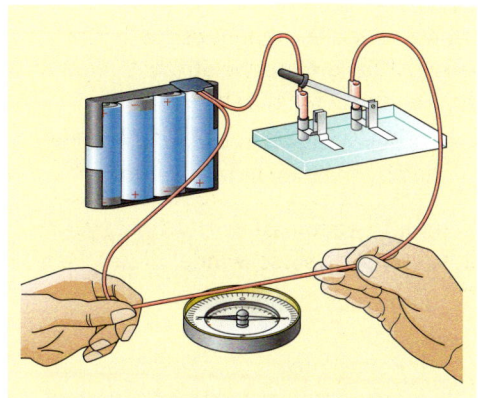

3 Elektrischer Strom hat eine magnetische Wirkung.

AUFGABEN

1 ○ Beschreibe in einem Satz die Entdeckung von HANS CHRISTIAN OERSTED.

2 ○ Zähle auf, woraus ein Elektromagnet besteht.

3 ◒ Schreibe die folgenden Sätze ab und ergänze die Lücken:
a) Wenn …, dann entsteht um die Spule ein Magnetfeld.
b) Wenn …, dann ändert sich die Polung des Magnetfelds.
c) Wenn …, dann verschwindet das magnetische Feld wieder.

4 ◒ Beschreibe, wodurch das Magnetfeld eines Elektromagneten verstärkt werden kann.

5 ● Diskutiert die Vorteile und Nachteile von Elektromagneten und Dauermagneten. Stellt Gemeinsamkeiten und Unterschiede in einer Tabelle gegenüber.

VERSUCHE

1 a) Baue einen einfachen Stromkreis mit einer Batterie und einem geöffneten Schalter auf. Lege einen Kompass dazu. Lass die Kompassnadel in Nord-Süd-Richtung einpendeln.
b) Halte ein Kabel über den Kompass parallel zur Nadel (▷ B 3). Schalte kurz den Strom ein.
c) Vertausche die Pole und wiederhole den Versuch.

2 a) Schließe eine Spule (500 Windungen) an eine Spannung von 6 V an (Spannungsquelle, Anschlüsse + und –). Stelle mithilfe eines Kompasses fest, wo sich die Pole des Elektromagneten befinden.
b) Untersuche, welchen Einfluss ein Eisenkern auf die magnetische Wirkung des Elektromagneten hat.

3 Schließe drei Spulen (250, 500, 1000 Windungen mit Eisenkern) wie in Bild 2 in Reihe an eine Spannung von 6 V an (Spannungsquelle, Anschlüsse + und –). Teste, wie viele Schraubenmuttern jeweils von den Spulen angezogen werden.

4 a) Schließe eine Spule (500 Windungen) an ein Netzgerät an (Anschlüsse + und –). Bringe einen Kompass in die Nähe der Spule. Stelle eine Spannung von 3 V am Netzgerät ein. Schalte das Netzgerät ein und beobachte die Bewegung der Kompassnadel.
b) Wiederhole den Versuch mit 4 V, 5 V und 6 V. Schalte zwischen den Versuchen das Netzgerät aus.
c) Beschreibe den Zusammenhang zwischen der Spannung und der Bewegung der Kompassnadel.

1 Magnetfeld um einen geraden Leiter

2 Magnetfeld um eine Spule

Magnetfelder um Draht und Spule

Das Magnetfeld um einen geraden Leiter

Bild 1 zeigt eine Glasscheibe, durch die ein elektrischer Leiter führt. Auf der Scheibe befinden sich Magnetnadeln.

Wenn elektrischer Strom durch den Leiterdraht fließt, dann entsteht um ihn ein magnetisches Feld.
Beim Einschalten des Stroms richten sich deshalb die Magnetnadeln rund um den Leiter aus. Du erkennst zahlreiche magnetische Feldlinien: Sie sind kreisförmig und geschlossen.

Das Magnetfeld um eine Spule

In Bild 2 siehst du das Magnetfeld um eine stromdurchflossene Spule. Auch hier sind die magnetischen Feldlinien geschlossen. Das Feld erinnert an das Magnetfeld um einen Stabmagneten.

Im Unterschied zum Stabmagneten kannst du bei der Spule den Verlauf der Feldlinien im Inneren beobachten. Dort verlaufen die Feldlinien annähernd parallel. In diesem Bereich hat das magnetische Feld überall die gleiche Stärke und Richtung.

Die magnetischen Pole befinden sich an den Öffnungen der Spule.

Wenn die Anschlüsse der Spule an der Spannungsquelle vertauscht werden, dann wechseln auch die Pole des Elektromagneten.

Die magnetischen Feldlinien um einen stromdurchflossenen Leiter verlaufen kreisförmig und sind geschlossen.
Das Magnetfeld um eine stromdurchflossene Spule ähnelt dem Magnetfeld eines Stabmagneten.

AUFGABEN

1 ○ Beschreibe den Verlauf der Feldlinien um einen geraden Leiter.

2 ◖ Vergleiche das magnetische Feld einer stromdurchflossenen Spule mit dem eines Stabmagneten.

3 ● Robert meint: „Die Feldlinien bei einem Stabmagneten sind nicht geschlossen." Beurteile diese Aussage.

56

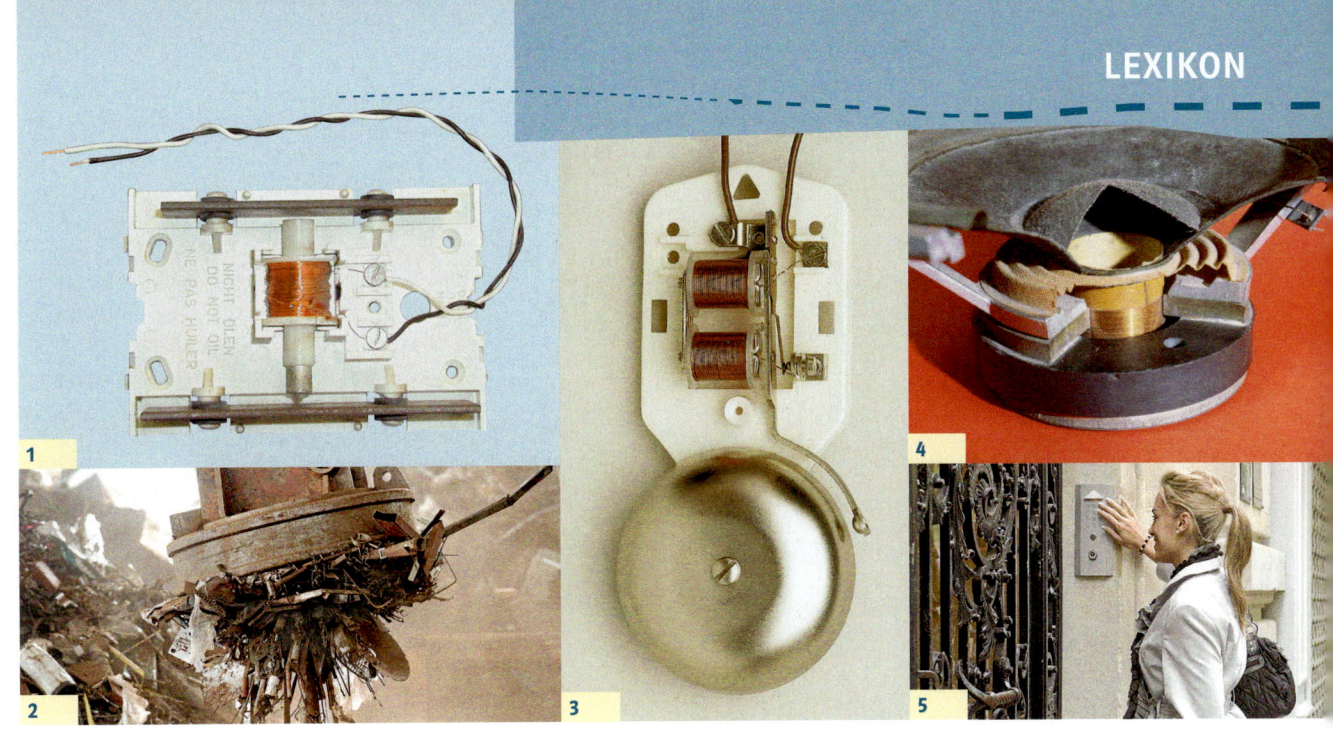

1

2

3

4

5

Geräte mit Elektromagneten

Gong (▷ B 1)
Im Inneren eines elektrischen Gongs befinden sich ein Elektromagnet und ein langer Eisenstab zwischen zwei Klangplatten. Der Eisenstab ist beweglich und mit einer Feder verbunden. Wenn der Stromkreis des Elektromagneten geschlossen wird, dann bewegt sich der Eisenstab aufgrund der magnetischen Wirkung des Elektromagneten. Der Eisenstab schlägt gegen eine Klangplatte und erzeugt einen Ton („Ding"). Wird der Stromkreis unterbrochen, bewegt sich der Eisenstab durch die Federkraft wieder zurück und schlägt dabei gegen die andere Klangplatte. Es entsteht ein zweiter Ton („Dong").

Klingel (▷ B 3)
Eine elektrische Klingel enthält einen Elektromagneten und einen beweglichen Klöppel. Der Klöppel wird mit einer Feder gegen einen Kontakt im Stromkreis des Elektromagneten gedrückt. Wenn der Klingelknopf betätigt wird, dann zieht der Elektromagnet den Klöppel an. Der Klöppel schlägt dabei 1-mal gegen die Glocke. Gleichzeitig wird der Kontakt im Stromkreis unterbrochen und damit der Elektromagnet ausgeschaltet. Der Klöppel wird durch die Federkraft wieder gegen den Kontakt im Stromkreis gedrückt. Der Stromkreis wird dadurch wieder geschlossen und der Elektromagnet wieder eingeschaltet. Dieser Vorgang wiederholt sich mehrmals in schneller Folge: Es klingelt.

Lasthebemagnet (▷ B 2)
Besonders starke Elektromagnete werden bei Lasthebemagneten in Betrieben verwendet, die Stahl und Eisen verarbeiten. Wenn der Stromkreis des Lasthebemagneten geschlossen wird, dann können magnetische Gegenstände damit gehoben und bewegt werden.

Lautsprecher (▷ B 4)
In einem Lautsprecher befinden sich ein Dauermagnet und ein beweglicher Elektromagnet, der mit einer Membran verbunden ist. Elektrische Signale verändern das Magnetfeld des Elektromagneten ständig. Durch die Wechselwirkung mit dem Magnetfeld des Dauermagneten schwingt der Elektromagnet. Die Membran schwingt mit und erzeugt hörbare Schallwellen.

Türöffner (▷ B 5)
An vielen Türschlössern von Haustüren befindet sich ein Elektromagnet. Mit einem Taster kann der Elektromagnet eingeschaltet werden. Der Türverschluss der Haustür wird nun entriegelt. Die Tür kann geöffnet werden.

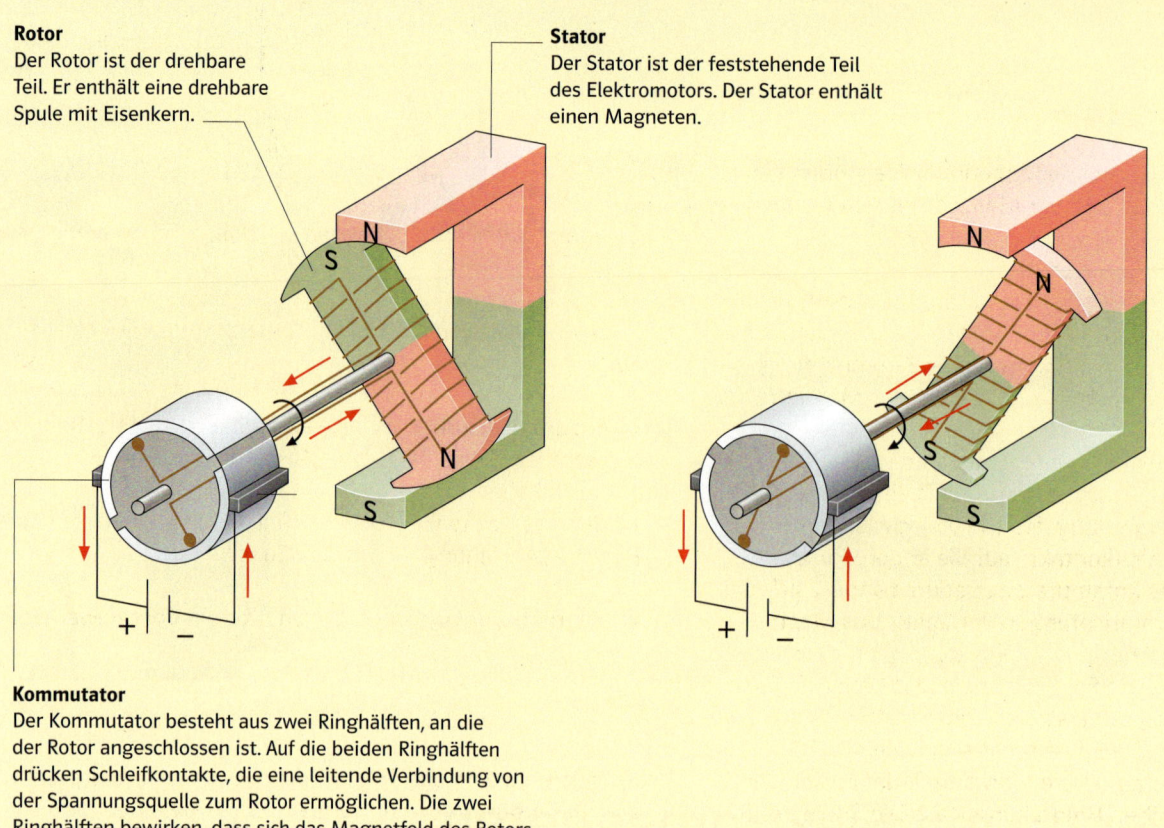

Rotor
Der Rotor ist der drehbare Teil. Er enthält eine drehbare Spule mit Eisenkern.

Stator
Der Stator ist der feststehende Teil des Elektromotors. Der Stator enthält einen Magneten.

Kommutator
Der Kommutator besteht aus zwei Ringhälften, an die der Rotor angeschlossen ist. Auf die beiden Ringhälften drücken Schleifkontakte, die eine leitende Verbindung von der Spannungsquelle zum Rotor ermöglichen. Die zwei Ringhälften bewirken, dass sich das Magnetfeld des Rotors im richtigen Moment umpolt.

1 Modell eines Elektromotors

Elektromotoren

Der Elektromotor

In jedem Mixer und in jeder Bohrmaschine arbeitet ein **Elektromotor**. Die wichtigsten Bauteile eines Elektromotors sind ein **Rotor** (eine drehbare Spule mit Eisenkern), ein **Stator** (ein feststehender Dauermagnet) und ein **Kommutator** (▷ B 1).
Die Drehbewegung des Motors in Bild 1 wird ermöglicht durch magnetische Kräfte zwischen der Spule und dem Dauermagneten.

Die Drehbewegung

Wenn eine Spule an den elektrischen Strom angeschlossen wird, dann wird sie zu einem Elektromagneten. Befindet sich diese Spule im Magnetfeld eines

Dauermagneten, dann ziehen die ungleichnamigen Pole von Dauermagnet und Spule einander an, die gleichnamigen Pole stoßen einander ab. In Bild 1 links wird der Südpol der Spule vom Südpol des Dauermagneten abgestoßen und vom Nordpol des Dauermagneten angezogen. Deshalb dreht sich die Spule.

Die Spule dreht sich jedoch maximal eine halbe Umdrehung, bis sich die ungleichnamigen Pole von Spule und Dauermagnet gegenüberstehen.

Die Idee ist nun: Wenn man jetzt die Anschlüsse an der Spule umpolt, dann stehen sich die gleichnamigen Pole von Spule und

Dauermagnet gegenüber. Sie stoßen einander ab und der Motor dreht sich weiter.

Der Kommutator

Durch einen Kommutator wird erreicht, dass das Magnetfeld der Spule umgepolt wird: Eine Änderung der Stromrichtung verursacht die Umpolung des Magnetfelds.

Über die Schleifkontakte wird die Spule mit Strom versorgt. Nach einer halben Umdrehung der Spule wechseln die Schleifkontakte auf die andere Ringhälfte des Kommutators. Dadurch ändert sich die Stromrichtung in der Spule. Das Magnetfeld der Spule kehrt sich so um, dass sich gleiche Pole von Spule und Dauermagnet gegenüberstehen. Diese stoßen einander ab. Die Spule dreht sich weiter (▷ B 1, rechts). Dieser Vorgang findet nach jeder halben Umdrehung statt: Die Spule dreht sich ständig weiter.
(► System, S. 172/173)

Der Elektromotor besteht im Wesentlichen aus Rotor, Stator und Kommutator.

AUFGABEN

1 ○ Nenne fünf Geräte, in denen Elektromotoren verwendet werden.

2 ○ Zähle die wesentlichen Bestandteile eines Elektromotors auf.

3 ◒ Erkläre die Funktionsweise eines Elektromotors. Benutze die Begriffe „Anziehung" und „Abstoßung".

4 ◒ Beschreibe die Funktion des Kommutators. Benutze die Begriffe „Anziehung" und „Abstoßung".

5 ● Begründe, warum der Elektromotor ein Energiewandler ist.

VERSUCH

1 a) Baue eine einfache Spule, indem du einen Kupferdraht um eine Pappröhre wickelst. Halte die Spule zwischen die Pole eines Hufeisenmagneten (▷ B 2). Schließe die Spule an eine Batterie an. Beschreibe deine Beobachtung.
b) Vertausche die Anschlüsse der Spule. Beobachte erneut.
c) Überlege und beschreibe, wie du es schaffen kannst, dass sich die Spule ständig weiterdreht.

2 Zu Versuch 1

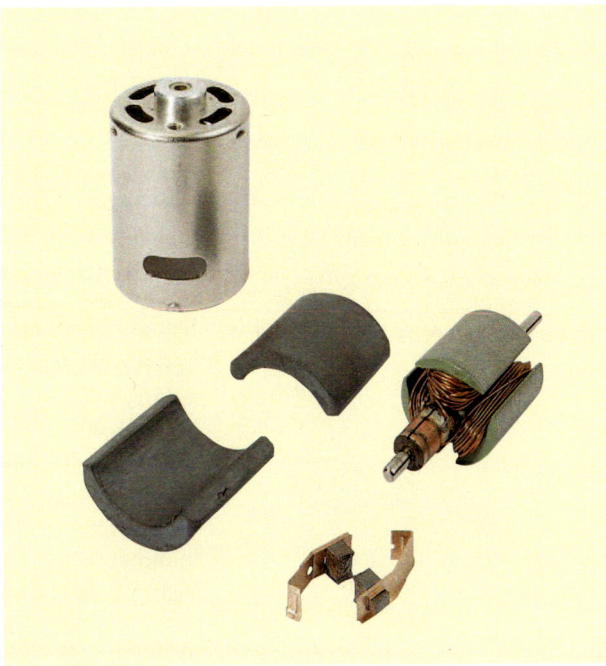

3 Geöffneter Elektromotor

Ein einfacher Elektromotor

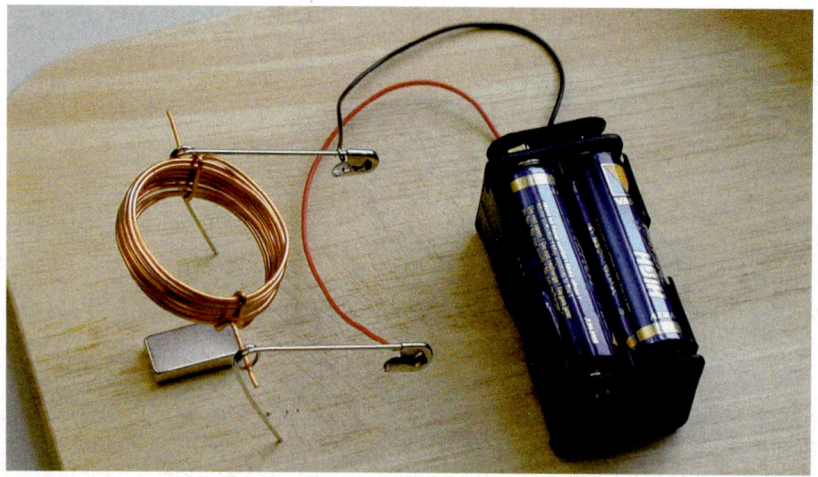

1 Der fertiggestellte Elektromotor

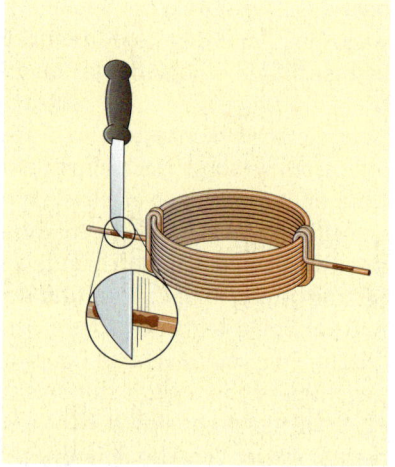

3 Ein Bereich nur auf einer Seite des Drahts wird abisoliert.

Material

2 Sicherheitsnadeln, Holzbrett, Batteriehalterung mit 4 AA-Batterien, lackierter Kupferdraht (Ø 1 mm), Messer, starker Dauermagnet (aus Neodym), Klebstoff, Spitzzange

Versuchsanleitung

a) Als Erstes baust du den Stator: Öffne die Sicherheitsnadeln und stecke sie mit ihrer spitzen Seite parallel zueinander in das Holzbrett (▷ B 2).
Achte darauf, dass sich die Ösen der beiden Sicherheitsnadeln auf gleicher Höhe befinden. Schließe die Batteriehalterung an die Sicherheitsnadeln an.
b) Als Zweites stellst du den Rotor her: Wickle den Kupferdraht um einen runden Gegenstand (z. B. um einen Besenstiel) zu einer Spule auf. Sie soll etwa 10 Windungen besitzen.
Wickle die Enden des Drahts mehrfach um die Spule und lasse die Drahtenden einige Zentimeter überstehen (▷ B 3).
Beachte: Es ist sehr wichtig, dass die Spule rund läuft, wenn du sie um die Drahtenden drehst.
c) Anschließend musst du jeweils eine Stelle auf einer Seite der überstehenden Drahtenden abisolieren. Das gelingt am besten, wenn du ein scharfes Messer zu Hilfe nimmst (▷ B 3).
Achte darauf, dass du die Isolierung nur auf einer Seite entfernst. Über diese Stellen muss der Kontakt zu den Ösen der Sicherheitsnadeln hergestellt werden.
d) Als Letztes kommt die Montage: Stecke die Enden der Spule durch die Ösen der Sicherheitsnadeln. Befestige den Dauermagneten auf dem Holzbrettchen zwischen den beiden Sicherheitsnadeln (▷ B 4). Drehe dann die Spule mit der Hand an. Falls der Motor sich nicht sofort dreht, wirf ihn in der anderen Richtung an. Du kannst auch die Pole des Dauermagneten vertauschen oder die Position des Dauermagneten verändern.

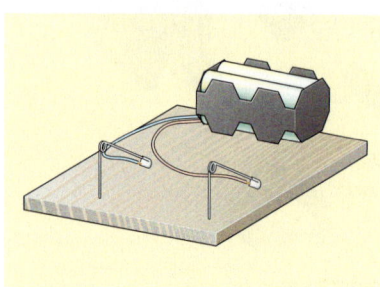

2 Aufbau des Stators

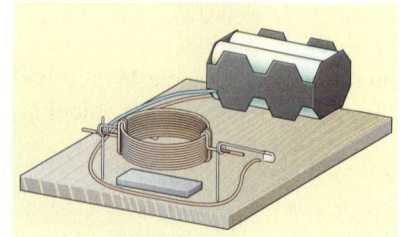

4 Der Dauermagnet wird unterhalb der Spule befestigt.

Oersted und Faraday

1 Der Versuch von HANS CHRISTIAN OERSTED

2 MICHAEL FARADAY

Die Entdeckung des Elektromagnetismus

Im April 1820 gelang es dem dänischen Physikprofessor HANS CHRISTIAN OERSTED (1777–1851), einen Zusammenhang zwischen Elektrizität und Magnetismus nachzuweisen.

OERSTED stellte eine Magnetnadel auf und spannte einen dünnen Platindraht so darüber, dass der Draht parallel zur Magnetnadel ausgerichtet war. Dann schloss er eine selbst gebaute Batterie an (▷ B 1). Sobald Strom floss, wurde die Magnetnadel aus ihrer Richtung abgelenkt. OERSTED wiederholte den Versuch mit verschiedenen Metallen. Er stellte bei allen Versuchen Folgendes fest: Der elektrische Strom erzeugt ein Magnetfeld, das die Magnetnadel aus ihrer ursprünglichen Lage ablenkt.

Die Versuche von MICHAEL FARADAY

Der englische Physiker MICHAEL FARADAY (1791–1867, ▷ B 2) versuchte, OERSTEDS Entdeckung umzukehren. FARADAY wollte mithilfe des Magnetismus elektrischen Strom erzeugen. Im Jahr 1831 konstruierte er einen Ring aus Eisen, auf den er zwei Spulen aufwickelte. Die erste Spule verband FARADAY mit einem Messgerät für den elektrischen Strom. Die zweite Spule schloss er an eine Batterie an. Dadurch wurde die Spule zu einem Elektromagneten, den er einschalten und ausschalten konnte. Wenn FARADAY das Magnetfeld einschaltete und ausschaltete, dann konnte er einen Strom In der ersten Spule nachweisen. FARADAY hatte also gezeigt, dass Magnetismus einen elektrischen Strom erzeugen kann.

AUFGABEN

1 ◖ Beschreibe den Oersted-Versuch.

2 ◖ „FARADAY kehrte den Versuch von OERSTED um." Erkläre diese Aussage.

3 ● Recherchiere über OERSTED und FARADAY. Erstelle einen tabellarischen Lebenslauf der beiden Physiker.

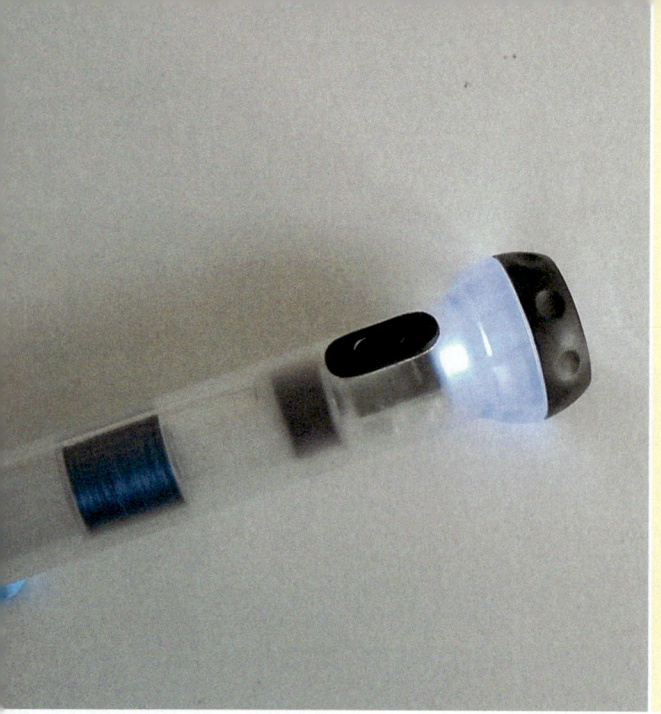

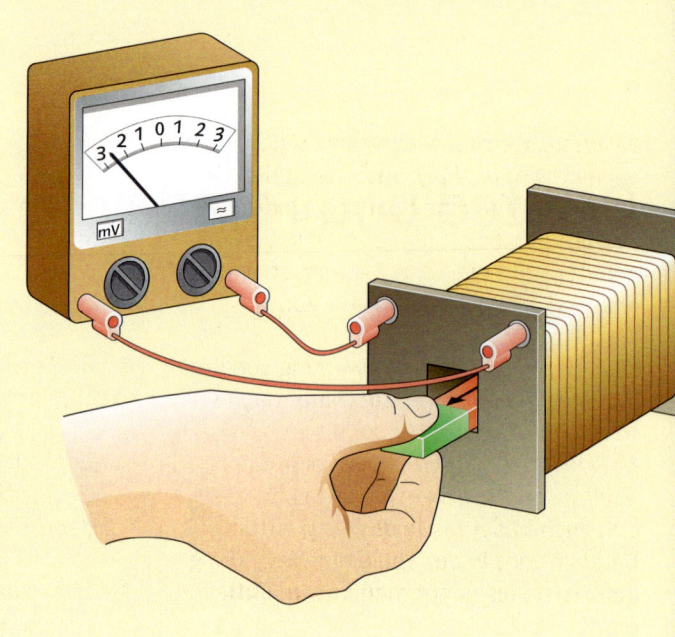

1 Eine Schüttellampe

2 Eine Spannung wird induziert.

Die elektromagnetische Induktion

Eine Schüttellampe

Sabrina hat sich eine Schüttellampe gekauft. Diese Lampe muss sie nur kurz schütteln, dann hat sie für etwa fünf Minuten Licht (▷ B 1). Sabrina schraubt die Lampe auseinander. Darin entdeckt sie einen Magneten und eine Spule, die mit einer LED-Lampe verbunden ist. Wie lässt sich mit einem Magneten und einer Spule eine elektrische Spannung erzeugen?

Elektrische Spannung wird induziert

Eine Spule wird an ein Voltmeter angeschlossen (▷ V 1, B 2). Wenn du den Magneten schnell in die Spule hineinbewegst oder den Magneten schnell aus der Spule herausziehst, dann schlägt der Zeiger des Voltmeters aus. Diese Art, eine elektrische Spannung zu erzeugen, bezeichnet man als **elektromagnetische Induktion**. Man sagt auch: Eine Spannung wird induziert.

Beim Schüttellicht wird durch elektromagnetische Induktion eine Spannung erzeugt. Durch das Schütteln der Lampe bewegt

sich ein Magnet in einer Spule. In der Spule wird eine Spannung induziert. Durch die LED-Lampe fließt ein Strom, der sie aufleuchten lässt. Der Strom, der durch die **Induktionsspannung** erzeugt wird, heißt **Induktionsstrom**.

Voraussetzung für die Induktion

In einem Versuch wird die Induktion genauer untersucht. Dazu wird eine Spule an ein Voltmeter angeschlossen. Nun wird ein Dauermagnet in die Spule hineingeschoben und wieder aus ihr herausgezogen.

Die Richtung des Zeigerausschlags beim Voltmeter hängt von der Bewegungsrichtung des Magneten ab. Bewegt sich der Zeiger des Voltmeters beim Hineinschieben des Magneten in die eine Richtung, bewegt er sich beim Herausziehen in die andere Richtung. Das bedeutet, dass sich die Polung der induzierten Spannung ändert.
Ob der Zeiger des Voltmeters sich nach links oder rechts bewegt, hängt auch

davon ab, welcher Magnetpol in der Spule bewegt wird (▷V 2a). Auch wenn der Magnet ruht, kann eine Spannung induziert werden: Wird ein Magnet in eine Spule gehalten und die Spule bewegt, so wird eine Spannung induziert (▷V 2b).

Was geschieht bei der Bewegung von Dauermagnet oder Spule? Ein Dauermagnet ist von einem Magnetfeld umgeben. Wird der Magnet zur Spule bewegt oder wird die Spule zum Magneten bewegt, so verändert sich auch in der Spule das Magnetfeld. Dadurch wird in der Spule eine Spannung induziert. Dies nennt man das **Induktionsgesetz**.
Wie hoch die Induktionsspannung ist, hängt u.a. von der Stärke des Magnetfelds, der Windungszahl der Spule und davon ab, wie schnell sich das Magnetfeld ändert. Werden Magnet und Spule in dieselbe Richtung bewegt, dann bleibt die magnetische Wirkung auf die Spule unverändert. Es wird jetzt keine Spannung induziert. Sind beim Induktionsvorgang die beiden Enden der Spule durch ein Kabel verbunden, dann fließt ein Strom. Dieser Strom heißt Induktionsstrom.
(► Wechselwirkung, S.176/177)

Induktionsgesetz: Wenn sich in einer Spule das Magnetfeld ändert, dann wird in der Spule eine Spannung induziert.

AUFGABEN

1 ◯ Nenne die Voraussetzungen, damit in einer feststehenden Spule eine Spannung induziert wird.

2 ◯ Nenne das Induktionsgesetz.

3 ◔ Beschreibe, wie man mit einer Spule und einem Magneten eine Induktionsspannung erzeugen kann.

4 ◔ Ein Dauermagnet wird in eine Spule gelegt. Die Spule wird zusammen mit dem Dauermagneten bewegt. Beurteile, ob dabei eine Induktionsspannung entsteht.

5 ● Bei den Versuchen in Bild 3 und 4 entsteht nur kurzzeitig eine Spannung. Entwickle Möglichkeiten, wie man über einen längeren Zeitraum eine Spannung induzieren kann.

VERSUCHE

1 Schließe eine Spule mit 1200 Windungen an ein Voltmeter an, bei dem der Zeiger in der Mitte steht. Schiebe in die Spule einen Dauermagneten. Ziehe den Magneten aus der Spule. Beobachte das Voltmeter (▷B 2). Finde heraus, wie sich bei dieser Versuchsanordnung ein möglichst großer Zeigerausschlag beim Voltmeter ergibt.

2 a) Baue einen Versuch nach Bild 3 mit einer feststehenden Spule auf. Notiere Bedingungen dafür, dass der Zeiger des Voltmeters nach links bzw. nach rechts ausschlägt.
b) Ändere den Versuch so wie in Bild 4 ab, sodass nun der Magnet feststeht. Notiere wieder Bedingungen dafür, dass der Zeiger des Voltmeters nach links bzw. nach rechts ausschlägt.

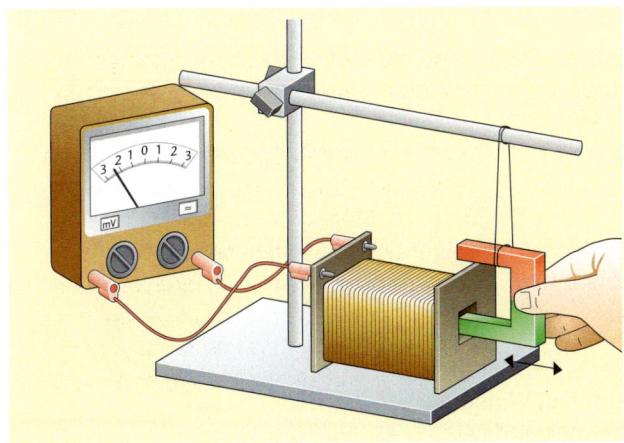

3 Zu Versuch 2a

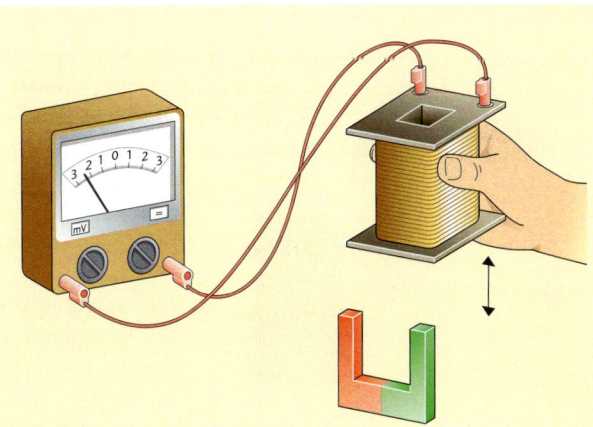

4 Zu Versuch 2b

Induktion im Versuch

1 FARADAYS Versuch zur Induktion
Material
Schraube (Ø 6–8 mm, ca. 6 cm lang), ca. 10 m Kupferlackdraht (Ø ca. 0,3 mm), Messer, rote Leuchtdiode (2 mA, low current LED), Blockbatterie (9 V), evtl. Lötkolben

Versuchsanleitung
a) Wickle jeweils 5 m Kupferlackdraht auf die beiden Enden der Schraube, sodass zwei Spulen entstehen (▷ B 1).

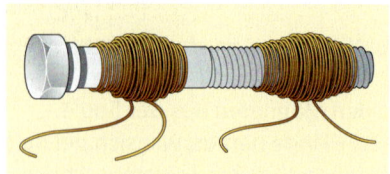

1 Zu Versuch 1a

Achte darauf, dass die beiden Enden des Drahts aus jeder Spule herausragen. Kratze mit dem Messer den Isolationslack von allen Drahtenden ab.
b) Verbinde nun die Leuchtdiode mit den beiden Anschlüssen einer Spule.

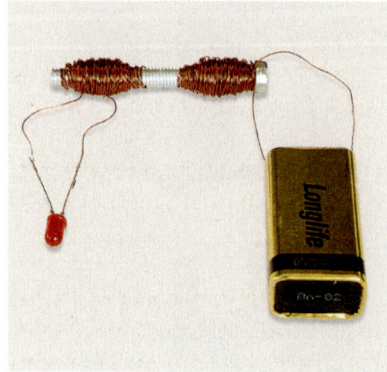

2 Anschluss der Leuchtdiode

Die Anschlüsse dürfen sich dabei nicht berühren. Verbinde die beiden Drahtenden der anderen Spule mit den Anschlüssen der Blockbatterie.
c) Beobachte den Moment, in dem der Stromkreis unterbrochen oder geschlossen wird. Falls der Versuch nicht funktioniert, vertausche die Anschlüsse an der Batterie.

2 Das Schüttellicht
Material
2 starke, runde Dauermagnete (Ø 6 mm, 20 mm lang, aus Neodym), Hülle von einem einfachen Kugelschreiber (der Durchmesser muss etwas größer als der Durchmesser der Magnete sein), Kupferlackdraht (Ø 0,3 mm, ca. 70 m lang), rote Leuchtdiode (2 mA, low current LED), Messer, Klebstoff, eventuell Lötkolben

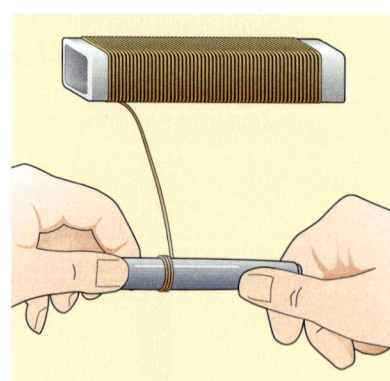

3 Der Draht wird aufgewickelt.

Versuchsanleitung
a) Wickle den Kupferdraht auf die Kugelschreiberhülle (▷ B 3). Achte darauf, dass die einzelnen Windungen möglichst dicht aneinander liegen und sich nicht verknoten.

b) Befestige die beiden Enden der so entstandenen Spule durch Klebstoff, sonst kann sich der Draht wieder abwickeln (▷ B 4).
c) Stecke die beiden Dauermagnete (Nordpol an Südpol) in die Kugelschreiberhülle (▷ B 4). Stecke nun die Kappe des Kugelschreibers auf.

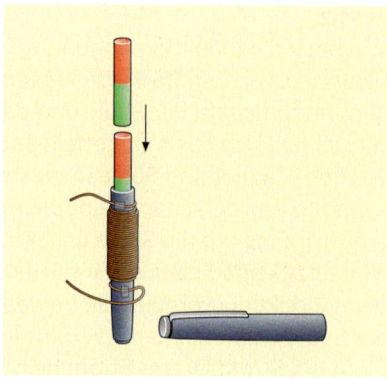

4 Magnete in der Kugelschreiberhülle

d) Entferne den Isolationslack an den Drahtenden und schließe die LED an die Spule an.
e) Schüttle den Kugelschreiber wie in Bild 5. Beschreibe deine Beobachtung.

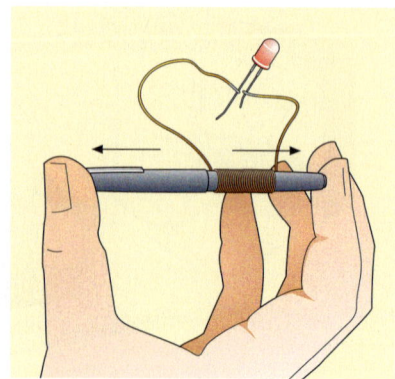

5 Das fertige Schüttellicht

Verändern der Induktionsspannung

Es gibt mehrere Möglichkeiten, die Größe der Induktionsspannung zu beeinflussen.

Abhängigkeit von der Windungszahl
In Bild 2 werden Spulen mit unterschiedlichen Windungszahlen verwendet. Bei der Spule mit der größten Windungszahl ist die Induktionsspannung am höchsten. Das gilt aber nur, wenn immer derselbe Magnet verwendet wird und der Magnet jedes Mal gleich schnell bewegt wird.

Abhängigkeit vom Magnetfeld
Wenn du einen stärkeren Magneten benutzt, kannst du ebenfalls höhere Induktionsspannungen erzeugen.
Du kannst auch die Spule oder den Magneten schneller bewegen, um die Induktionsspannung zu erhöhen. Dadurch ändert sich das Magnetfeld schneller.

Abhängigkeit vom Eisenkern
In Bild 1 dreht sich ein Magnet über einer Spule mit Eisenkern. In der Spule mit dem Eisenkern entsteht eine höhere Induktionsspannung als in der gleichen Spule ohne Eisenkern. Der Eisenkern verstärkt die Induktionsspannung.

AUFGABEN

1 ◕ Beschreibe vier Möglichkeiten, die Induktionsspannung zu vergrößern.

2 ◕ Formuliere zwei Je-desto-Aussagen zur Induktionsspannung.

3 ● a) Plane eine Versuchsreihe, in der du die Abhängigkeit der Induktionsspannung von der Windungszahl, vom Magnetfeld und vom Eisenkern untersuchst. Führe die Versuchsreihe durch.
● b) Petra benutzt während der Versuchsreihe zwei unterschiedliche Magnete. Begründe, wann dies sinnvoll und wann es nicht sinvoll ist.

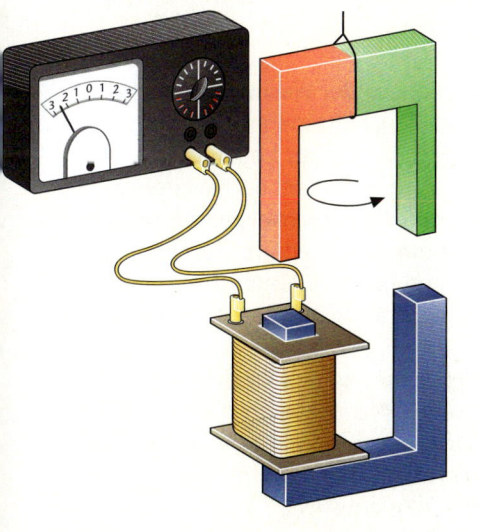

1 Induktionsspannung mit Eisenkern

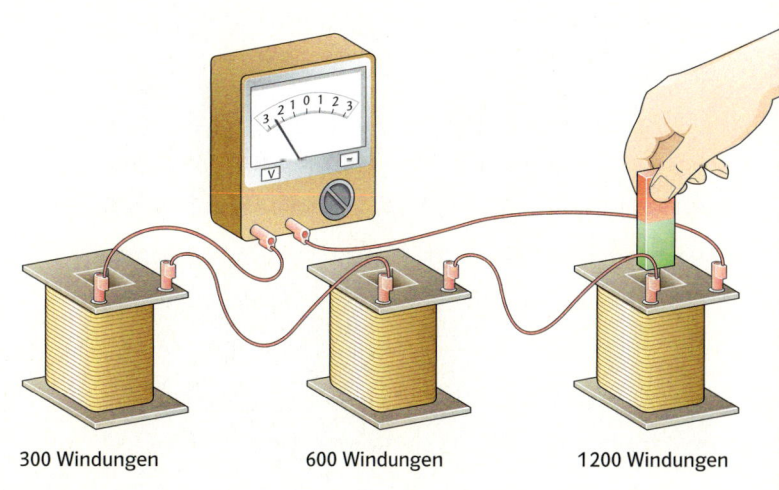

300 Windungen   600 Windungen   1200 Windungen

2 Induktionsspannung bei verschiedenen Windungszahlen

Wechselspannung

Induktionsspannung für längere Zeit

Bisher konntest du nur für kurze Zeit eine Induktionsspannung erzeugen. Wenn du eine Induktionsspannung über einen längeren Zeitraum erzeugen möchtest, kannst du dazu den Versuch aus Bild 1 nachbauen. Solange sich ein Magnet über einer Spule dreht, wird in der Spule eine Wechselspannung induziert.

Die Wechselspannung

Bild 1 unten zeigt die Bildschirmanzeige des Oszilloskops für eine volle Drehung des Magneten.
Zu Beginn des Versuchs liegt der Nordpol über der Spule. Das Magnetfeld in der Spule ändert sich nicht, es wird keine Spannung induziert. Wenn sich der Magnet dreht, dann ändert sich das Magnetfeld. Nach einer Viertel-Drehung hat die induzierte Spannung ihre **Amplitude** (ihren höchsten Wert) erreicht.
Dreht sich der Magnet weiter, dann wird die induzierte Spannung kleiner. Sie ist nach einer halben Magnetdrehung wieder 0 V. Jetzt ändert sich die Polung.
Der Betrag der Spannung wird größer und erreicht nach einer Dreiviertel-Drehung erneut den höchsten Wert. Danach fällt der Betrag der Spannung wieder auf 0 V (▷ B 1, unten rechts). Anschließend wiederholt sich der Kurvenverlauf.

Wechselstrom

Wenn eine Wechselspannung induziert wird, dann fließt bei geschlossenem Stromkreis ein Wechselstrom. Stromstärke und Spannung ändern sich im gleichen Rhythmus.

Die Frequenz der Wechselspannung

Bei der Haushaltsspannung beträgt die **Frequenz** 50 Hz. Dies bedeutet, dass sich der Kurvenverlauf bei der Wechselspannung und dem Wechselstrom fünfzig Mal pro Sekunde wiederholt. Eisenbahnen hingegen fahren in Deutschland mit einer Frequenz von 16,7 Hz.

Gleichspannung und Wechselspannung

Ein Lämpchen wird einmal an 6 V Gleichspannung und einmal an eine Wechselspannung mit einer Amplitude von 6 V angeschlossen (▷ V 2).
Du stellst fest, dass das Lämpchen an der Wechselspannung nicht so hell leuchtet

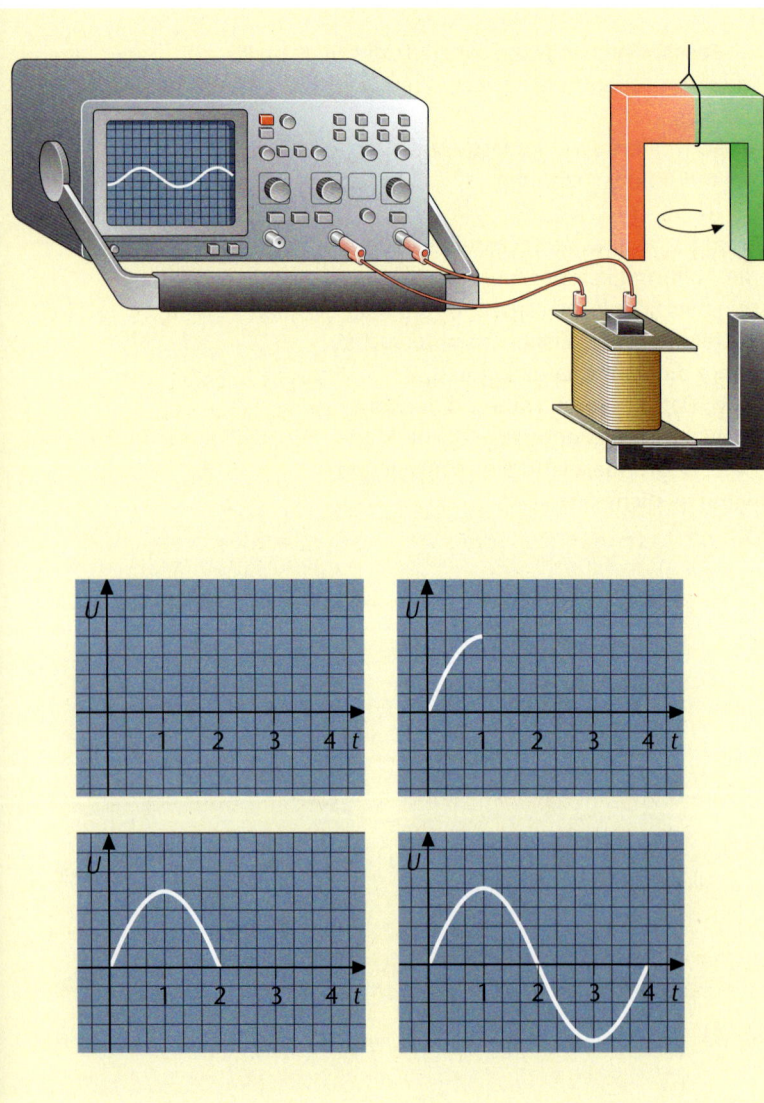

1 Der drehende Magnet induziert in der Spule eine Wechselspannung.

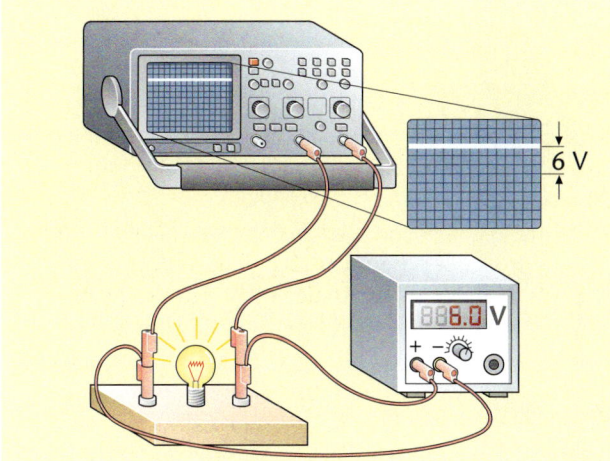

2 Lämpchen an Gleichspannung

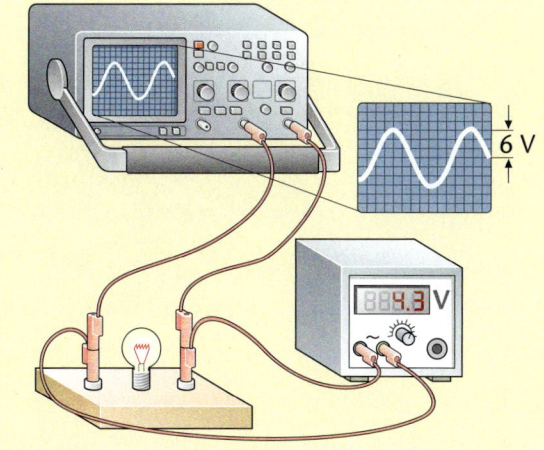

3 Lämpchen an Wechselspannung

wie das Lämpchen an der Gleichspannung. Das liegt daran, dass bei der Wechselspannung die Amplitude nur kurzzeitig erreicht wird.

Zum Vergleich: Wenn du die Wechselspannung in Versuch 2 so lange erhöhst, bis die Lämpchen an Gleichspannung und Wechselspannung gleich hell leuchten, misst du bei einer Gleichspannung von 6 V bei der Wechselspannung eine Amplitude von 8,4 V.

Bei der Wechselspannung verändert sich die Spannung in einem gleichbleibenden Rhythmus. Die Amplitude (der höchste Wert) wird nur kurzzeitig erreicht.

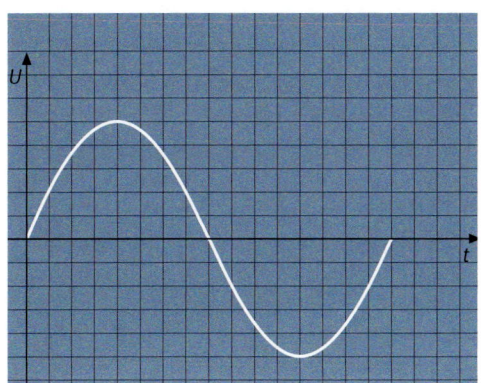

4 Wechselspannung im Oszilloskop

1 ○ Nenne Unterschiede zwischen Wechselspannung und Gleichspannung.

2 ○ Zeichne Bild 4 ab und kennzeichne darin die Amplitude.

3 ◒ Zeichne die Bildschirmanzeigen des Oszilloskops aus Bild 1 ab. Beschreibe, wie die einzelnen Bilder in diesem Versuch entstanden sind.

4 ◒ Bei einer Wechselspannung wiederholt sich der Kurvenverlauf 360-mal in 15 s. Berechne die Frequenz.

5 ● Begründe, warum die Wechselspannung als „zeitabhängige Größe" bezeichnet wird.

VERSUCHE

1 Verbinde eine Spule (1 200 Windungen, mit Eisenkern) mit einem Oszilloskop. Befestige über der Spule einen drehbaren Magneten (▷ B 1).
Drehe den Magneten langsam mit deiner Hand.
Beobachte die Anzeige am Oszilloskop.

2 a) Lege an eine Lampe 6 V Gleichspannung, an eine zweite gleiche Lampe eine Wechselspannung mit 6 V Amplitude an. Schließe an beide Lampen ein Oszilloskop an.
b) Vergleiche die Bildschirmanzeigen und die Helligkeiten der Lampen (▷ B 2, B 3).
c) Erhöhe die Wechselspannung, bis beide Lampen gleich hell leuchten. Bestimme die Amplitude.

1 Ein moderner Dynamo (Nabendynamo)

2 Der Aufbau eines Dynamos

Von der Induktion zum Generator

Der Dynamo

Zur Versorgung der Fahrradbeleuchtung mit elektrischer Energie wird häufig ein **Dynamo** (▷ B 1, B 2) verwendet. Die Aufgabe des Fahrraddynamos ist es, Bewegungsenergie in elektrische Energie umzuwandeln.

Wechselspannung durch Induktion

In Bild 2 siehst du den Aufbau eines einfachen Fahrraddynamos. Ein starker Dauermagnet dreht sich im Inneren einer Spule. Durch die Drehung des Dauermagneten ändert sich das Magnetfeld ständig. Dieses wechselnde Magnetfeld induziert in der Spule eine Wechselspannung. Schließt du ein Lämpchen an, fließt ein Wechselstrom. Aufgrund des Wechselstroms müsste das Lämpchen ständig an- und ausgehen (▷ V 1). Beim Fahren merkst du davon aber nichts: Das Antriebsrad des Dynamos dreht sich nämlich so schnell, dass die Schwankungen in der Helligkeit nicht mehr wahrnehmbar sind.

Der Generator

Auch in Kraftwerken werden „Dynamos" eingesetzt. Dort heißen sie **Generatoren**. In Generatoren werden anstelle der sich drehenden Dauermagnete aber Elektromagnete verwendet. Diese Elektromagnete erzeugen ein wesentlich stärkeres magnetisches Feld. Durch das stärkere magnetische Feld können wesentlich höhere Spannungen induziert werden. Der Generator muss wie der Dynamo „angetrieben" werden. Beim Generator geschieht dies häufig mithilfe von Turbinen, die direkt mit dem Generator verbunden sind. Die Turbinen werden z. B. mit Wasserdampf angetrieben.

Die Lichtmaschine

Auch in Kraftfahrzeugen benötigt man Generatoren. Der Generator in Kraftfahrzeugen heißt Lichtmaschine. Die Lichtmaschine wird über den Keilriemen angetrieben. Der Keilriemen ist direkt mit dem Motor verbunden.

Die Lichtmaschine sorgt z. B. für die Beleuchtung des Fahrzeugs. Durch die Lichtmaschine wird auch der Akkumulator des Fahrzeugs aufgeladen. In der Alltagssprache wird dieser Akkumulator „Autobatterie" genannt.

Motor und Generator

Hybridfahrzeuge haben einen Verbrennungsmotor und einen Elektromotor. Der Elektromotor ist zugleich auch ein Generator. Rollt das Fahrzeug, so wird mithilfe des Generators der Akkumulator des Fahrzeugs aufgeladen.

Soll das Fahrzeug beschleunigt werden, dann kann der Generator als Elektromotor verwendet werden. Die im Akkumulator gespeicherte elektrische Energie kann so zum Antrieb des Fahrzeugs genutzt werden. Bei größeren Geschwindigkeiten wird der Verbrennungsmotor gestartet und der Elektromotor abgeschaltet.

Durch die Kombination aus Verbrennungsmotor und Elektromotor wird Kraftstoff eingespart.

Dynamo und Generator erzeugen durch Induktion eine Spannung.

AUFGABEN

1 ○ Nenne die Funktion eines Fahrraddynamos.

2 ○ Ergänze den Satz: Ein Fahrraddynamo wandelt … in … um.

3 ◒ Beschreibe mithilfe von Bild 2 den Aufbau eines Dynamos.

4 ◒ Annkathrin meint: „Der Dynamo kehrt das Prinzip des Elektromotors um." Begründe oder widerlege Annkathrins Meinung.

5 In Dynamos werden häufig Dauermagnete mit mehreren Nord- und Südpolen eingesetzt.
● a) Formuliere eine Vermutung, warum man dies macht.
● b) Überprüfe deine Vermutung durch eine Recherche.

6 ● Informiere dich über Hybridfahrzeuge, die mit einer Kombination aus Verbrennungsmotor und Elektromotor angetrieben werden. Erstelle dazu ein Plakat.

7 ● Erkläre, wie die Kurbeltaschenlampe funktioniert.

VERSUCH

1 Schließe ein Fahrradlämpchen und ein Amperemeter in Mittellage an einen Dynamo an (▷ B 4). Drehe das Rädchen des Dynamos erst langsam, dann schnell. Notiere deine Beobachtungen.

3 Kurbeltaschenlampen

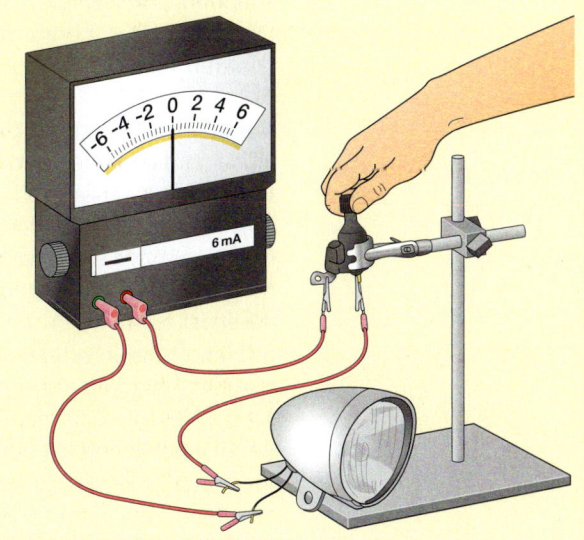

4 Zu Versuch 1

Generatoren in der Technik

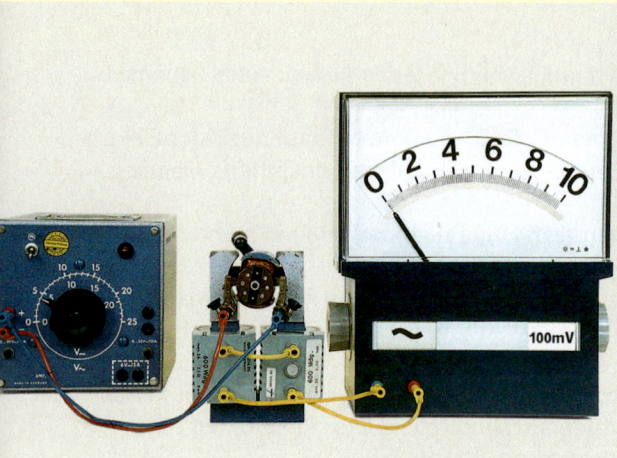

1 Der Magnet rotiert: ein Innenpolgenerator

2 Kraftwerksgenerator

Der Dynamo – ein Innenpolgenerator

Generatoren erzeugen elektrische Spannung durch Induktion. Bei einem Fahrraddynamo dreht sich ein Dauermagnet im Inneren einer feststehenden Spule. Durch die Drehung des Dauermagneten ändert sich das Magnetfeld in der Spule ständig. An ihren Enden entsteht eine Wechselspannung. Generatoren, die nach diesem Prinzip arbeiten, nennt man Innenpolgeneratoren.

Generatoren für große Leistungen

Mit einem Dynamo kann man zwei kleine Glühlampen am Fahrrad zum Leuchten bringen. Zur Stromversorgung eines ganzen Hauses eignet er sich nicht. Das Magnetfeld des rotierenden Dauermagneten ist zu schwach, um einen starken Induktionsstrom zu erzeugen. Ein Elektromagnet hingegen erzeugt ein stärkeres Magnetfeld. Ersetzt man den Dauermagneten eines Dynamos durch einen Elektromagneten, so lässt sich ein stärkerer Strom erzeugen. Generatoren, in denen sich ein starker Elektromagnet dreht, werden in Notstromaggregaten (▷ B 4) und in

Kraftwerken (▷ B 2) eingesetzt. Woher aber beziehen diese Generatoren den Strom für den rotierenden Elektromagneten? Kraftwerksgeneratoren werden von großen Dampfturbinen angetrieben. An den Antrieb ist ein zusätzlicher sogenannter Erregergenerator angeschlossen, der einen Teil der Bewegungsenergie der Turbine in elektrische Energie umwandelt. Mithilfe dieser Energie wird das Magnetfeld des rotierenden Elektromagneten erzeugt. Die dafür benötigte elektrische Energie ist viel kleiner als die insgesamt vom Generator abgegebene Energie.

Außenpolgeneratoren

Beim Innenpolgenerator dreht sich der Dauermagnet und die Spule steht fest. Es geht aber auch anders: In Versuch 1b wird das Magnetfeld durch einen äußeren, feststehenden Hufeisenmagneten erzeugt (▷ B 3). Der Induktionsstrom entsteht hier in der drehbaren Spule. Solche Geräte nennt man Außenpolgeneratoren.

Außenpolgeneratoren erzeugen ebenfalls Wechselstrom. Bei jeder Umdrehung wird der Eisenkern der Spule einmal in der einen Richtung und einmal in der anderen Richtung magnetisiert. Folglich fließt auch der Strom für eine halbe Umdrehung in die eine und für die andere halbe Umdrehung in die andere Richtung.

Ein Außenpolgenerator lässt sich so umbauen, dass er Gleichstrom erzeugen kann. Wenn man nach einer halben Umdrehung die Stromrichtung umkehrt, dann fließt der Strom immer in die gleiche Richtung. Dies lässt sich durch einen Kommutator erreichen. Er vertauscht nach jeder halben Umdrehung die Anschlüsse der Spule. Wenn das gerade in dem Moment passiert, in der auch der Wechselstrom seine Richtung ändert, dann entsteht statt Wechselstrom ein Gleichstrom.

Die Leistung von Außenpolgneratoren lässt sich ebenfalls erhöhen, wenn statt des Dauermagneten ein Elektromagnet verwendet wird.

Kraftwerke
Häufig treiben Turbinen in den Kraftwerken den Generator an. Je nach Generatortyp werden dabei Drehzahlen von mehr als 3000 Umdrehungen pro Minute erreicht.

Kraftwerksgeneratoren erzeugen eine Spannung von bis zu 27 000 V. Die Stromstärke kann dabei mehr als 10 000 A betragen.

1 ⊖ Beschreibe den Aufbau eines einfachen Innenpolgenerators und eines einfachen Außenpolgenerators.

2 ⊖ Begründe, warum man für Generatoren Elektromagnete statt Dauermagneten verwendet.

3 ⊖ a) Schätze die Länge des Generators in Bild 2. Begründe deine Schätzung.
⊖ b) Vergleiche die Länge mit Geräten aus deinem Alltag.

4 ⊖ Erkläre den Unterschied zwischen Innenpolgeneratoren und Außenpolgeneratoren.

5 ● Erstelle eine Präsentation zu Innenpolgeneratoren und Außenpolgeneratoren.

VERSUCH

1ᴸ a) An einem u-förmigen Eisenkern werden zwei Spulen angebracht. Sie werden miteinander verbunden. Mit einem Voltmeter wird die Spannung gemessen. Auf den Eisenkern wird eine drehbare Spule gesteckt. Sie erhält ihren Strom von einem Netzgerät (▷ B 1), damit sie zum Elektromagneten wird. Man dreht diesen Elektromagneten und beobachtet das Voltmeter. Man kann eine induzierte Spannung beobachten. Man kann auch eine Lampe zum Leuchten bringen.
b) Die feststehende Spule mit dem Eisenkern wird gegen einen Hufeisenmagneten ausgetauscht. Das Netzgerät wird weggelassen. Die Spule ist damit kein Elektromagnet mehr. Das Voltmeter wird an die Spule angeschlossen (▷ B 3). Die Spule wird gedreht und das Voltmeter beobachtet.
c) Man verbindet die Anschlüsse des Voltmeters mit den Anschlüssen des Kommutators an der Spule und dreht die Spule.

3 Der Magnet ist feststehend: ein Außenpolgenerator

4 Notstromaggregat

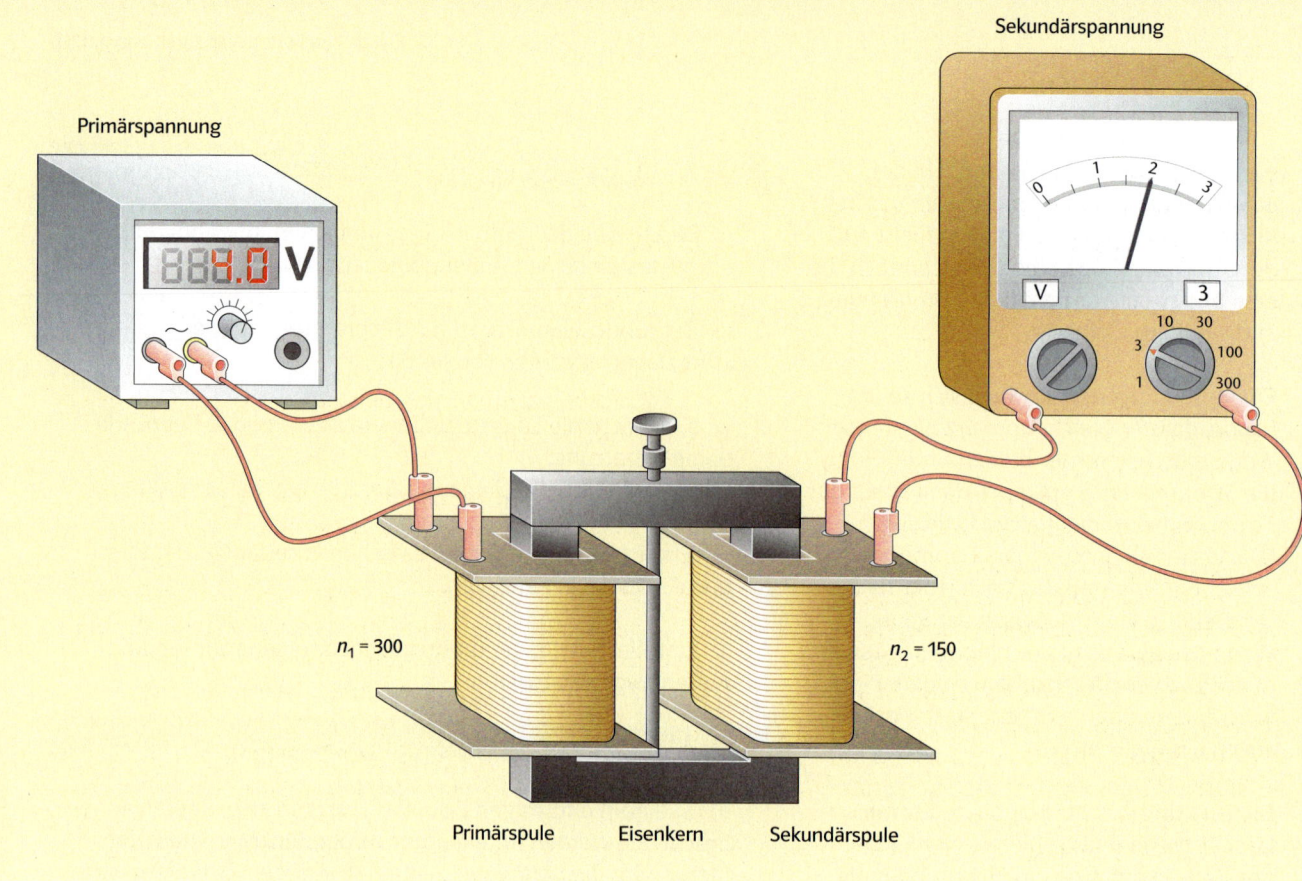

Primärspannung

Sekundärspannung

$n_1 = 300$ $n_2 = 150$

Primärspule   Eisenkern   Sekundärspule

1 Bezeichnungen am Transformator

Der Transformator

Transformatoren im Alltag

Computer und viele andere elektronische Geräte dürfen nicht direkt mit Netzspannung (230 V) betrieben werden. Sie benötigen wesentlich kleinere Spannungen und werden deshalb über ein Netzteil an die Steckdose angeschlossen. Im Netzteil befindet sich ein **Transformator** (kurz: Trafo). Der Transformator wandelt die hohe Netzspannung in die niedrigere Spannung um, die das Gerät benötigt.

Der Aufbau des Transformators

Ein Transformator besteht aus zwei Spulen und einem gemeinsamen Eisenkern (▷ B 1). Die erste Spule heißt **Primärspule**. Die Anzahl ihrer Windungen wird mit n_1 bezeichnet. Die zweite Spule ist die **Sekundärspule** mit der Windungszahl n_2. Zwischen den Spulen besteht keine elektrische Verbindung. Jede Spule befindet sich in einem eigenen Stromkreis.

So funktioniert ein Transformator

Alle Trafos funktionieren nach dem gleichen Prinzip: Die Primärspule wird an Wechselspannung angeschlossen. Durch die Primärspule fließt Wechselstrom. Dadurch entsteht um die Primärspule ein Magnetfeld. Das Magnetfeld ändert sich ständig aufgrund des Wechselstroms. Der geschlossene Eisenkern verstärkt das Magnetfeld und überträgt es in die Sekundärspule. Da sich das Magnetfeld andauernd ändert, wird in der Sekundärspule eine Wechselspannung induziert.

Es kann so elektrische Energie drahtlos von der Primärspule auf die Sekundärspule übertragen werden.

Spannungsverhältnisse am Trafo

Ob ein Trafo eine hohe oder niedrige Sekundärspannung liefert, hängt vom Verhältnis der Windungszahlen der beiden Spulen ab. Das kannst du im Experiment untersuchen (▷ V 1, B 2).

Die Werte in Bild 2 zeigen, dass sich die Spannungen genauso verhalten wie die Windungszahlen: Bei gleicher Windungszahl von Primärspule und Sekundärspule verändert sich die Spannung nicht. Wenn die Sekundärspule halb so viele Windungen wie die Primärspule hat, dann ist auch die Sekundärspannung U_2 halb so groß wie die Primärspannung U_1. Bei doppelter oder dreifacher Windungszahl der Sekundärspule entsteht auch die doppelte oder dreifache Sekundärspannung. Dies gilt für einen unbelasteten Transformator. Man bezeichnet einen Transformator als unbelastet, wenn kein Gerät angeschlossen ist. (► Wechselwirkung, S. 176/177)

Ein Transformator besteht aus zwei Spulen und einem Eisenkern.
Ein Transformator kann eine Spannung vergrößern oder verkleinern. Dies hängt von den Windungszahlen der beiden Spulen ab.

AUFGABEN

1 ○ Zähle auf, aus welchen Teilen ein Transformator besteht.

2 ○ Beschreibe mit einem Je-desto-Satz den Zusammenhang zwischen Windungszahlen und Spannungen bei einem Trafo.

3 ◓ Erkläre die Vorgänge in einem Transformator. Verwende dabei die Fachbezeichnungen.

4 ◓ Zähle einige Elektrogeräte auf, in denen du einen Transformator vermutest. Begründe deine Auswahl.

5 ◓ Die Primärspule eines Transformators wird an eine Spannung von 230 V angeschlossen. Die Primärspule dieses Trafos besitzt 5 000 Windungen, die Sekundärspule besitzt 500 Windungen. Berechne die Spannung an der Sekundärspule.

6 ● Ein Transformator wird an eine Gleichspannung angeschlossen. Beurteile, ob eine Spannung induziert wird.

7 ● Beschreibe Gefahren, die beim Experimentieren mit dem Transformator entstehen können.

VERSUCH

1 a) Baue den Transformator wie in Bild 1 auf. Schließe die Primärspule an den Ausgang des Netzgeräts für Wechselspannung an. Stelle 6 V ein. Miss die Sekundärspannung.
b) Nimm nun andere Spulen. Plane die Messungen in einer sinnvollen Reihenfolge. Führe die Messungen dann durch und werte sie aus.

Primärspule		Sekundärspule		Verhältnis der …	
Spannung U_1	Windungszahl n_1	Windungszahl n_2	Spannung U_2	Windungszahlen $n_1 : n_2$	Spannungen $U_1 : U_2$
6 V	300	150	3 V	300 : 150 (= 2 : 1)	6 V : 3 V (= 2 : 1)
6 V	300	600	12 V	300 : 600 (= 1 : 2)	6 V : 12 V (= 1 : 2)
6 V	300	300	6 V	300 : 300 (= 1 : 1)	6 V : 6 V (= 1 : 1)
6 V	300	75	1,5 V	300 : 75 (= 4 : 1)	6 V : 1,5 V (= 4 : 1)

2 Zusammenhang zwischen Spannungen und Windungszahlen

Berechnungen am Transformator

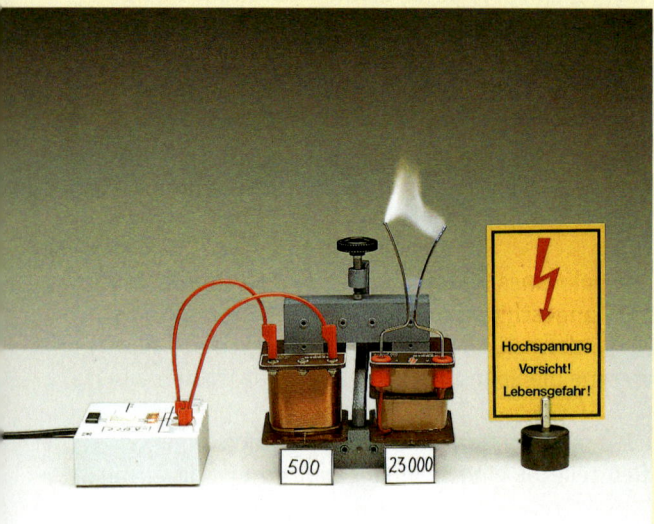

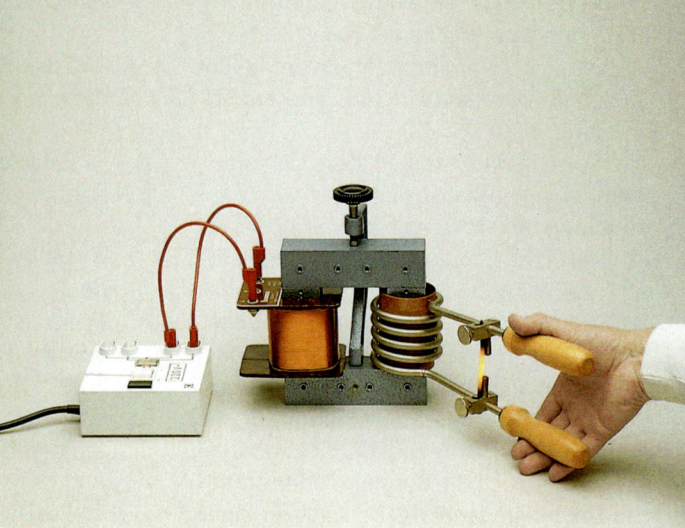

1 Ein Hochspannungstransformator

2 Ein Hochstromtransformator

Vorsicht, Hochspannung!

Mit einem Transformator können Spannungen vergrößert oder verkleinert werden. Beim Vergrößern der Spannungen können lebensgefährliche Spannungen entstehen. Einen solchen Hochspannungstransformator siehst du in Bild 1. Bei diesem Trafo entsteht eine so hohe Spannung, dass selbst die Luft zwischen den beiden Elektroden leitend wird. Es entsteht ein Lichtbogen.

Wenn du dir einen Hochspannungs-Trafo genauer anschaust, erkennst du Folgendes: Die Sekundärspule hat viel mehr Windungen als die Primärspule. Durch die Spulenkombination entsteht eine sehr hohe Sekundärspannung.

Windungszahlen und Spannungen

Die Größe der Sekundärspannung U_2 hängt einerseits von der Spannung U_1 an der Primärspule ab. Andererseits spielen auch die Windungszahlen n_1 und n_2 der beiden Spulen eine wichtige Rolle.

Die Spannungen an den Spulen stehen dabei im selben Verhältnis wie die entsprechenden Windungszahlen:

$$\frac{U_1}{U_2} = \frac{n_1}{n_2}$$

Wie du mit dieser Formel die Sekundärspannung berechnen kannst, siehst du in Bild 3.

Ein heißer Nagel

Der Transformator in Bild 2 ist an 230 V angeschlossen. Die Sekundärspannung wird mit einem dicken Nagel kurzgeschlossen. Die Windungszahlen der Primärspule und Sekundärspule stehen im Verhältnis 100 : 1. Daher beträgt die Sekundärspannung nur etwa 2,3 V.

Wegen des Kurzschlusses passiert Folgendes: Der Nagel wird heiß, beginnt zu glühen und schmilzt durch. Das geschieht, weil durch den Nagel eine sehr große elektrische Stromstärke fließt.

Gegeben: $U_1 = 4\,V$
$n_1 = 300$
$n_2 = 150$

Gesucht: Sekundärspannung U_2

Lösung:

$$\frac{U_1}{U_2} = \frac{n_1}{n_2}$$

$$U_2 = \frac{n_2}{n_1} \cdot U_1$$

$$U_2 = \frac{150}{300} \cdot 4\,V$$

$$U_2 = 2\,V$$

Antwort: Die Sekundärspannung beträgt 2 V.

3 Rechenbeispiel für die Sekundärspannung

Gegeben: $I_1 = 300\,mA$
$n_1 = 600$
$n_2 = 150$

Gesucht: Sekundärstromstärke I_2

Lösung:

$$\frac{I_2}{I_1} = \frac{n_1}{n_2}$$

$$I_2 = \frac{n_1}{n_2} \cdot I_1$$

$$I_2 = \frac{600}{150} \cdot 300\,mA$$

$$I_2 = 1200\,mA$$

Antwort: Die Sekundärstromstärke beträgt 1,2 A.

4 Rechenbeispiel für die Sekundärstromstärke

Solche Trafos werden auch als Hochstromtransformatoren bezeichnet.

Das Prinzip des Hochstromtransformators wird im Alltag z.B. bei Schweißgeräten angewendet.

Windungszahlen und Stromstärken
Ein Transformator kann nicht nur Spannungen, sondern auch Stromstärken vergrößern oder verkleinern. Auch dabei spielen die Windungszahlen eine entscheidende Rolle. Allerdings verhalten sich die Stromstärken genau umgekehrt wie die Windungszahlen:

$$\frac{I_2}{I_1} = \frac{n_1}{n_2}$$

Dabei steht I_1 für die Primärstromstärke und I_2 für die Sekundärstromstärke.

Wie du mit dieser Formel die Sekundärstromstärke berechnen kannst, siehst du in Bild 4.

AUFGABEN

1 ◒ a) Beschreibe den Zusammenhang zwischen Windungszahlen und Spannungen bei einem Transformator.
◒ b) Beschreibe den Zusammenhang zwischen Windungszahlen und Stromstärken bei einem Transformator.
◒ c) Stelle die Zusammenhänge mithilfe von Formeln übersichtlich dar.

2 ◒ Die Primärspannung in Bild 1 beträgt 230 V. Berechne die Sekundärspannung.

3 ◒ Das Ladegerät eines Notebooks (0 S.76) liefert eine Sekundärspannung von 19 V. Berechne mögliche Windungszahlen der Primärspule und Sekundärspule.

4 ● Die Primärstromstärke des Hochstromtransformators in Bild 2 beträgt 3 A. Berechne die Stromstärke, die durch den Nagel fließt. Falls dir eine Information fehlt: Lies im Text nach.

5 ● Bei einer elektrischen Zahnbürste (0 S.76) soll die Netzspannung von 230 V auf 4,6 V verringert werden. Berechne die Windungszahl der Sekundärspule, wenn die Primärspule 2 000 Windungen hat.

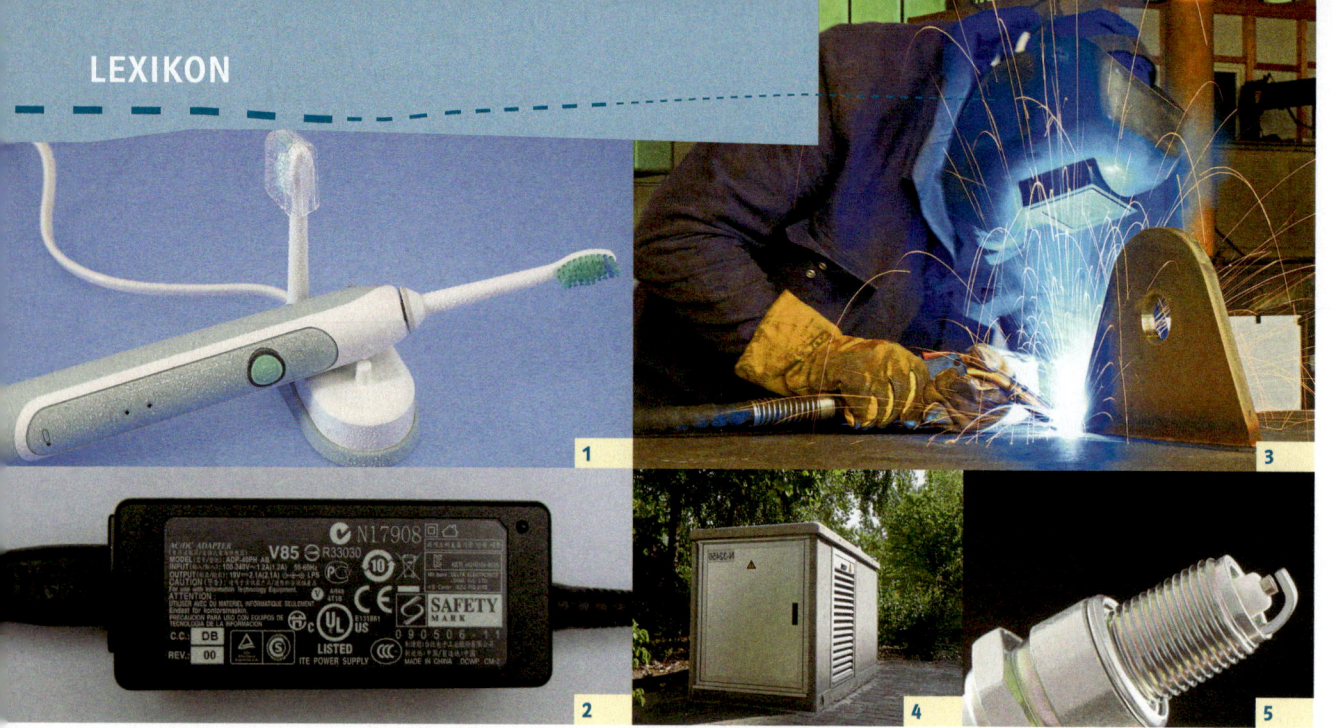

Transformatoren im Alltag

Elektrische Zahnbürste (▷ B 1)
Bei der elektrischen Zahnbürste befindet sich die Primärspule mit vielen Windungen in der Ladestation. Ein Teil des Eisenkerns ragt in den Zapfen, auf den die Zahnbürste aufgesetzt wird. Die Sekundärspule mit wenigen Windungen befindet sich im unteren Teil der Zahnbürste. Aufeinandergesteckt entsteht so ein Transformator, der die elektrische Energie überträgt und dabei die Spannung verkleinert.

Netzteil (▷ B 2)
In einem Netzteil befindet sich ein Transformator. Dieser wandelt die hohe Netzspannung (230 V) in die niedrigere Spannung um, die das Gerät benötigt. Das Typenschild eines Netzteils gibt die Eingangs- und Ausgangsspannungen an. Netzteile werden z. B. zum Aufladen von Handys, Notebooks und Fotoapparaten benötigt.

Schweißgerät (▷ B 3)
Ein Schweißgerät kann zwei Metalle dauerhaft miteinander verbinden. Beim Transformator des Schweißgeräts ist die Windungszahl der Sekundärspule im Verhältnis zur Primärspule sehr klein. Das hat folgende Wirkung: Die Spannung wird verkleinert, dafür kann aber eine viel größere Stromstärke fließen. Dadurch fließt bei einem Kurzschluss an der Sekundärspule eine so große Stromstärke, dass große Hitze entsteht. Damit kann man ein Metallstück schmelzen und mit einem anderen Metall verbinden.

Transformatorenstation (▷ B 4)
Die elektrische Energie wird über Hochspannungsleitungen mit bis zu 380 000 V zu unseren Haushalten transportiert. Elektrische Haushaltsgeräte bei uns zu Hause benötigen aber eine wesentlich kleinere Spannung. Transformatorenstationen in der Nähe unserer Häuser verringern die Spannung auf 400 V oder 230 V für unsere Steckdosen.

Zündanlage im Auto (▷ B 5)
Auch in vielen Autos befindet sich ein Transformator. Damit sich das Benzin-Luft-Gemisch in einem Benzin-Motor entzünden kann, muss bei der Zündkerze ein Funke überspringen. Dies geschieht mithilfe eines Transformators, der die Spannung auf 15 000 V erhöht. Im Bild siehst du die Zündkerze. Die Zündkerze ist nur ein Teil der gesamten Zündanlage: Die Zündkerze ist der Ort, an dem der Funke entsteht. Dazu ragt ein Metall-Ende aus der Zündkerze heraus und befindet sich genau über dem mittleren Metall-Teil. Der Funke springt dann vom einen Metall-Teil auf das andere über.

Lernen in der Gruppe

Anjas Mutter arbeitet im Kindergarten in einem Team aus Erzieherinnen. Fabians Vater führt Montagearbeiten in einem Team aus. An vielen Arbeitsplätzen ist Teamarbeit gefragt und besonders wichtig. Schon in der Schule kannst du lernen, erfolgreich in einem Team zu arbeiten.

Wie stellt ihr eure Gruppen zusammen?

Bei der Gruppenbildung sollten nicht immer nur Sympathie und Freundschaft eine Rolle spielen. Besonders wirkungsvoll lernt ihr zusammen, wenn Jungen und Mädchen, leistungsstarke und leistungsschwächere Schülerinnen und Schüler zusammenarbeiten. Die, die schon etwas vom neuen Stoff verstehen, und andere, die noch gar keine Ahnung haben, sollten sich zusammentun. Die Gruppe sollte drei, maximal vier Mitglieder haben, sonst können nicht alle gleich gut mitarbeiten.

Das „Ich-Du-Wir-Prinzip"

a) Mache dich zuerst eigenständig mit dem Thema oder der Fragestellung vertraut. Überlege dir, was du schon zum Thema weißt, und versuche selbst, erste Ideen zur Bearbeitung des Themas zu finden. Nimm dir genügend Zeit für diese „Ich-Phase".
b) Jetzt tauschst du dich mit einem Partner aus. Du kannst seine Ideen ergänzen und versuchst zu verstehen, wie er über das Thema denkt. Damit arbeitet ihr als Partner in der „Du-Phase" gemeinsam an der Lösung.

1 Gruppenarbeit im Berufsleben

c) Zum Schluss überlegt die ganze Gruppe in der „Wir-Phase", was jeder schon weiß und wie ein gemeinsames Ergebnis erarbeitet werden kann.

Gruppenarbeit – so wird's gemacht:

a) Verteilt die Arbeiten gerecht. Es sollte z. B. nicht so sein, dass nur die Mädchen schreiben und die Jungen die Experimente machen.
b) Teilt euch die Arbeit zu Beginn gut ein. Denkt daran, die Arbeitszeit einzuhalten.
c) Überlegt euch, wie ihr eure Ergebnisse präsentieren und

vortragen wollt. Es sollten möglichst alle Gruppenmitglieder an der Präsentation beteiligt sein.
d) Sprecht in der Gruppe über eure Teamarbeit. Wer arbeitet besonders gut mit? Wer stört die Gruppenarbeit? Lasst euch in schwierigen Situationen auch von eurer Lehrerin oder eurem Lehrer beraten.

AUFGABE

1 ⬤ Erstellt eine Präsentation zu dem Thema „Transformatoren im Alltag". Nutzt Seite 76 als Informationsquelle.

2 Das „Ich-Du-Wir-Prinzip"

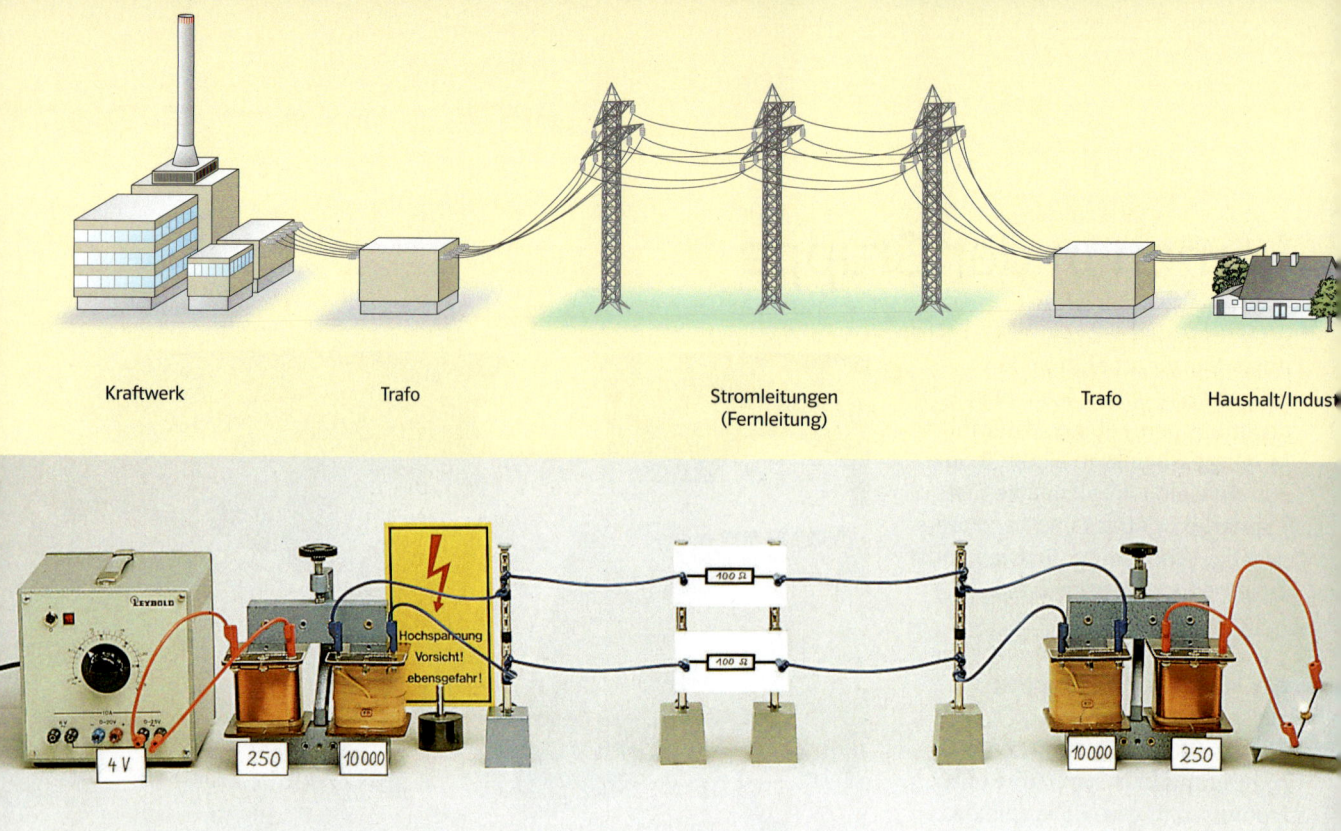

Kraftwerk　　　　　Trafo　　　　　　　　Stromleitungen　　　　　　　Trafo　　　Haushalt/Indus
　　　　　　　　　　　　　　　　　　　　　(Fernleitung)

1 Modellversuch zum Energietransport

Elektrische Energieübertragung

Die elektrische Energie wird in Kraftwerken erzeugt. Von dort aus muss die Energie mithilfe des elektrischen Stroms möglichst ohne große Verluste auch bis zu weit entfernten Energieabnehmern transportiert werden (▷ B 1, oben).

Energieverluste durch kleine Spannung
Die elektrische Energie wird über lange Stromleitungen landesweit verteilt. Lange Leitungsdrähte haben jedoch einen großen elektrischen Widerstand. Sie erwärmen sich, wenn Strom hindurchfließt. Diese Wärme geht ungenutzt „verloren": Daher kommt nur ein Teil der elektrischen Energie beim Energieabnehmer an.

Je kleiner die Spannung ist, desto stärker erwärmen sich die Leitungen und desto höher sind auch die Wärmeverluste.

Energietransport mit Hochspannung
Bei kleinen Spannungen würde sehr viel Wärme in den Leitungen entstehen. Bei hohen Spannungen lassen sich diese unerwünschten Wärmeverluste gering halten.

Aus diesem Grund wird elektrische Energie in unserem Stromversorgungsnetz mit **Hochspannung** übertragen. Durch den Einsatz von Transformatoren kann man die Spannung erhöhen.

Die Generatoren in den Kraftwerken erzeugen Wechselspannung. Transformatoren in den Kraftwerken erhöhen diese Spannung auf etwa 380 000 V. Dadurch entsteht weniger Wärme in den Leitungsdrähten und es treten weniger Wärmeverluste auf.
(► Wechselwirkung, S. 176/177)

Vom Kraftwerk bis zum Haus

Vom Kraftwerk aus wird der Strom über weite Strecken transportiert. Ein Netz von **Hochspannungsleitungen** verteilt die elektrische Energie landesweit (▷ B 2). In der Nähe von großen Ballungszentren befinden sich **Umspannwerke**. Dort vermindern weitere Transformatoren die Hochspannung wieder.

Die Transformatoren stellen dabei unterschiedliche Spannungen bereit. So werden z. B. große Industriebetriebe mit 110 000 V versorgt. Der Schienenverkehr ist dagegen an ein eigenes 15 000-V-Netz angeschlossen. Unsere elektrischen Haushaltsgeräte benötigen eine kleinere Spannung. Transformatoren in der Nähe unserer Häuser verringern die Spannung auf 400 V oder auf 230 V für unsere Steckdosen.

(► Energie, S. 168 – 171)
(► System, S. 172/173)

Das Verbundnetz

Damit jede Region jederzeit und zuverlässig mit elektrischer Energie versorgt werden kann, haben sich viele Kraftwerke in Europa zu einem **Verbundnetz** zusammengeschlossen. Nur die skandinavischen Länder und Großbritannien gehören bisher nicht zum europäischen Verbundnetz. Es gibt aber Pläne, diese Länder auch an das gemeinsame europäische Verbundnetz anzuschließen.

Elektrische Energie wird über weite Strecken mit Hochspannung transportiert, um Wärmeverluste möglichst gering zu halten.

AUFGABEN

1 ○ Beschreibe, wie elektrische Energie vom Kraftwerk bis in deine Wohnung gelangt.

2 ○ Beschreibe den Nachteil langer Leitungsdrähte.

3 ◔ a) Beschreibe die Energieversorgung anhand von Bild 2.
   ◔ b) Stelle Bild 2 in einer vereinfachten Skizze dar.

4 ◔ a) Erkläre die Aufgabe der Transformatoren bei der Energieübertragung.
   ● b) Begründe, warum elektrische Energie mit Hochspannung übertragen wird.

5 ● Recherchiere im Internet geeignete Bilder zum Stromversorgungsnetz und stelle sie vor.

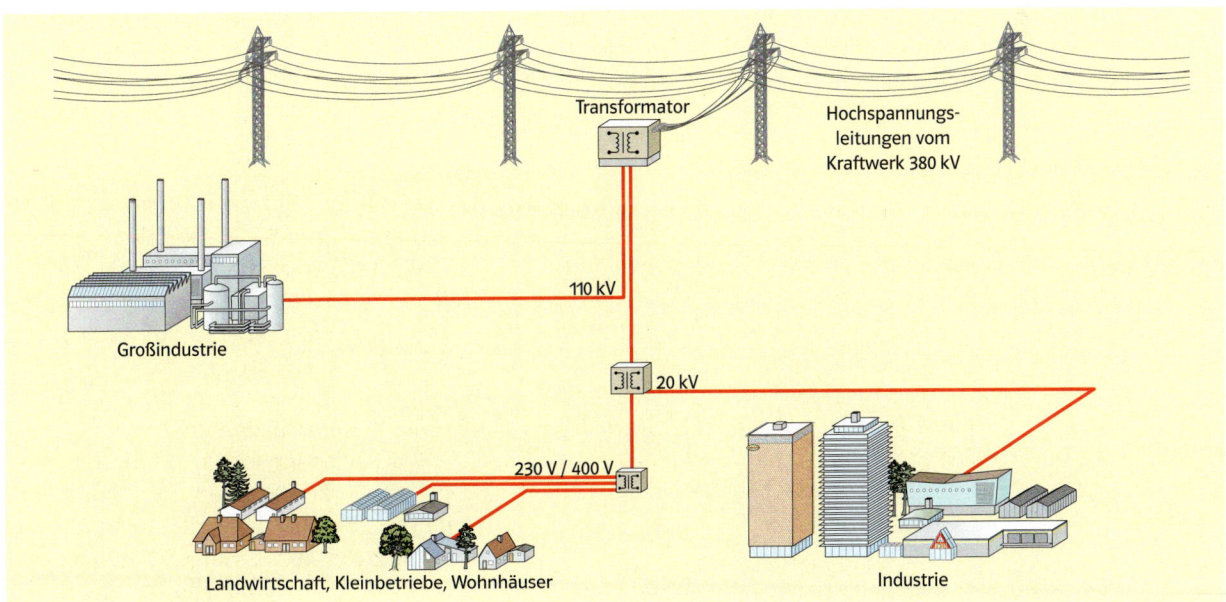

2 Stromversorgungsnetz

Edison vs. Westinghouse

Eine Idee – zwei Systeme

Auf der Pariser Elektrizitätsausstellung im Jahr 1881 präsentierte der Erfinder und Geschäftsmann THOMAS EDISON (1847–1931) seine genialen Erfindungen: EDISON konnte elektrisches Licht in die Dunkelheit bringen, und zwar mit Glühlampen und Gleichstrom-Generatoren aus eigener Produktion. Nach EDISONS System sollte jedes Haus seinen eigenen Gleichstrom-Generator besitzen.

Zur gleichen Zeit beschäftigte sich auch der Großindustrielle GEORGE WESTINGHOUSE (1846–1914) mit der Stromerzeugung. Nach seinen Vorstellungen sollten wenige Generatoren in großen Kraftwerken Wechselstrom für viele Haushalte erzeugen.

Gleichstrom gegen Wechselstrom

Bald erfuhr EDISON von den Plänen seines Konkurrenten. Ein langer, erbitterter Streit brach aus. Dabei griff vor allem EDISON auch zu unfairen Mitteln wie Spionage und Verleumdungen. Auf dem Höhepunkt der Auseinandersetzung ließ EDISON öffentlich Tiere durch Wechselstrom töten. Damit wollte er die angebliche Gefahr des „Westinghouse-Wechselstroms" demonstrieren.

Trotzdem setzte sich der Wechselstrom durch. Der große Vorteil von Wechselstrom ist, dass man seine Spannung mit Trafos erhöhen und wieder vermindern kann.

1891 gelang der endgültige Durchbruch: Hochgespannter Wechselstrom wurde von Lauffen (am Neckar) nach Frankfurt (am Main) übertragen – über eine Entfernung von 176 km (▷ B 2). Deshalb hat man sich damals für die Wechselstrom-Übertragung entschieden.

Bei der elektrischen Stromversorgung hat sich der Wechselstrom durchgesetzt.

AUFGABEN

1 ○ Ordne zu: Gleichstrom – Wechselstrom – WESTINGHOUSE – EDISON

2 ◐ Beschreibe, wie sich der Wechselstrom für die Stromversorgung durchsetzte.

3 ● Recherchiere, welche besondere Rolle NIKOLA TESLA in dem Streit zwischen EDISON und WESTINGHOUSE spielte.

1 Die internationale Elektrizitätsausstellung in Paris 1881

2 Das Kraftwerk in Lauffen

Vorteile der Verbundnetze

Vom Inselnetz zum Verbundnetz

Früher versorgten die Kraftwerke nur die Gebiete in ihrer Umgebung mit elektrischem Strom. Es gab viele, voneinander unabhängige Inselnetze. Das hatte mehrere Nachteile. So musste das Kraftwerk ständig in Betrieb sein, auch wenn zu bestimmten Zeiten nur wenig elektrische Energie benötigt wurde. Probleme entstanden bei Störungen im Kraftwerk: Sie führten häufig zu einem Stromausfall.

Deshalb schlossen sich die Kraftwerke zu einem Verbundnetz zusammen, das diese Nachteile vermeidet. Heute sind die meisten europäischen Staaten durch ein Höchstspannungsnetz miteinander verbunden. Dadurch kann die elektrische Energie wie eine Handelsware angeboten und sekundenschnell verkauft werden (▷ B 1). Durch das Verbundnetz ist die Versorgung mit elektrischer Energie sehr zuverlässig geworden.

Der große Stromausfall

Am 14. August 2003 kam es zu einem der größten Stromausfälle in Nordamerika. In Städten wie New York saßen viele Millionen Menschen im Dunkeln (▷ B 2). Durch den Ausfall von zwei Kraftwerken wurden einige Leitungen überlastet. Diese wurden automatisch von Computern abgeschaltet. Dadurch hatten andere an das Verbundnetz angeschlossene Kraftwerke keine Abnehmer mehr und wurden ebenfalls abgeschaltet. Innerhalb weniger Minuten breitete sich dieser Effekt wie ein Dominoeffekt über Nordamerika aus. Es dauerte drei Tage, bis alle Regionen wieder mit Strom versorgt wurden.

AUFGABEN

1 ⬤ Beschreibe Vorteile und Nachteile des Verbundnetzes gegenüber den Inselnetzen.

2 ⬤ Beschreibe, wie es 2003 zum großen Stromausfall in Nordamerika kam.

3 ⬤ Erörtere Vorteile und Nachteile von Strom als Handelsware an Börsen.

4 ⬤ Recherchiere, mit welcher Wahrscheinlichkeit es in Deutschland zu einem Stromausfall kommt.

1 Strom wird gehandelt: Strombörse in Leipzig

2 Stromausfall in New York im Jahr 2003

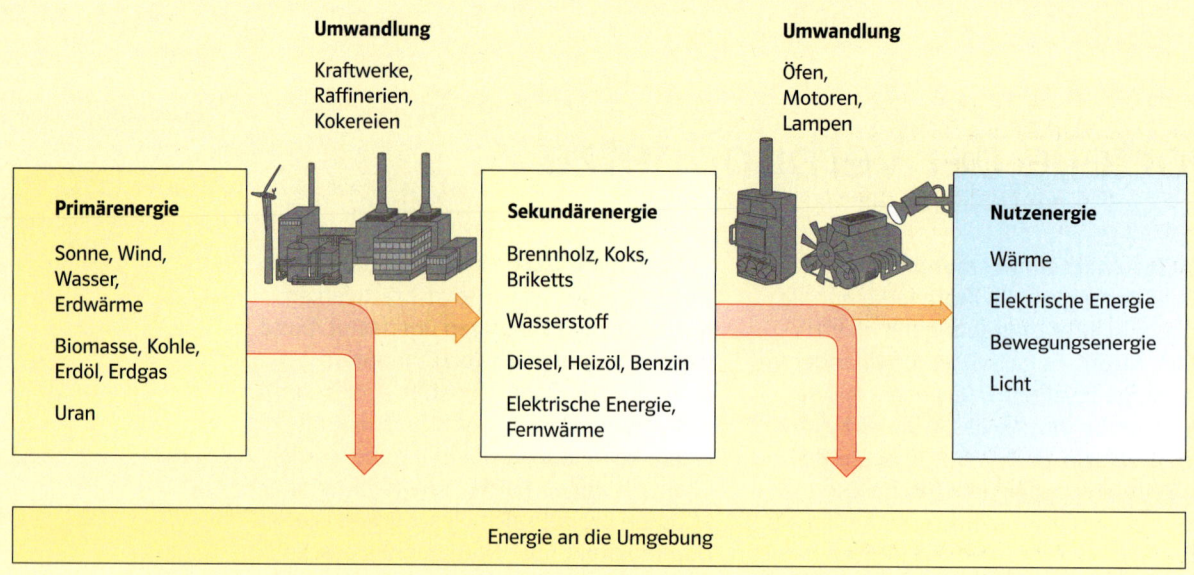

Umwandlung

Kraftwerke,
Raffinerien,
Kokereien

Umwandlung

Öfen,
Motoren,
Lampen

Primärenergie

Sonne, Wind,
Wasser,
Erdwärme

Biomasse, Kohle,
Erdöl, Erdgas

Uran

Sekundärenergie

Brennholz, Koks,
Briketts

Wasserstoff

Diesel, Heizöl, Benzin

Elektrische Energie,
Fernwärme

Nutzenergie

Wärme

Elektrische Energie

Bewegungsenergie

Licht

Energie an die Umgebung

1 Die Umwandlung von Primärenergie in Nutzenergie

Woher kommt unsere Nutzenergie?

Es gibt viele Maschinen und Geräte, die unseren Alltag erleichtern oder ihn einfach nur komfortabler machen, z. B. elektrische Küchengeräte, Waschmaschinen, Computer, Mobiltelefone und viele mehr.

Alle diese Geräte haben eines gemeinsam: Sie benötigen Energie. Woher nehmen wir diese Energie?

Energiequellen
Die wichtigste **Energiequelle** für die Erde ist die Sonne. Doch die Größe der nutzbaren Energie der Sonne ist abhängig von Ort, Wetter, Tageszeit und Jahreszeit.

Eine andere Energiequelle ist die Erdrotation. Die Erdrotation und die Anziehungskraft des Mondes verursachen die Gezeiten. In Verbindung mit der Sonne verursacht die Erdrotation Winde durch die unterschiedliche Erwärmung der Erde.

Schließlich steht uns auch noch die Erdwärme zur Verfügung. Dies ist die Energie aus dem Erdinneren.

Regenerative Energiequellen
Heute nutzen wir verstärkt sogenannte **regenerative (sich erneuernde) Energiequellen**. Dazu gehören zum Beispiel **Windenergie**, **Gezeitenenergie**, **Energie aus Biomasse** und **Energie aus Wasserkraft**. Diese regenerativen Energiequellen sind fast unbegrenzt und erneuern sich immer wieder.

Allerdings stehen uns diese regenerativen Energiequellen nicht ohne Weiteres zur Verfügung. So ist zum Beispiel die Windenergie häufig nur dort nutzbar, wo der Wind regelmäßig und stark weht.

Früher waren die Kosten sehr hoch für Kraftwerke, die regenerative

Energiequellen nutzen. Daher wurden solche Kraftwerke nur selten gebaut. Seit einigen Jahren wird in Deutschland der Ausbau von Kraftwerken mit regenerativen Energiequellen deutlich vorangetrieben. Mit diesen Anstrengungen soll der Anteil der regenerativen Energiequellen in den nächsten Jahren weiter gesteigert werden.

Fossile Brennstoffe

Die fossilen Brennstoffe **Kohle**, **Erdgas** und **Erdöl** (▷ B 2) bilden eine wichtige Grundlage unseres hohen Lebensstandards.

Doch die begrenzten Vorräte müssen geschont werden. Neben dem Ausbau der Nutzung der regenerativen Energiequellen müssen wir lernen, mit Energie sparsamer umzugehen. Auch sparsamere Motoren, bessere Gebäudedämmungen oder veränderte Lebensgewohnheiten können helfen, die fossilen Energievorräte zu schonen.

Die Energie, die in den fossilen Brennstoffen Kohle, Erdgas oder Erdöl gespeichert ist, hat ihren Ursprung in der Sonne: Diese Brennstoffe entstanden vor Millionen von Jahren aus den Überresten von Pflanzen und Tieren. Diese waren erst durch die Energie der Sonne lebensfähig, die sie für Wachstumsprozesse benötigten. Man kann also sagen, dass der größte Teil unserer Energie ihren Ursprung in der Sonnenenergie hat.
Man spricht bei einem solchen natürlichen Vorkommen von **Primärenergie**.
(▶ Energie, S.168–171)

Sekundärenergie

Um die Primärenergie für unsere Zwecke nutzbar zu machen, wird sie zum größten Teil in **Sekundärenergie** umgewandelt.

Beispiel: Aus Erdöl (Primärenergie) gewinnt man Heizöl, Diesel und Benzin (alle Sekundärenergie). Weitere Beispiele findest du in Bild 1.
Aus jeder Primärenergie lässt sich elektrische Energie erzeugen.

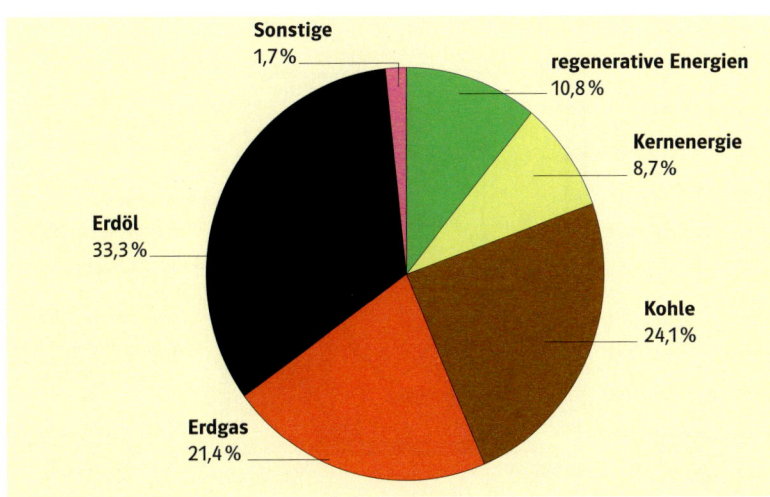

2 Anteil der Primärenergien in Deutschland (2011)

Nutzenergie

Zur direkten Nutzung durch uns erfolgen oft weitere Energieumwandlungen. Die Sekundärenergie wird dabei in **Nutzenergie** umgewandelt. Wichtige Formen der Nutzenergie sind Wärme, elektrische Energie, Licht und Bewegungsenergie.

Jede Art von Energie hat ihren Ursprung in der Natur. Man unterscheidet Primärenergie, Sekundärenergie und Nutzenergie.

AUFGABEN

1 ○ Zähle die im Text genannten fossilen Brennstoffe auf.

2 ○ Nenne mindestens drei Beispiele für Primär-, Sekundär- und Nutzenergie.

3 ◖ Mit welchem Brennstoff wird bei dir zu Hause geheizt? Welche Vorteile und Nachteile hat die Nutzung dieses Brennstoffs gegenüber anderen Brennstoffen? Ordne die Vorteile und Nachteile in eine Tabelle ein.

4 ◖ Du nutzt täglich elektrische Energie als Nutzenergie, z.B. beim Trocknen deiner Haare mit einem Haartrockner oder bei der Nutzung deines Computers. Begründe, warum auch diese Energie ihren Ursprung in der Natur hat.

5 ● Diskutiert darüber, wie man in Zukunft im Straßenverkehr Energie einsparen könnte. Stellt eure Ergebnisse auf einem Plakat oder als Computer-Präsentation (▶ S.8/9) vor.

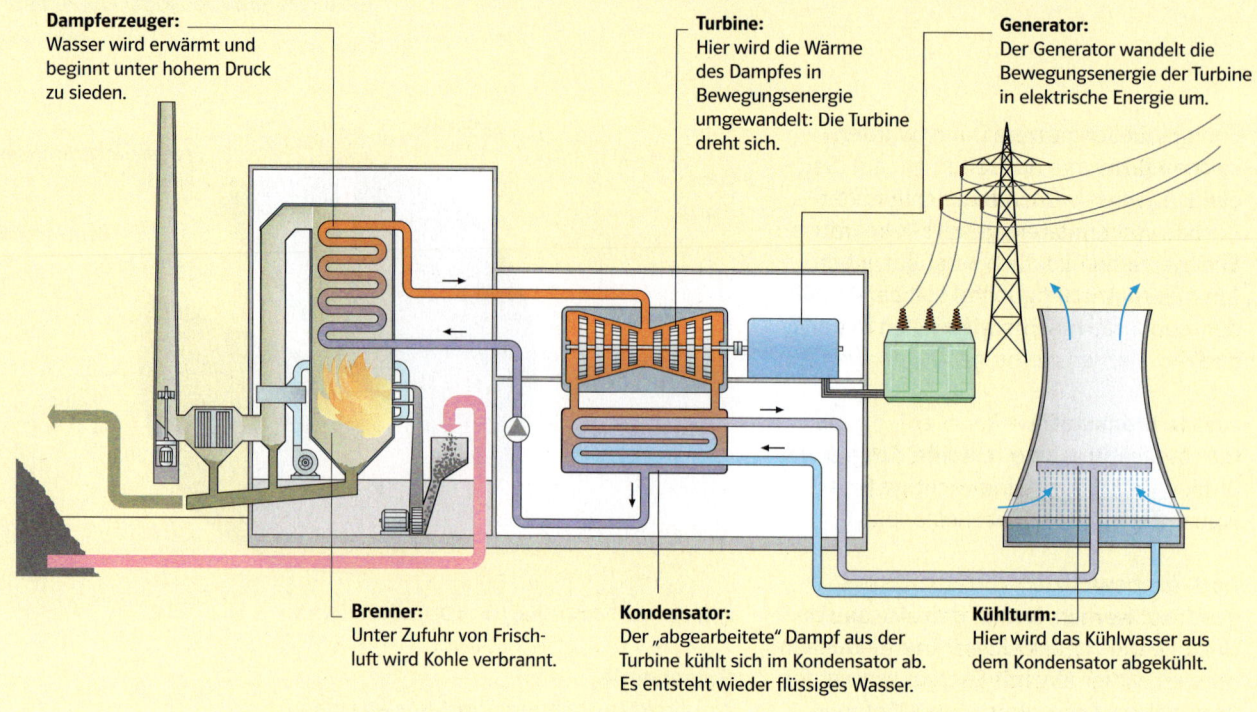

Dampferzeuger:
Wasser wird erwärmt und beginnt unter hohem Druck zu sieden.

Turbine:
Hier wird die Wärme des Dampfes in Bewegungsenergie umgewandelt: Die Turbine dreht sich.

Generator:
Der Generator wandelt die Bewegungsenergie der Turbine in elektrische Energie um.

Brenner:
Unter Zufuhr von Frischluft wird Kohle verbrannt.

Kondensator:
Der „abgearbeitete" Dampf aus der Turbine kühlt sich im Kondensator ab. Es entsteht wieder flüssiges Wasser.

Kühlturm:
Hier wird das Kühlwasser aus dem Kondensator abgekühlt.

1 Die Funktionsweise eines Kohlekraftwerks

Wärmekraftwerke

Die Funktionsweise von Wärmekraftwerken

Ein Wärmekraftwerk sieht kompliziert aus (▷ B 4). Kühltürme, Schornsteine und viele andere Gebäude sind über ein großes Gelände verteilt. Doch schon ein einfacher Versuch kann verdeutlichen, wie ein Wärmekraftwerk funktioniert.

In einem Teekessel wird Wasser so lange erwärmt, bis es siedet. Es wird zu Dampf.

Der Dampf kann ein kleines Turbinenrad antreiben (▷ B 3). Verbindet man nun das Turbinenrad mit einem Dynamo, dreht er sich und erzeugt elektrische Energie.

In ausgereifter Technik findest du die beschriebenen Abläufe des Modellversuchs im Kraftwerk wieder. Als Brennstoff dienen z. B. Kohle, Erdöl oder Erdgas. Bild 1 zeigt die Funktionsweise am Beispiel eines Kohlekraftwerks.

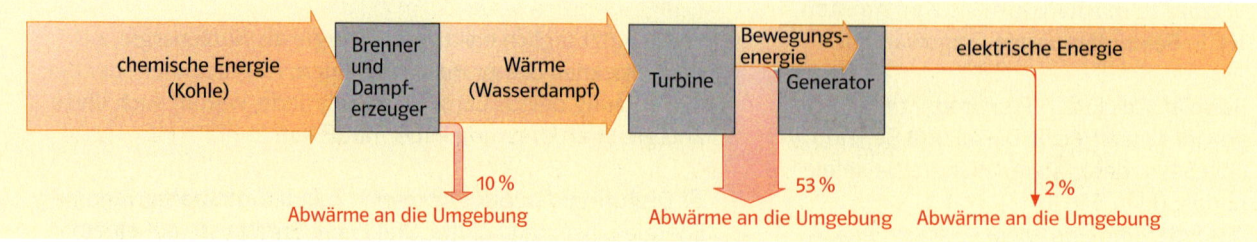

chemische Energie (Kohle) — Brenner und Dampferzeuger — Wärme (Wasserdampf) — Turbine — Bewegungsenergie — Generator — elektrische Energie

10 % Abwärme an die Umgebung

53 % Abwärme an die Umgebung

2 % Abwärme an die Umgebung

2 Energiefluss in einem Kohlekraftwerk (Wärmekraftwerk)

Erwünschte und unerwünschte Energieumwandlung

Die gewünschte Umwandlung von Wärme in elektrische Energie gelingt in keinem Wärmekraftwerk vollständig. Bei jeder Energieumwandlung wird Energie in Form von Abwärme frei, die wir nicht nutzen (▷ B 2).

In modernen Kraftwerken werden rund 40 % der eingesetzten chemischen Energie in elektrische Energie umgewandelt. Die restlichen rund 60 % werden nicht genutzt.

Kohlekraftwerke

Braunkohlekraftwerke und Steinkohlekraftwerke decken etwa die Hälfte des Bedarfs an elektrischer Energie in Deutschland ab. Die Leistung eines Braunkohlekraftwerks ist sehr groß: Ein einziges Kraftwerk erzeugt eine elektrische Leistung von 2 700 MW. Das reicht aus, um zwei Großstädte mit Strom zu versorgen.

Pro Tag werden in einem solchen Kraftwerk rund 70 000 t Braunkohle (rund 2 000 Lastwagen-Ladungen) verbrannt. Dabei entstehen große Mengen an Schadstoffen, z. B. Kohlenstoffdioxid, Schwefeldioxid, Stickstoffoxide oder Aschenstaub. Durch aufwändige Filteranlagen lassen sich einige Schadstoffe reduzieren.

4 Ein modernes Wärmekraftwerk

Doch für Kohlenstoffdioxid gibt es heute noch keine Filtermöglichkeiten. Das Gas gelangt ungehindert in die Atmosphäre. Man geht heute davon aus, dass Kohlenstoffdioxid den Treibhauseffekt verstärkt. (► Energie, S. 168 – 171)

In einem Wärmekraftwerk erfolgt die Umwandlung von chemischer Energie in Wärme und danach in elektrische Energie.

AUFGABEN

1 ○ Nenne die wesentlichen Bestandteile eines Wärmekraftwerks.

2 ○ Nenne den Teil des Wärmekraftwerks, in dem die Wärme des Wasserdampfs in Bewegungsenergie umgewandelt wird.

3 ◐ Schreibe die Texte aus Bild 1 auf ein Blatt Papier und schneide sie aus. Mische sie und gib sie deinem Sitznachbarn. Dein Sitznachbar muss die Texte nun in eine vernünftige Ordnung bringen. Kontrolliere sein Ergebnis.

4 ◐ Beschreibe das Energieflussdiagramm in Bild 2.

5 ● a) Recherchiere, wie ein Gaskraftwerk funktioniert. Passe Bild 2 entsprechend an.
● b) Recherchiere den Wirkungsgrad eines Gaskraftwerks.
● c) Jana sagt: „Mit Strom aus Gaskraftwerken zu heizen, ist unsinnig wegen des Wirkungsgrads." Beurteile ihre Aussage.

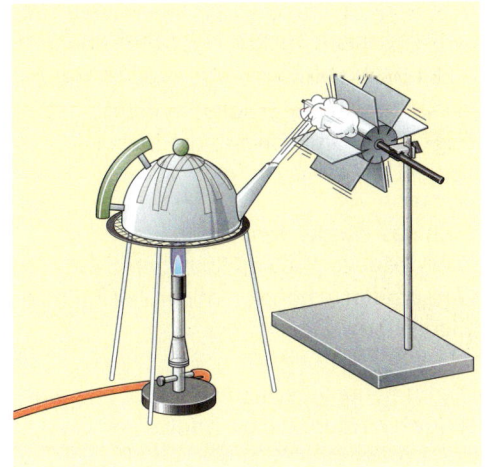

3 Das Modell eines Wärmekraftwerks

1 Windkraftwerke

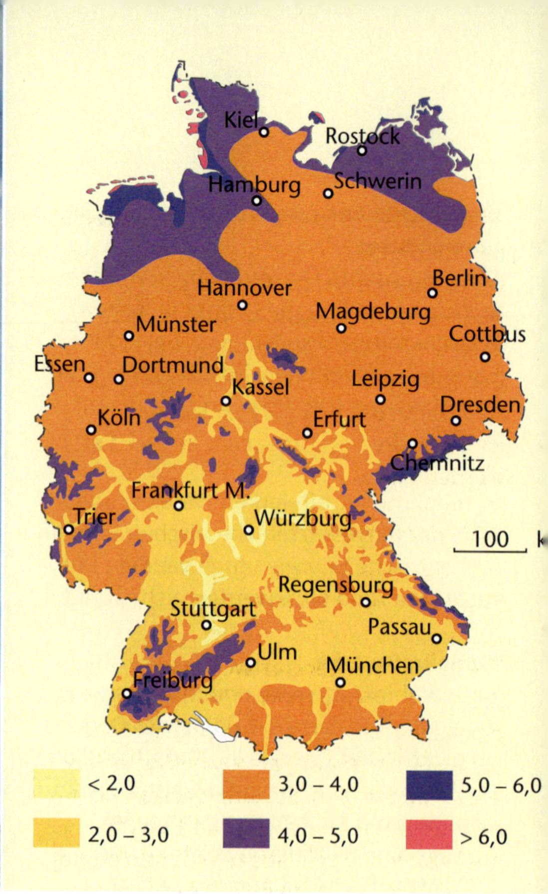

2 Mittlere Windgeschwindigkeiten in Deutschland

	< 2,0		3,0 – 4,0		5,0 – 6,0
	2,0 – 3,0		4,0 – 5,0		> 6,0

Regenerative Energiequellen nutzen

Wind

Wind gibt es überall. Die Idee, ihn zu nutzen, ist nicht neu. Seit vielen Hundert Jahren treibt die Energie des Winds Mühlen und Segelschiffe an.

Zunehmend wird die Windenergie auch zur Erzeugung von elektrischer Energie eingesetzt.

In modernen **Windkraftwerken** treibt der Wind einen Rotor an, der mit einem Generator verbunden ist.

Die elektrische Energie, die ein Windkraftwerk erzeugt, ist stark abhängig von der Geschwindigkeit des Winds: Bei der doppelten Windgeschwindigkeit kann ein Windkraftwerk die achtfache elektrische Leistung erzeugen. An den Küsten weht der Wind häufig stark und gleichmäßig. Weiter im Landesinneren nimmt die durchschnittliche Windgeschwindigkeit ab (▷ B 2). Deshalb müssen im Landesinneren höher gelegene Standorte gewählt werden, um die notwendigen Windgeschwindigkeiten zu erreichen.

Wasser

Auch das Wasser wird schon lange als Energiequelle genutzt. So haben z. B. Wasserräder schon vor langer Zeit Mühlen angetrieben.

Es gibt heute verschiedene Arten von **Wasserkraftwerken**. Die bekanntesten Arten sind Laufwasser-, Speicher- und Pumpspeicherkraftwerke.

Laufwasserkraftwerke findet man an Flüssen, die Gefälle haben und bei denen die Durchflussmenge groß genug ist.
Das fließende Wasser treibt eine Turbine an, die die Bewegungsenergie auf einen Generator überträgt. Laufwasserkraftwerke liefern ständig Energie. Der Nachteil ist, dass diese Energie nicht gespeichert werden kann.

Speicherkraftwerke nutzen Wasser aus höher gelegenen Seen oder aus Talsperren (Stauseen). Das Wasser fließt über Rohre zur tiefer liegenden Turbine.
Bei **Pumpspeicherkraftwerken** nutzt man Zeiten mit geringerem Strombedarf, um das Wasser aus einem tiefer gelegenen See in einen höher gelegenen See hochzupumpen (▷ B 3). So kann gerade nicht benötigte Energie gespeichert werden – egal ob die Energie aus regenerativen oder aus nicht-regenerativen Energiequellen kommt.

Sonne

Viele Taschenrechner sind heute mit **Solarzellen** ausgerüstet. Sie eignen sich für alle Geräte, die einen geringen Strombedarf haben.
Eine einzelne Solarzelle liefert nur eine geringe Spannung und eine geringe Stromstärke. Um höhere Leistungen zu erzielen, schaltet man viele Solarzellen zu Modulen zusammen.
Durch mehrere Module, die oft auf den Dächern von Häusern angebracht werden, kann man Haushalte mit elektrischer Energie versorgen. Solarzellen gelten als umweltfreundliche Spannungsquellen, weil sie keine Schadstoffe erzeugen.
(▶ Energie, S. 168 – 171)

Nachhaltigkeit

Mit regenerativen Energiequellen können wir **nachhaltig** elektrische Energie erzeugen. **Nachhaltigkeit** bedeutet hier:
1. Wir können unsere elektrische Energie mithilfe einer Energiequelle erzeugen, ohne dabei die Umwelt zu schädigen.

3 Pumpspeicherkraftwerk

2. Die Energiequelle steht auch noch zukünftigen Generationen zur Verfügung.

Windkraftwerke, Wasserkraftwerke und Solarzellen erzeugen elektrische Energie und nutzen regenerative Energiequellen. Mit regenerativen Energiequellen erzeugen wir die elektrische Energie nachhaltig.

AUFGABEN

1 ○ Nenne die Gebiete in Deutschland, in denen die Nutzung von Windkraftwerken wirtschaftlich ist (▷ B 2).

2 ○ Beschreibe die Funktion und die Vorteile eines Pumpspeicherkraftwerks.

3 ◒ Recherchiere die Funktionsweise unterschiedlicher Kraftwerkstypen mithilfe der Lexikon-Seiten 88/89.

4 ◒ Bewerte die Stromerzeugung mit den unterschiedlichen Kraftwerkstypen auf S. 88/89 hinsichtlich ihrer Nachhaltigkeit.

5 ● Warum wird in Deutschland nicht die gesamte benötigte Energie aus regenerativen Energiequellen erzeugt? Recherchiert im Internet. Plant gemeinsam eine Diskussion zu dem Thema.

Kraftwerke

Biogasanlagen (▷ B 1)
Der Begriff Biomasse bezeichnet die durch Pflanzen oder Tiere erzeugten organischen Stoffe. Beim Vergären von Biomasse entsteht ein brennbares Gas, das Biogas genannt wird. Die Verbrennung von Biogas kann zur Stromerzeugung genutzt werden. Es lassen sich pflanzliche und tierische Abfälle vergären, aber auch gezielt angebaute Energiepflanzen wie Raps und Mais. Biogas kann gespeichert werden und genau dann zur Stromerzeugung verwendet werden, wenn z. B. Windkraftwerke keine Leistung liefern. Biogasanlagen setzen beim Betrieb Kohlenstoffdioxid (CO_2) frei. Während des Wachstums haben die Lebewesen aber vor Kurzem eine ähnliche Menge CO_2 aus der Luft entnommen, sodass die CO_2-Bilanz annähernd ausgeglichen ist. Durch Düngung entstehen allerdings oft Umweltprobleme beim Anbau von Energiepflanzen.

Blockheizkraftwerke (▷ B 2)
Blockheizkraftwerke sind kleine Kraftwerke zur Stromerzeugung, in denen zusätzlich die entstandene Abwärme zum Heizen verwendet wird. So können z. B. Schwimmbäder und Schulen gleichzeitig mit elektrischer Energie und Wärme versorgt werden. Diese Kleinkraftwerke nutzen die Energie der Brennstoffe effektiver als große Wärmekraftwerke, in denen die Abwärme ungenutzt entweicht. Wärme lässt sich allerdings nur über kurze Entfernungen übertragen. Deshalb sind Blockheizkraftwerke meist in das zu versorgende Gebäude eingebaut.

Gasturbinenkraftwerke (▷ B 3)
Gasturbinenkraftwerke werden mit brennbaren Gasen, z. B. Erdgas, betrieben. Sie enthalten eine Gasturbine, die ihre Leistung schnell verändern kann. Gasturbinenkraftwerke eignen sich dadurch besonders, um kurzfristig benötigte elektrische Leistung zu erzeugen. Gasturbinenkraftwerke sorgen für die Deckung der sogenannten Spitzenlast.

Kernkraftwerke (▷ B 4)
In Kernkraftwerken wird die zur Dampferzeugung nötige Wärme durch die Spaltung von Atomkernen erzeugt. Meist verwendet man Uran als Kernbrennstoff. Bei der Kernspaltung entsteht kein CO_2. Kernkraftwerke tragen während ihres Betriebs daher nicht zum Treibhauseffekt bei. Bei einem schweren Unfall besteht jedoch die Gefahr, dass radioaktives Material freigesetzt wird. Außerdem ist die Lagerung der hochradioaktiven Abfälle noch nicht geklärt. Man

sucht Lagerstätten, in denen diese Abfälle für mehrere Hunderttausend Jahre sicher gelagert werden können.

Kohlekraftwerke (▷ B 5)
In Kohlekraftwerken wird Braunkohle oder Steinkohle verbrannt. Bei der Verbrennung der Kohle entstehen Schadstoffe, die aufwändig aus den Rauchgasen gefiltert werden müssen. Für das bei der Verbrennung entstehende Kohlenstoffdioxid gibt es aber noch keine Filter und es gelangt ungehindert In die Atmosphäre.
Braunkohlekraftwerke arbeiten ganzjährig mit gleicher Leistung. Sie sind für die Erzeugung der ständig benötigten elektrischen Leistung zuständig und dienen zur Deckung der sogenannten Grundlast.

Solarkraftwerke (▷ B 6)
Es gibt mehrere Möglichkeiten, die Sonnenenergie zur Stromerzeugung zu nutzen: Z.B. Solarthermische Kraftwerke und Solarzellen.

In solarthermischen Kraftwerken wird das Sonnenlicht durch Spiegel konzentriert. Durch die hohen Temperaturen entsteht Dampf, der auf eine Turbine mit Generator geleitet wird. Es gibt Pläne, einen großen Teil des europäischen Strombedarfs durch solarthermische Kraftwerke in südlichen Ländern abzudecken.
Solarzellen dagegen wandeln die Sonnenenergie direkt in elektrische Energie um. Das geschieht geräuschlos und ohne Schadstoffe. Der Einsatz von Solarzellen lohnt sich nur an sonnenreichen Orten Solarkraftwerke erzeugen den Strom je nach Sonnenschein unregelmäßig, deshalb ist ihr Einsatz nur im Verbund mit anderen Kraftwerksarten sinnvoll.

Wasserkraftwerke (▷ B 7)
Laufwasserkraftwerke befinden sich an Flüssen. Das Flusswasser treibt eine Turbine an, die an einen Generator angeschlossen ist. Die Menge des durchlaufenden Flusswassers ändert sich kaum in kurzer

Zeit. Daher dienen Laufwasserkraftwerke zur Deckung der Grundlast, der ständig benötigten elektrischen Leistung im Stromnetz. Speicherkraftwerke dagegen besitzen hoch gelegene Wasserspeicher. Bei Bedarf wird das Wasser abgelassen und zur Stromerzeugung verwendet. Das kann in Sekundenschnelle passieren. Speicherkraftwerke decken damit die Spitzenlast ab, wenn gerade viel Leistung benötigt wird.

Windkraftwerke (▷ B 8)
Große Windkraftanlagen besitzen dreiblättrige Rotoren mit einem Durchmesser von rund 100 m und erzeugen Spitzenleistungen von mehreren MW.
Die Leistung von Windkraftanlagen hängt sehr stark von ihrem Standort ab. Bei doppelter Windgeschwindigkeit wird 8-mal mehr Leistung erzeugt. Andererseits wird gerade an Standorten mit hohen Windgeschwindigkeiten das Landschaftsbild durch die großen Anlagen beeinträchtigt.

Windkraftwerke: Onshore und Offshore

1 Onshore-Windpark 2 Offshore-Windpark

Bedeutung und Standorte

Wind ist mengenmäßig eine bedeutsame regenerative Energiequelle. Die günstigsten Standorte für Windkraftwerke liegen vor allem in Norddeutschland. Hier sind die Windgeschwindigkeiten besonders hoch. Niedersachsen ist in Deutschland das Bundesland mit der größten erzeugten elektrischen Leistung aus Windenergie.

Der Ausbau von Windkraftwerken kann zu einem entscheidenden Element unserer Energieversorgung der Zukunft werden.

Onshore

Zurzeit sind die meisten Windkraftwerke auf dem Land gebaut (▷ B 1). Man nennt sie auch Onshore-Anlagen. Mit dem Begriff Onshore betont man, dass diese Anlagen im Binnenland gebaut sind.

Schon seit mehreren Jahrzehnten gibt es solche Anlagen. Die Funktionsweise eines Windkraftwerks ist bis heute gleich geblieben (▷ B 4).

Offshore

Neue Windkraftwerke werden insbesondere auf dem Meer entstehen. Man nennt sie auch Offshore-Anlagen (▷ B 2). Damit betont man, dass sie nicht mehr auf dem Land errichtet werden. Ihre Funktionsweise ist die gleiche wie bei den Windkraftwerken auf dem Land (▷ B 4).

Auf dem Meer sind die Windgeschwindigkeiten allerdings größer. Dadurch lohnen sich Windkraftwerke auf dem Meer. Die Herausforderung liegt aber darin, die Anlagen in großer Entfernung von der Küste und bei entsprechender Wassertiefe zu installieren (▷ B 3).

Der erste deutsche, wirtschaftlich genutzte Offshore-Windpark „alpha ventus" ist 2010 in Betrieb gegangen. Dieser Windpark befindet sich 45 km nördlich der ostfriesischen Insel Borkum. Die elektrische Energie, die dieser Windpark pro Jahr liefern kann, entspricht dem Jahresbedarf von rund 70 000 Haushalten.

Probleme

Das Hauptproblem ist, dass der Wind unregelmäßig weht. Wir können uns daher nicht jederzeit auf die Stromeinspeisung durch Windkraftwerke verlassen. Deshalb benötigen wir Reserve-Kraftwerke, die andere Energiequellen verwenden. Diese Reserve-Kraftwerke erzeugen die benötigte elektrische Leistung, falls der Wind nur schwach weht. Manchmal weht der Wind allerdings auch so stark, dass das Stromnetz überlastet werden könnte.

Bei geplanten Windkraftwerken an Land bilden sich oft Bürgerinitiativen gegen den Neubau. Sie kritisieren das veränderte Landschaftsbild, die Lärmbeeinträchtigungen und den ständig wechselnden Schattenwurf der Rotoren.

Der Betrieb von Windkraftwerken kann auch Auswirkungen auf die Tierwelt haben: So können Vögel mit den Rotoren zusammenstoßen und sterben. Außerdem können Vögel durch die Bewegung der Rotoren verscheucht werden und so ihre Brutplätze verlieren.

3 Zusammenbau im Meer

AUFGABEN

1 Begründe, warum Offshore-Windparks entstehen.

2 Erkläre mithilfe von Bild 4 die Funktionsweise eines Windkraftwerks.

3 Stelle die Vorteile und Nachteile von Onshore- und Offshore-Windparks in einer Tabelle dar.

4 Erörtere Vorteile und Nachteile von Windenergie für unsere Energieversorgung im Vergleich zu anderen Energiequellen. Sammle in einer Tabelle Pro- und Contra-Argumente.

5 Recherchiere, was man unter dem Begriff „Repowering von Windkraftwerken" versteht.

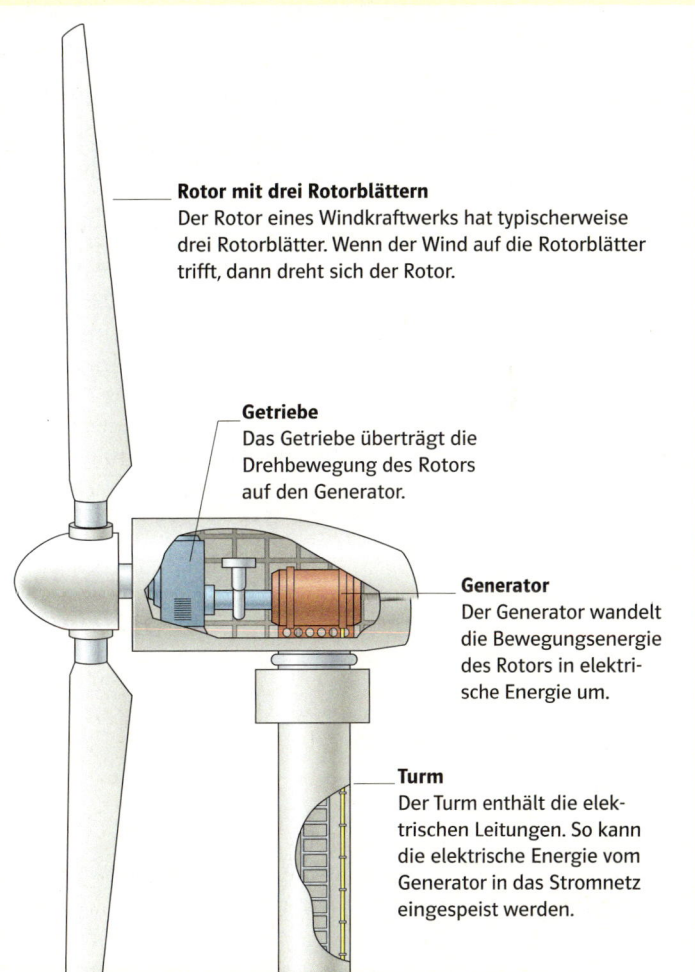

Rotor mit drei Rotorblättern
Der Rotor eines Windkraftwerks hat typischerweise drei Rotorblätter. Wenn der Wind auf die Rotorblätter trifft, dann dreht sich der Rotor.

Getriebe
Das Getriebe überträgt die Drehbewegung des Rotors auf den Generator.

Generator
Der Generator wandelt die Bewegungsenergie des Rotors in elektrische Energie um.

Turm
Der Turm enthält die elektrischen Leitungen. So kann die elektrische Energie vom Generator in das Stromnetz eingespeist werden.

4 Funktionsweise eines Windkraftwerks

1–2 Wetterextreme

Treibhauseffekt und Klimawandel

Was hat der Schnee in der Wüste mit einem abschmelzenden Gletscher zu tun (▷ B 1, B 2)? Zunächst einmal nichts. Die Ursache für beide Erscheinungen aber kann die gleiche sein: der Klimawandel, der durch den verstärkten Treibhauseffekt ausgelöst wird. Aber was versteht man unter dem Treibhauseffekt?

Der natürliche Treibhauseffekt

Die Erde mit ihrer umgebenden Atmosphäre ist wie ein riesiges Treibhaus: Die Erde ist vergleichbar mit einem Gewächshaus in einer Gärtnerei. Dabei hat die Atmosphäre die gleiche Funktion wie das Glas in einem Gewächshaus.

In der Atmosphäre befinden sich die sogenannten **Treibhausgase**. Diese Treibhausgase lassen die Sonnenstrahlung zur Erde durch. Die Wärmestrahlung von der Erdoberfläche dagegen wird von den Treibhausgasen zum größten Teil wieder zur Erde zurückgestrahlt. Das nennt man den **natürlichen Treibhauseffekt** der Erde. Ohne diesen natürlichen Treibhauseffekt wäre es auf der Erde um rund 30 K kälter. Leben wäre nicht möglich.

3 Kohlenstoffdioxid-Konzentration in der Atmosphäre

Der anthropogene Treibhauseffekt

Seit Beginn der Industrialisierung (vor rund 200 Jahren) wird der natürliche Treibhauseffekt durch uns Menschen verstärkt. Immer mehr Treibhausgase – inbesondere das Kohlenstoffdioxid (▷ B 3) – gelangen in die Atmosphäre und heizen sie immer stärker auf mit Folgen für unser Klima. Dieser von uns Menschen verstärkte Treibhauseffekt wird als **anthropogener Treibhauseffekt** bezeichnet.

Die Herkunft der Treibhausgase

Kohlenstoffdioxid entsteht bei jeder Verbrennung fossiler Brennstoffe, z.B. in Kohlekraftwerken.

Methan entweicht aus Sumpfgebieten, Müllbergen, Reisfeldern und Viehmägen.

Stickstoffoxide entstehen bei der Verbrennung fossiler Brennstoffe und werden bei der Verwendung von Mineraldünger in der Landwirtschaft frei.

Chlor-Fluor-Kohlenwasserstoffe (CFKW) sind in weiten Teilen Europas, aber noch nicht weltweit verboten. Sie werden zum Beispiel in Kühlanlagen, Klimaanlagen, in Kunststoffen und Feuerlöschern eingesetzt. Ein Kilogramm CFKW verstärkt den Treibhauseffekt genauso stark wie 5 000 kg Kohlenstoffdioxid.

Wasserdampf entsteht durch Verdunstung von Wasser. Je größer die Erderwärmung ist, desto mehr Wasserdampf bildet sich in der Atmosphäre.

Mögliche Auswirkungen einer Klimaerwärmung

Klimaforscher sind sich über die Folgen einer möglichen Klimaerwärmung aufgrund ihrer Berechnungen mit unterschiedlichen Modellen nicht einig. Unstrittig aber ist,

– dass es immer häufiger Dürre- und Hungerkatastrophen auf der Erde geben wird,

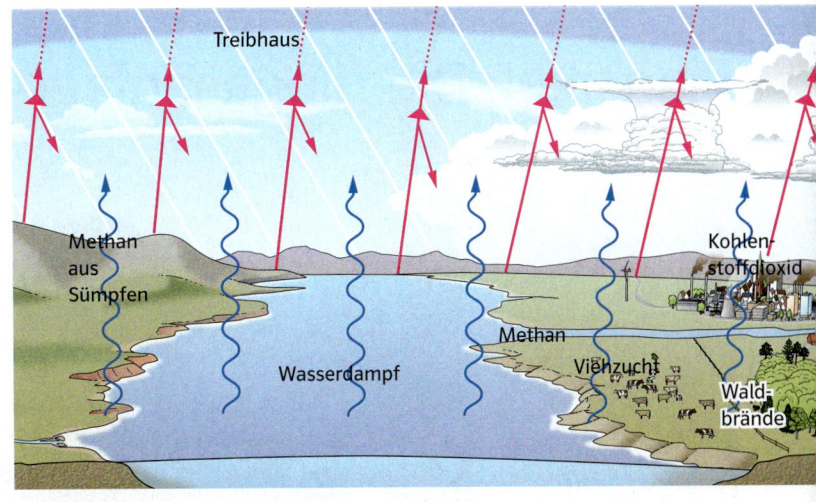

4 Der Treibhauseffekt – von Menschen „angeheizt"

– dass immer mehr Feuchtigkeit in der Luft zu heftigeren Unwettern führen wird,
– dass das Eis an den Polkappen und in hochgelegenen Gletschergebieten abschmelzen wird und
– dass das Wetter immer extremer wird.
(▶ Energie, S. 168 – 171)

Der natürliche Treibhauseffekt wird von uns Menschen verstärkt, weil immer mehr Treibhausgase in die Atmosphäre gelangen.

AUFGABEN

1 ○ Beschreibe, was der natürliche Treibhauseffekt bewirkt.

2 ○ Erstelle eine Liste der im Text genannten Treibhausgase.

3 ◕ Erkläre, wie wir Menschen das natürliche System des Treibhauseffekts beeinflussen.

4 Heutzutage nutzen wir viel mehr elektrische Energie als früher.
◕ a) Beschreibe die Vorteile für dein tägliches Leben.
◕ b) Beschreibe, welche Auswirkungen die vermehrte Nutzung elektrischer Energie für die Umwelt hat.
● c) Nimm Stellung, wie du zum wachsenden Energiekonsum stehst.

5 ● Begründe, warum die regenerativen Energiequellen dazu beitragen können, die Erwärmung der Atmosphäre zu verlangsamen.

Planspiel: Die Biogasanlage

1 Diskussionsrunde während des Planspiels

Die neue Biogasanlage

Regenerative Energiequellen spielen eine immer größere Rolle. So soll in der Nähe einer Wohnsiedlung ein neues Biogaskraftwerk gebaut werden, das Energie aus nachwachsenden Rohstoffen bereitstellt. Doch in der Bevölkerung regt sich Protest. Ist die Anlage auch wirklich sicher? Und wird es demnächst nicht kilometerweit „zum Himmel stinken"?
Eine Initiative hat zu einer Bürgerversammlung eingeladen. Alle Interessengruppen sollen an dieser Stelle ihre Argumente vortragen. Am Ende steht eine von der Mehrheit der Bürger getragene Entscheidung für oder gegen die neue Biogasanlage.

Das Planspiel

In einem Planspiel wird ein realer Entscheidungsprozess in einer Simulation dargestellt. Im Planspiel „Biogasanlage" wirst du nicht nur die Argumente aller Gruppen kennenlernen, sondern auch die Prozesse nachvollziehen, die zu einer Entscheidung führen. Außerdem trainierst du in diesem Planspiel die Fähigkeit zu freier Rede und wirst Einsichten in die Position der anderen Gruppen gewinnen.
Ein Planspiel besteht aus mehreren Phasen.

Festlegen der Ausgangssituation

Vor dem Beginn des Planspiels muss festgelegt werden, von welcher konkreten Situation alle Beteiligten ausgehen. Soll die neue Biogasanlage von einem großen Energiekonzern errichtet werden oder will eine Privatperson die Anlage auf dem eigenen Grundstück bauen? Welche Größe und welche Leistung soll die Biogasanlage besitzen? Wie sieht die Bebauung rund um die geplante Anlage aus?

Aus diesen Überlegungen folgt auch, welche Rollen im Planspiel zu besetzen sind (▷ B 2). Jede Rolle wird von einer Gruppe mehrerer Schülerinnen und Schüler behandelt. Bei der anschließenden Diskussionsrunde tritt aber nur eine Sprecherin oder ein Sprecher für jede Gruppe auf.

Die Vorbereitung der Sitzung

Zu jeder Rolle wird ein Steckbrief erstellt, in dem die Interessen festgelegt werden (▷ B 3). So wird der Vertreter der Stadt auch die künftigen Steuereinnahmen im Blick haben. Der Anlieger hingegen wird sich mehr auf die Sicherheit und die möglichen Belästigungen durch die Biogasanlage konzentrieren.

Um das Planspiel abwechslungsreicher zu gestalten, kann man auch den Charakter der Personen im Steckbrief festlegen (▷ B 3).

Anschließend arbeiten sich die Gruppen in ihre Thematik ein. Fachinformationen werden gesammelt, Begründungen erstellt und kritische Fragen an die anderen Gruppen formuliert. Auch mögliche Gegenargumente sollen schon jetzt besprochen werden.

Die Durchführung der Sitzung

Die Sitzungsleitung eröffnet die Bürgerversammlung und bittet alle Gruppen, ihre Standpunkte vorzutragen. Das geschieht durch die jeweiligen Sprecherinnen und Sprecher.

Nach dem Vortrag beginnt die Diskussion, in der die Argumente der Gruppen kritisch hinterfragt werden (▷ B 1). In Sitzungspausen können Absprachen und Vereinbarungen zwischen den Gruppen getroffen werden. Jetzt zahlt sich eine gute Vorbereitung aus!

Unerwartete Wendungen während der Diskussion könnten zum Beispiel durch plötzliches Eintreffen einer Protestgruppe oder durch Enthüllungen der lokalen Presse eingebaut werden.

Die Sitzungsleitung entscheidet, wann die Diskussion zu einem akzeptablen Ergebnis gekommen ist. Danach findet eine Abstimmung statt, in der sich alle „Bürgerinnen und Bürger" für oder gegen die neue Biogasanlage aussprechen.

Interessenvertreter beim Planspiel „neue Biogasanlage"

- der/die Bürgermeister/in

- Vertreter des Energieversorgers

- Hersteller der Anlage

- privater Betreiber der Anlage/Investor

- wissenschaftliche Berater

- politische Parteien

- Umweltschutzverbände

- Anlieger

2 Mögliche Rollen im Planspiel „Biogasanlage"

Die Nachbereitung

Nach der Abstimmung treten alle Beteiligten aus ihrer Rolle heraus und berichten über ihre Beobachtungen während des Planspiels. War man mit seiner Argumentation zufrieden oder hätte man sich anders verhalten sollen? Eine Videoaufzeichnung hilft an dieser Stelle weiter.
Am Ende sollte geklärt werden, wie realistisch das Planspiel war – würde eine Bürgerversammlung tatsächlich so wie gespielt ablaufen?

AUFGABE

1 ● Planspiele können in der Schule eingesetzt werden, wenn eine Problemlösung gefunden werden soll, die das Ergebnis einer kontroversen Diskussion ist. Zum Beispiel lassen sich Planspiele zu anderen Kraftwerkstypen (► S. 88/89), Umweltproblematiken oder zu medizinischen Fragen („Wird in Deutschland zu viel geröntgt?") veranstalten. Führt ein solches Planspiel durch.

Steckbrief der Rolle „privater Betreiber der Biogasanlage"

Interessen:	– will die Anlage auf eigenem Grund errichten
	– strebt Einverständnis und gutes Verhältnis zu den Nachbarn an
	– betrachtet die Biogasanlage als Investition, die zum wirtschaftlichen Überleben seines Betriebs nötig ist
	– ist aus Eigeninteresse an sicherem und störungsfreiem Betrieb interessiert
Charakter:	– ausgeglichen, kompromissorientiert
Besonderheiten:	– Bürgermeister ist mit ihm verwandt
	– ist selbst Mitglied in der XYZ-Partei

3 Der Steckbrief einer Rolle im Planspiel „Biogasanlage"

Neue Leitungen braucht das Land

Der Anteil der erneuerbaren Energiequellen an der Stromerzeugung in Deutschland nimmt jedes Jahr zu. Die Standorte von Anlagen zur Stromerzeugung insbesondere aus Windenergie befinden sich aber häufig weit entfernt von der Industrie, die die elektrische Energie benötigt.

Ausbau von Windparks im Norden
Mit dem Ausbau der Windparks im Norden wird zukünftig ein wesentlicher Anteil der elektrischen Energie fernab vom Abnehmer erzeugt. Die elektrische Energie muss daher über neue, besonders lange Stromleitungen zu den Industrieschwerpunkten bis nach Süddeutschland transportiert werden (▷ B 1).

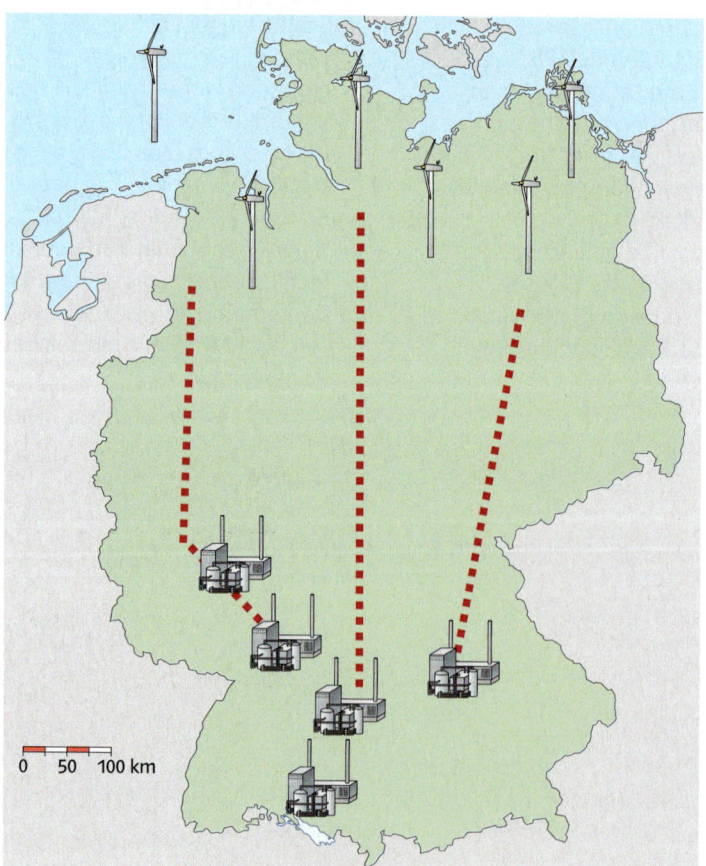

1 Geplante neue Stromleitungen in Deutschland (Stand 2014)

Über lange Strecken besser: Gleichstrom
Bisher hast du erfahren, dass in unserem Stromnetz Wechselstrom verwendet wird. Auf Seite 80 hast du auch vom Streit zwischen Edison (Gleichstrom) und Westinghouse (Wechselstrom) erfahren: Diesen Streit gewann Westinghouse damals mit seinem Wechselstrom.

Dennoch plant man heutzutage, den Strom aus den Windparks im Norden mit Gleichstrom in den Süden zu transportieren. Man spricht von Hochspannungs-Gleichstrom-Übertragung (HGÜ).

Warum wird der Gleichstrom wieder interessant? Der Grund dafür liegt in den sehr großen Entfernungen: Bei sehr großen Entfernungen ist Gleichstrom nämlich besser. Er hat dann kleinere Verluste. Mit der heutigen Technik ist dann eine Gleichstrom-Übertragung kostengünstiger.

Die erneuerbaren Energiequellen werden in Zukunft stärker zur Erzeugung elektrischer Energie beitragen. Dann brauchen wir neue Stromleitungen. Nur so kann die elektrische Energie dorthin transportiert werden, wo sie gebraucht wird.

AUFGABEN

1 ○ Ergänze folgenden Satz: „In Deutschland werden neue Stromleitungen benötigt, weil …"

2 ◗ Durch eure Gemeinde soll eine neue Hochspannungsleitung gebaut werden. Führt ein Planspiel durch (▶ S. 94/95).

3 ● Paula sagt: „Es wäre doch viel einfacher, die elektrische Energie dort zu erzeugen, wo wir sie auch benötigen. Dann brauchen wir keine neuen Leitungen." Diskutiert ihre Aussage.

Berufe in der Energieversorgung

Es sind Menschen mit vielfältigen Berufen daran beteiligt, dass die elektrische Energie vom Kraftwerk zu den verschiedenen Abnehmern gelangen kann.

Erzeugung

In Kohle-, Gas-, Wasser- und Kernkraftwerken bedienen, überwachen, warten und reparieren **Kraftwerker/innen** die Kraftwerksanlagen. Voraussetzung für diesen Beruf ist der Abschluss eines Metall- oder Elektroausbildungsberufs.

Regenerative Energiequellen wie Wind und Sonne nutzbar zu machen, ist die Aufgabe von **technischen Assistenten und Assistentinnen für regenerative Energietechnik und Energiemanagement**. Sie sind an der Entwicklung, Planung und Wartung von Windenergie- und Solarkraftanlagen beteiligt (▷ B 1).

Transport

Für den Transport der elektrischen Energie sind **Kabelmonteurinnen und Kabelmonteure** mit dem Fachbereich Fern-, Frei- und Fahrleitungsbau verantwortlich. Sie errichten (verdrahten) oberirdische Hochspannungsleitungen (▷ B 2) oder verlegen Erdkabel. Sie sind auch für die Montage und Wartung von Transformatorenstationen zuständig.

Für die Anschlüsse im Haus sorgen schließlich die **Elektroniker/innen**.

Für die Erzeugung elektrischer Energie sorgen Kraftwerker/innen und technische Assistenten und Assistentinnen für regenerative Energietechnik und Energiemanagement.

Für den Transport der Energie sind Kabelmonteure und Kabelmonteurinnen sowie Elektroniker/innen verantwortlich.

AUFGABEN

1 ○ Gib drei Berufe in der Energieversorgung mit der richtigen Bezeichnung an.

2 ◓ Beschreibe besondere Anforderungen, die an die Personen in Bild 1 und 2 gestellt werden.

3 ● Recherchiere zwei weitere Berufe in der Energieversorgung. Erstelle jeweils einen Steckbrief.

1 Technischer Assistent für regenerative Energietechnik und Energiemanagement   2 Kabelmonteur

Zusammenfassung

Elektrische Größen
Wichtige elektrische Größen sind:
– die elektrische Stromstärke I
– die Spannung U
– die elektrische Energie E
– die elektrische Energiestromstärke P
  (im Alltag: elektrische Leistung)

Elektromagnetismus
Fließt durch einen Leiter ein elektrischer Strom, dann entsteht um ihn ein Magnetfeld.
Das Magnetfeld um eine stromdurchflossene Spule lässt sich verstärken durch
– eine größere Windungszahl,
– eine höhere Stromstärke und
– die Verwendung eines Eisenkerns.

Elektromotor
Ein Elektromotor wandelt elektrische Energie in Bewegungsenergie um.
Die wichtigsten Bauteile des Elektromotors sind Rotor, Stator und Kommutator.

Elektromagnetische Induktion
Ändert sich das Magnetfeld in einer Spule, wird in der Spule eine Spannung induziert.

Generator
Ein Generator wandelt Bewegungsenergie in elektrische Energie um.
Durch elektromagnetische Induktion wird eine Wechselspannung erzeugt.

Transformator
Beim Transformator wird Energie durch elektromagnetische Induktion ohne elektrisch leitende Verbindung übertragen.
Transformatoren können Spannungen vergrößern und verkleinern.

Übertragung der elektrischen Energie
Elektrische Energie wird über den elektrischen Strom vom Kraftwerk bis zum Energieabnehmer transportiert. Um Wärmeverluste zu vermeiden, wird die Spannung durch Transformatoren auf Hochspannung erhöht.

Erzeugung elektrischer Energie
Jede Form von Energie hat ihren Ursprung in der Natur. Man unterscheidet zwischen Primärenergie, Sekundärenergie und Nutzenergie.
Energie kann von einer Form in eine andere Form umgewandelt werden. Die elektrische Energie ist die wichtigste Form der Sekundärenergie. Sie kann aus verschiedenen Primärenergien erzeugt werden. Wärmekraftwerke, Wasserkraftwerke, Windkraftwerke und Solarkraftwerke erzeugen elektrische Energie.
Wasser, Wind und Sonne werden als regenerative (erneuerbare) Energiequellen bezeichnet.

Nachhaltigkeit
Die Stromerzeugung aus regenerativen Energiequellen bezeichnet man als nachhaltig. Denn diese Stromerzeugung belastet nicht die Umwelt und die regenerativen Energiequellen werden auch noch nachfolgenden Generationen zur Verfügung stehen.

Treibhauseffekt und Klimawandel
Der natürliche Treibhauseffekt sorgt dafür, dass die Erde eine durchschnittliche Temperatur besitzt, bei der sich das Leben entwickeln kann.
Der natürliche Treibhauseffekt wird jedoch durch die Menschen verstärkt, weil immer mehr Treibhausgase in die Atmosphäre gelangen. Dies bezeichnet man als anthropogenen Treibhauseffekt. Der anthropogene Treibhauseffekt kann zu einem Klimawandel führen mit noch unabsehbaren Folgen für die Erde.

AUFGABEN

1 ○ Erläutere die Begriffe Stromstärke und Spannung.

👍 Super! ❓ ► S.48/49

2 ○ a) Gib an, was man unter der elektrischen Leistung versteht.
○ b) Nenne die Einheit der elektrischen Leistung.

👍 Super! ❓ ► S.48/49

3 ○ Nenne Geräte, in denen Elektromagnete verwendet werden.

👍 Super! ❓ ► S.54/55, 57

4 ○ Erläutere folgende Begriffe am Transformator:
a) Windungszahl
b) Primärspule
c) Sekundärspannung

👍 Super! ❓ ► S.72/73

5 ○ Nenne zwei Kraftwerkstypen, die regenerative Energiequellen nutzen.

👍 Super! ❓ ► S.86/87

6 ◒ Beschreibe, wie sich Magnetfelder bei Elektromagneten verstärken lassen.

👍 Super! ❓ ► S.54/55

7 ◒ a) Erkläre, wie ein Elektromotor funktioniert.
◒ b) Erkläre den Unterschied zum Generator.

👍 Super! ❓ ► S.58/59, 68/69

8 ◒ Begründe, warum nicht die Haushaltsspannung von 230 V vom Kraftwerk zum Haushalt übertragen wird.

👍 Super! ❓ ► S.78/79

9 ◒ Beschreibe drei unterschiedliche Verfahren zur Erzeugung von elektrischer Energie.

👍 Super! ❓ ► S.88/89

10 ◒ Beschreibe, wie sich die Struktur der Stromnetze in Deutschland zukünftig verändern muss.

👍 Super! ❓ ► S.96

11 Dein Computer hat eine elektrische Leistung von 400 W. Du benutzt ihn durchschnittlich 2 Stunden am Tag.
● a) Berechne, wie viel elektrische Energie dein Computer im Jahr benötigt.
● b) Berechne, wie viel dies bei einem Strompreis von 0,25 €/kWh kostet.

👍 Super! ❓ ► S.48/49

12 ● Erkläre, was man unter der Frequenz und der Amplitude einer Wechselspannung versteht.

👍 Super! ❓ ► S.66/67

13 ● Erkläre an einem selbstgewählten Beispiel den Begriff der Nachhaltigkeit.

👍 Super! ❓ ► S.86/87

► Musterlösungen auf den Seiten 179–180 99

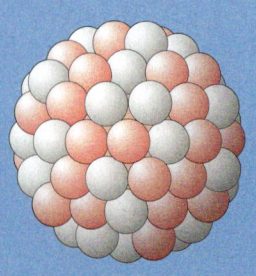

3 Radioaktivität und Kernenergie

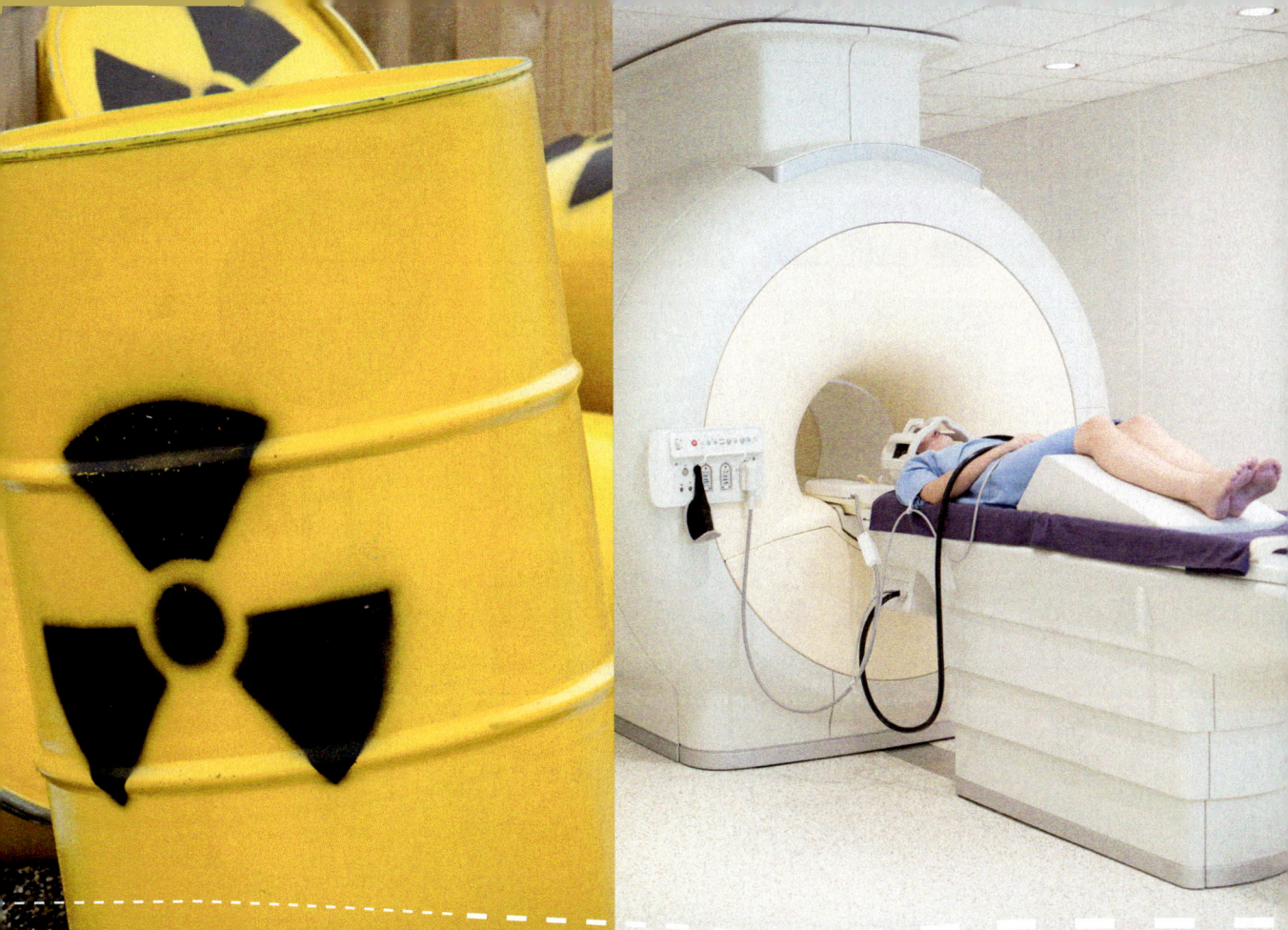

- Wie gefährlich ist Radioaktivität?

- Wer hat die Radioaktivität entdeckt?

- Wie funktioniert ein Kernkraftwerk?

- Wie kam es zu den schweren Unfällen in Kernkraftwerken?

- Wozu kann man radioaktive Strahlung sinnvoll nutzen?

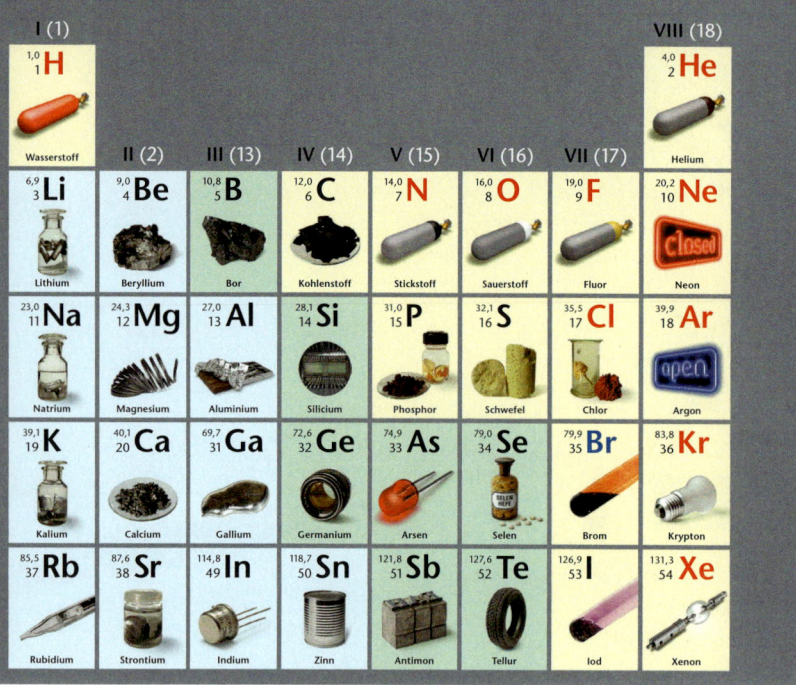

1 Ausschnitt aus dem Periodensystem der Elemente

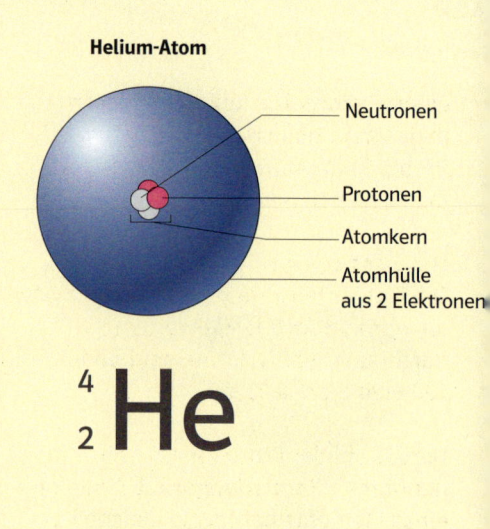

2 Aufbau des Helium-Atoms

Das Atom

Die kleinsten Teilchen

Die griechischen Gelehrten LEUKIPP (480 – 420 v.Chr.) und DEMOKRIT (470 – 360 v.Chr.) waren wahrscheinlich die ersten, die eine Theorie über **Atome** entwickelt haben. Sie erklärten, dass jeder Stoff aus kleinsten Teilchen besteht. Daher kann z.B. ein Goldbarren nicht beliebig geteilt werden. Diese kleinsten, nicht weiter teilbaren Teilchen nannten sie Atome. Das kommt aus dem Griechischen und bedeutet „das Unteilbare".

Die Entdeckung des Atomkerns

Erst etwa 2 000 Jahre nach DEMOKRIT fand man heraus, dass Atome einen inneren Aufbau besitzen.

Im Jahr 1911 untersuchte der Physiker ERNEST RUTHERFORD (1871 – 1937) mit seinen Mitarbeitern die Durchlässigkeit von Goldfolien. Dazu ließen sie positiv geladene Teilchen auf eine sehr dünne Goldfolie treffen. Die meisten Teilchen durchquerten die Folie ungehindert, so als wäre diese gar

nicht vorhanden. Nur wenige Teilchen wurden von ihrer Bahn abgelenkt, so als wären sie auf ein undurchdringbares Hindernis gestoßen. RUTHERFORD folgerte, dass dieser undurchdringbare Teil winzig klein sein musste, denn er wurde nur selten getroffen.

RUTHERFORD hatte den **Atomkern** entdeckt. Weil die positiv geladenen Teilchen von dem Atomkern abgestoßen wurden, kam er zu dem Ergebnis, dass der Atomkern wohl positiv geladen sein musste.

Atomkern und Atomhülle

Erst Jahre später konnte der Aufbau des Atoms weiter enträtselt werden.
Man fand heraus, dass der Atomkern aus zwei Arten von Teilchen besteht: **Neutronen** und **Protonen**. Protonen sind elektrisch positiv geladen. Neutronen sind elektrisch neutral.
Um den Atomkern herum bewegen sich negativ geladene Elektronen. Sie bilden die **Atomhülle** (▷ B 2). Die Masse eines Elektrons ist viel kleiner als die Masse

eines Protons. Die Anzahl der Elektronen in der Atomhülle ist gleich der Anzahl der Protonen im Atomkern. Deshalb sind Atome elektrisch neutral.

Das Periodensystem der Elemente

Die Elemente werden im **Periodensystem** angeordnet (▷ B 1). Sie werden von 1 an durchnummeriert. Heute sind bereits über 100 Elemente bekannt.

Die Anzahl der Protonen im Atomkern nennt man **Kernladungszahl** Z. Alle Atome eines Elements haben die gleiche Kernladungszahl. So haben z. B. alle Uranatome 92 Protonen im Atomkern.
Die **Ordnungszahl** im Periodensystem entspricht der Kernladungszahl Z. Aluminium hat z. B. die Ordnungszahl 13. Es steht an der 13. Stelle im Periodensystem.

Isotope

Atome eines Elements können sich in ihrer Neutronenzahl unterscheiden.
Man bezeichnet Atome eines Elements, die unterschiedliche Neutronenzahlen haben, als **Isotope**.
Chemische Elemente sind stets Gemische aus unterschiedlichen Isotopen. Beispiel: Das Element Uran hat die Ordnungszahl 92. Alle Uran-Atome haben 92 Protonen im Atomkern und 92 Elektronen in der Atomhülle. Aber in den Uranvorräten, die in der Natur vorkommen, sind verschiedene Isotope des Elements Uran enthalten. Wichtige Uran-Isotope sind z. B. $^{235}_{92}U$ und $^{238}_{92}U$. Die Zahlen 235 und 238 geben hier jeweils die Summe aus Protonenzahl und Neutronenzahl an. Ein U-238-Atomkern enthält drei Neutronen mehr als ein U-235-Atomkern.

Ionen

Atome sind elektrisch neutral, weil ihre Protonen- und Elektronenzahlen übereinstimmen.
Fehlen in der Atomhülle Elektronen, so besitzt das „Restatom" mehr Protonen als Elektronen und ist deshalb positiv geladen. Solche „Restatome" nennt man positiv geladene **Ionen** oder **Kationen**.
Es gibt auch negativ geladene Ionen. Man nennt sie **Anionen**.
(► Struktur der Materie, S. 174/175)

Alle Atome eines Elements haben die gleiche Protonenzahl im Atomkern.
Die Ordnungszahl eines Elements im Periodensystem entspricht der Kernladungszahl Z.
Isotope sind Atome eines Elements, die sich durch die Neutronenzahl unterscheiden.

Mittlere Atommasse in u
Elementsymbol

$^{23,0}_{11}$ Na

Ordnungszahl
= Kernladungszahl Z
= Zahl der Protonen (11)
= Zahl der Elektronen (11)

Natrium

3 Angaben und was sie bedeuten

AUFGABEN

1 ○ Zähle auf, aus welchen Teilchen der Atomkern besteht.

2 ○ Schwefel steht an 16. Stelle im Periodensystem. Zähle auf, was du alles aus dieser Angabe über Schwefelatome schließen kannst.

3 ◒ Erkläre ausführlich die Schreibweise $^{235}_{92}U$.

4 ◒ Beschreibe die Unterschiede zwischen Elektronen, Protonen und Neutronen.

5 ● Bei verschiedenen Elementen im Periodensystem findest du oben links eine Dezimalzahl, z. B. bei Chlor 35,5. Erkundige dich, was diese Zahl bedeutet, und erkläre.

1 Riesig groß: die Milchstraße

Zehn hoch

Stell dir vor, du begibst dich auf eine Reise in die „Welt des Großen" und anschließend in die „Welt des Kleinen". Die Angabe der Größen mit den vielen Nullen kann dabei schnell unübersichtlich werden.

Riesig groß

Die Reise in die „Welt des Großen" beginnt mit dem Durchmesser der Erde von 12 756 000 Metern. Unsere Sonne hat einen Durchmesser von 1 400 000 000 Metern. Beim Abstand der Erde zur Sonne in Metern muss man eine Zahl mit 12 Stellen schreiben: 149 600 000 000 m.
Um große Zahlen übersichtlich zu schreiben, trennt man **Zehnerpotenzen** ab. In der **Zehnerpotenz-Schreibweise** verschiebt man das Komma um dieselbe Anzahl an Stellen nach links, mit der man den Exponenten erhöht hat:

$$87\,654{,}3 = 8{,}765\,43 \cdot 10^4$$

4 Stellen nach **links**

So kann man den Abstand Erde – Sonne mit $1{,}496 \cdot 10^{11}$ m übersichtlich darstellen. Die Angabe des Durchmessers unserer Galaxie, der Milchstraße ($\triangleright$ B 1), ist dann mit $9{,}3 \cdot 10^{20}$ m ebenfalls möglich.

Winzig klein

Die Reise in die „Welt des Kleinen" startet mit dem Durchmesser eines unserer Haare mit 0,000 04 bis 0,000 12 Metern. Eine rote Blutzelle in unserem Körper hat einen Durchmesser von 0,000 008 Metern. Bei einem Grippevirus in unserem Körper wird die Angabe des Durchmessers mit 0,000 000 1 m schon langsam unübersichtlich.

Sehr kleine Zahlen werden übersichtlich, wenn man in der Zehnerpotenz-Schreibweise negative Exponenten verwendet. Dabei verschiebt man das Komma nach rechts und verändert den Exponenten folgendermaßen:

0,000 023 4 = 2,34 · 10^{-5}

5 Stellen nach **rechts**

Jetzt kann man den Durchmesser des Grippevirus mit $1 \cdot 10^{-7}$ m (kurz: 10^{-7} m) übersichtlich angeben.
Der Durchmesser eines Wasserstoffatoms ist mit 10^{-10} m noch kleiner. Einzelne Atome lassen sich mit einem Rastertunnelmikroskop sogar sichtbar machen (▷ B 2).
Das Proton ist noch kleiner mit einem Durchmesser von $1,7 \cdot 10^{-15}$ m.

Mit der Zehnerpotenz-Schreibweise lassen sich sehr große und sehr kleine Zahlen übersichtlich darstellen.

10^{-1} Zehntel (d, Dezi)
└── 10^{-2} Hundertstel (c, Zenti)
└── 10^{-3} Tausendstel (m, Milli)
└── 10^{-6} Millionstel (µ, Mikro)
└── 10^{-9} Milliardstel (n, Nano)
10^{18} Trillion (E, Exa) └── 10^{-12} Billionstel (p, Pico)
└── 10^{15} Billiarde (P, Peta) └── 10^{-15} Billiardstel (f, Femto)
└── 10^{12} Billion (T, Tera) └── 10^{-18} Trillionstel (a, Atto)
└── 10^9 Milliarde (G, Giga)
└── 10^6 Million (M, Mega)
└── 10^3 Tausend (k, Kilo)
└── 10^2 Hundert (h, Hekto)
└── 10^1 Zehn (da, Deka)

3 Zu Aufgabe 6

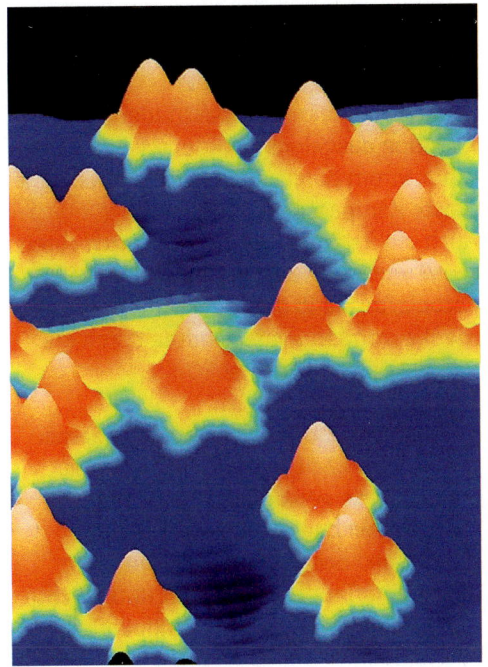

2 Winzig klein: Atome

AUFGABEN

1 ○ Nenne den Vorteil der Zehnerpotenz-Schreibweise.

2 ○ Beschreibe jeweils an einem Beispiel, wie sich mit der Zehnerpotenz-Schreibweise große und kleine Zahlen darstellen lassen.

3 ◒ Stelle den Durchmesser der Erde, der Sonne, eines menschlichen Haars und einer roten Blutzelle in der Zehnerpotenz-Schreibweise dar.

4 ◒ Die Masse der Erde beträgt $5,97 \cdot 10^{27}$ Gramm. Stelle diese Zahl ausgeschrieben dar, mit allen Nullen.

5 ◒ a) Recherchiere die Masse eines Elektrons, Protons und Neutrons.
◒ b) Erstelle mit deinen Ergebnissen eine Präsentation am Rechner (► S. 8/9).

6 ● In Bild 3 ist eine weitere Möglichkeit abgebildet, große und kleine Zahlen übersichtlich darzustellen: mit Vorsilben, z. B. k für Kilo. Stelle die im Text genannten Zahlen mithilfe der Vorsilben übersichtlich dar.

7 ● a) Schau dir noch einmal auf Seite 102 in Bild 2 das Modell eines Atoms an. Miss die verschiedenen Durchmesser. Beurteile, ob die Darstellung maßstabsgetreu ist.
● b) Beurteile, ob eine maßstabsgetreue Darstellung in diesem Fall wichtig ist.

1–2 Der riesige Teilchenbeschleuniger am CERN in der Schweiz

Woher wissen wir das eigentlich?

Genau beobachten

Wenn du die Natur beobachtest, dann kannst du eine Menge Informationen sammeln mit allen deinen Sinnen. Die Sonne, die ungeschützt vom Himmel scheint, bringt Wärme. Wenn sich Wolken vor die Sonne schieben, dämpft dieser „Schirm" die Zufuhr von Energie. Du spürst, dass es kühler ist. Du kannst aus dieser Erfahrung die Erkenntnis gewinnen, dass Wärmestrahlung abgeschirmt werden kann. Welchen Einfluss Licht auf Blüten haben kann, zeigt sich bei vielen Pflanzen nach Sonnenuntergang. Dass Pflanzen ohne Wasser nicht leben können, kannst du an verdorrten Pflanzen beobachten.
Noch viele Beispiele aus der Natur und unserer Umgebung lassen sich aufführen. Schon durch genaues Beobachten lassen sich Erkenntnisse gewinnen.

Das Experiment und der Zufall

Durch Experimentieren konnten Wissenschaftler in den letzten Jahrhunderten viele Erkenntnisse gewinnen. Das passierte bei gezieltem Experimentieren. Aber bei Phänomenen, die damals unbekannt waren, sind auch viele Entdeckungen durch Zufallsbeobachtungen gemacht worden. So entdeckte z. B. OERSTED die Grundlagen des Elektromagnetismus: Er beobachtete zufällig, dass eine Kompassnadel aus ihrer Richtung ausgelenkt wurde, als elektrischer Strom durch einen Leiter in der Nähe dieser Kompassnadel floss.
Auch die Radioaktivität wurde durch einen Zufall von HENRI BECQUEREL entdeckt: Eine Fotoplatte, die in der Nähe seiner Experimentiervorrichtung lag, wurde durch die Verpackung hindurch belichtet.

Die richtigen Schlussfolgerungen ziehen

Im Laufe der Zeit wurden immer mehr Erkenntnisse gewonnen, die auf Schlussfolgerungen beruhten. Der Physiker RUTHERFORD beschäftigte sich mit dem inneren Aufbau der Atome. Er untersuchte die Durchlässigkeit von Metallfolien. Dazu ließ er positiv geladene Teilchen auf eine sehr dünne Goldfolie treffen. Die meisten

Teilchen wurden aber gar nicht abgelenkt. Für diese Teilchen schien die Goldfolie gar nicht da zu sein. Dagegen wurden ganz wenige Teilchen ganz stark aus ihrer Bahn abgelenkt. Für diese Teilchen schien es, als wären sie auf einen harten Kern gestoßen. Daraus folgerte RUTHERFORD: Im Atom gibt es einen undurchdringlichen Kern. Dieser Kern muss winzig klein sein, weil er nur selten getroffen wurde.

Modelle

Für Sachverhalte in den Naturwissenschaften, die wir nicht sehen können, wurden Modelle entwickelt. Modelle, wie z.B. das Atom-Modell, versuchen, Beobachtungen zu erklären. Modelle in den Naturwissenschaften sind keine genauen Abbildungen eines Originals, sondern vereinfachte Vorstellungshilfen und Erklärungshilfen. Mithilfe von Modellen können auch Vorhersagen berechnet werden.

Bis zum Beweis des Gegenteils

Vorstellungen in den Naturwissenschaften gelten so lange als richtig, bis das Gegenteil bewiesen wird.
Ein einfaches Beispiel: Bis zum Mittelalter glaubten die Menschen, dass die Erde im Zentrum unseres Sonnensystems steht. Die Erfindung des Fernrohrs und genaueres Beobachten änderten diese Vorstellung. Dadurch kamen Wissenschaftler zu der Erkenntnis, dass die Sonne im Zentrum unseres Sonnensystems steht.

Moderne Forschungsanlagen

Immer modernere Technik und größere Labore können immer „tiefer in die Materie hineinschauen". Es gibt in der Schweiz ein Großforschungszentrum mit einem riesigen Teilchenbeschleuniger (CERN). Dort finden Versuche mit Teilchen statt, mit denen der Aufbau unserer Materie untersucht wird. Es bleibt spannend, ob dort ganz neue Erkenntnisse gewonnen werden. Möglicherweise müssten dann einige Seiten der Schulbücher neu geschrieben werden.

Erkenntnisse in den Naturwissenschaften werden durch Beobachten, Experimentieren, Schlussfolgern und Berechnen gewonnen.
Erkenntnisse gelten so lange als richtig, bis das Gegenteil bewiesen wird.

3 Genaueres Beobachten durch Fernrohre

AUFGABEN

1 ○ Nenne drei Beispiele, wie du schon durch Beobachten zu Erkenntnissen kommen kannst.

2 ○ Beschreibe, wozu Modelle entwickelt werden.

3 ◒ Du stehst an einem sonnigen Tag vor einer Hausecke und siehst am Boden das Schattenbild einer Person. Deine Schlussfolgerung lautet: „Da kommt jemand." Beschreibe, welche Erkenntnisse du miteinander kombiniert hast.

4 ◒ Oft finden Wissenschaftler heraus, dass eine bestimmte Vorgehensweise gerade nicht zum gewünschten Ziel führt. Begründe, warum auch dies eine wichtige Erkenntnis ist.

5 Modelle können die Wirklichkeit immer nur begrenzt darstellen.
● a) Begründe diese Aussage anhand eines Flugzeugmodells im Windkanal.
● b) Begründe, warum ein solches Modell dennoch brauchbar ist.

107

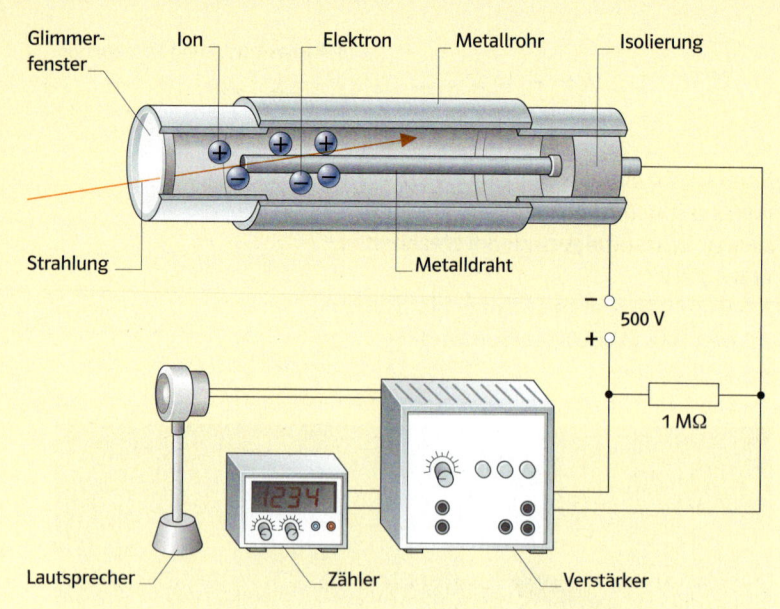

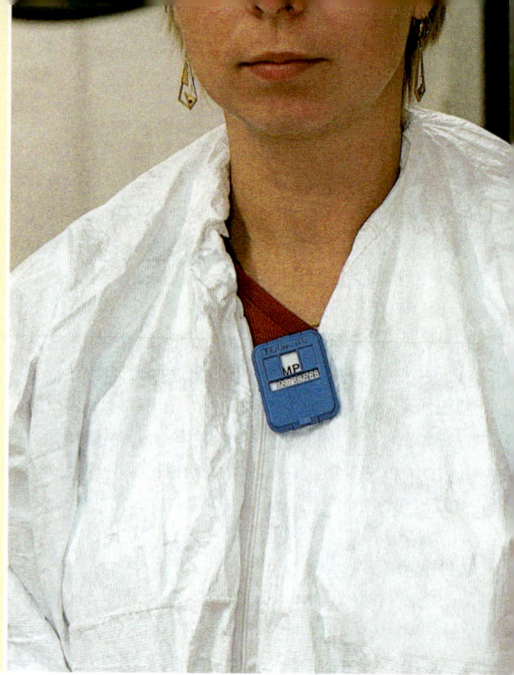

1 Funktionsprinzip des Geiger-Müller-Zählrohrs

2 Ein Filmdosimeter

Der Radioaktivität auf der Spur

Strahlung aus radioaktiven Quellen kann man nicht hören, nicht sehen und nicht fühlen. Ein Nachweis der Strahlung gelingt nur durch die Wirkungen, die sie verursacht.

Die Entdeckung der Radioaktivität

Der französische Physiker HENRI BECQUEREL (1852–1908) legte aus Versehen ein Stück Uransalz auf eine eingepackte Fotoplatte. Bei der Entwicklung der Fotoplatte zeigten sich die Umrisse des Uransalz-Stücks. Die Fotoplatte war durch eine unsichtbare Strahlung belichtet worden, die durch die Verpackung hindurchging. HENRI BECQUEREL hatte eine neue Strahlung entdeckt, die **radioaktive Strahlung**.

Auch heute nutzt man diese Wirkung z.B. bei **Filmdosimetern** (▷ B 2). Die Strahlung durchdringt das Gehäuse und belichtet ein Stück Film. Wenn der Film entwickelt wird, dann kann man erkennen, ob die Person radioaktiver Strahlung ausgesetzt war. Dies ist wichtig für Berufe, in denen radioaktive Strahlung auftreten kann.

Ionisation

In Bild 4 steht ein Radium-Präparat zwischen zwei Metallplatten, die unterschiedlich (positiv und negativ) geladen sind. Die Strahlung des Radiums trifft auf Luftmoleküle und löst Elektronen aus ihnen heraus. Es entstehen positiv geladene Ionen und frei bewegliche Elektronen. Diesen Vorgang nennt man **Ionisation**. Man sagt: Die Luft wird ionisiert. Man spricht daher auch von **ionisierender Strahlung**.

Die negativ geladenen, frei beweglichen Elektronen werden zur positiv geladenen Metallplatte hin beschleunigt. Sie stoßen auf ihrem Weg mit anderen Atomen zusammen, aus denen sie weitere Elektronen herauslösen. Dieser Vorgang heißt **Stoßionisation**. Der Rückgang des Zeigerausschlags am Elektroskop zeigt an, dass sich die Metallplatten entladen. Ursache ist die ionisierende Strahlung.

Das Geiger-Müller-Zählrohr

HANS GEIGER (1882–1945) und WALTHER MÜLLER (1905–1979) entwickelten ein Gerät zum Nachweis radioaktiver Strahlung.

Nach den beiden Erfindern heißt es **Geiger-Müller-Zählrohr**. Häufig nennt man es auch kurz **Geigerzähler**.

Die Funktion des Geiger-Müller-Zählrohrs

Der wichtigste Teil des Geiger-Müller-Zählrohrs ist ein Metallrohr (▷ B 1), das mit Edelgas gefüllt ist. Vorne ist es durch ein Glimmerfenster (eine dünne Folie) verschlossen. Das Glimmerfenster ist so dünn, dass die radioaktive Strahlung nahezu ungehindert hindurch kann. In der Mitte des Rohrs befindet sich ein Metalldraht, der mit dem positiven Pol einer Spannungsquelle verbunden ist. Zwischen Rohr und Draht besteht eine Spannung von 500 V.

Dringt Strahlung durch das Glimmerfenster in das Rohr, wird das Gas ionisiert: Elektronen werden aus den Edelgasatomen herausgelöst. Diese Elektronen werden zum positiv geladenen Metalldraht hin beschleunigt. Auf ihrem Weg erzeugen sie durch Stoßionisation neue freie Elektronen, die dann wiederum weitere Atome ionisieren. Die so ausgelöste Elektronenlawine erzeugt einen kurzen Stromstoß. Dieser Stromstoß wird verstärkt und erzeugt in einem Lautsprecher ein akustisches Signal: Du hörst ein Knacken. Je mehr dieser Impulse (Knackgeräusche) du in einer bestimmten Zeit hörst, desto mehr radioaktive Strahlung ist vorhanden. Gleichzeitig kannst du einen Zähler anschließen, der die Anzahl der Knackgeräusche anzeigt.

Strahlung aus radioaktiven Quellen schwärzt Filme.
Ionisierende Strahlung kann freie Elektronen erzeugen.
Mit dem Geiger-Müller-Zählrohr kann man die Stärke der Strahlung bestimmen.

AUFGABEN

1 ○ Nenne mindestens zwei Verfahren zum Nachweis radioaktiver Strahlung.

2 ○ Mit verschiedenen Hilfsmitteln kann man die Stärke einer radioaktiven Strahlung nachweisen. Beschreibe zwei Möglichkeiten.

3 ◒ Beschreibe, wie ein Filmdosimeter funktioniert.

4 ◒ Erkläre den Vorgang der Stoßionisation.

5 ● Erkundige dich und begründe, warum man zur Füllung des Geiger-Müller-Zählrohrs ein Edelgas benutzt.

6 ● Recherchiere, bei welchen Berufen regelmäßig Messungen der Radioaktivität vorgenommen werden. Fertige dazu ein Poster an und stelle die Ergebnisse deiner Klasse vor.

3 Zeichen für Radioaktivität

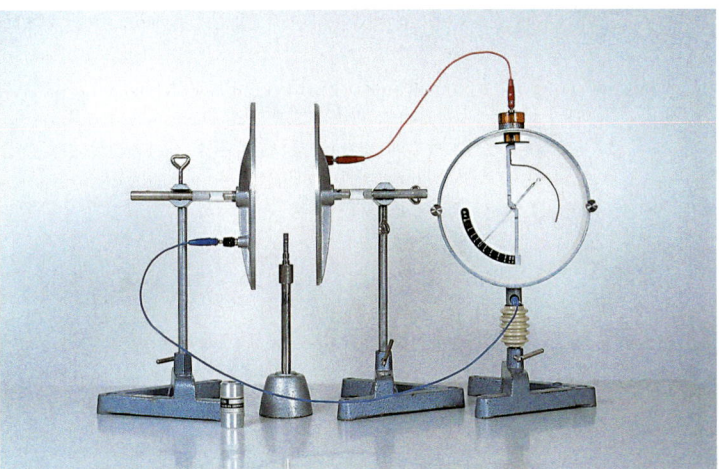

4 Stoßionisation

Ionisierende Strahlung ist überall

Strahlung in der Schule?

Ein Geigerzähler registriert im Klassenraum auch dann eine schwache Strahlung, selbst wenn sich kein radioaktives Präparat in der Nähe befindet. Diese Strahlung bezeichnet man als **Umgebungsstrahlung**.

Kosmische Strahlung

Ein Teil der Umgebungsstrahlung kommt aus dem Weltraum. Man spricht von **kosmischer Strahlung**.

Trifft die kosmische Strahlung auf die Lufthülle der Erde, so wird die Strahlung abgeschwächt. Nur ein Teil gelangt bis zur Erdoberfläche.

Bei einem Flug in größerer Höhe sind Passagiere und Besatzungsmitglieder einer deutlich stärkeren Strahlung ausgesetzt.

Terrestrische Strahlung

Der größere Teil der Umgebungsstrahlung kommt von natürlichen radioaktiven Stoffen, die im Erdboden vorhanden sind. Man spricht von **terrestrischer Strahlung**.

Der Gehalt an radioaktiven Stoffen hängt dabei stark von der Bodenart ab. Im Schwarzwald gibt es z. B. Gesteinsböden mit hohen Anteilen an Uran und Radium. Dort ist die Strahlung höher als z. B. auf dem kalkreichen Boden des Alpenvorlands (▷ B 1).

Bestimmte Gesteine und Baustoffe geben mehr radioaktive Strahlung ab als andere. Überdurchschnittlich hohe Strahlung wird angezeigt, wenn Materialien wie Granit, Gips, Schlacken und Bimsstein in Mauern oder Straßen verarbeitet sind. Bei der Benutzung von Holz, Ziegelsteinen oder Beton als Baustoffe ist die radioaktive Strahlenbelastung dagegen nur gering.

Kosmische und terrestrische Strahlung nennt man Umgebungsstrahlung.

AUFGABEN

1 ○ Gib an, woher die kosmische Strahlung kommt.

2 ◖ Erkläre, woher die Umgebungsstrahlung kommt.

3 ● Finde mit Bild 1 heraus, in welchen Gebieten Deutschlands die radioaktive Belastung besonders hoch ist. Begründe, warum das so ist. Benutze dazu auch deinen Atlas.

1 Radioaktive Belastung durch Umgebungsstrahlung

niedrig   erhöht

100 km

Radioaktivität wird gemessen

1 Versuchsmaterialien

3 Glühstrumpf

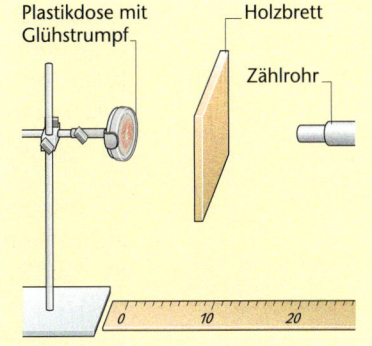

4 Abschirmung

Material

Glühstrumpf **in Verpackung oder Plastikdose (!)**, Zählrohr mit hoher Empfindlichkeit, Messstab (100 cm), Stoppuhr, Zähler, Schreibblock (100 Blatt), dünne Aluminiumplatte, Holzbrettchen, kleine Glasscheibe

Versuchsanleitung

a) Bringe den Glühstrumpf **in seiner Verpackung oder in einer Plastikdose (!)** 20 cm vor dem Zählrohr an (▷ B 2).

b) Zähle die Impulse pro Minute.

c) Wiederhole die Messung mindestens einmal zur Kontrolle und notiere dein Ergebnis.

d) Wiederhole den Versuch und verändere dabei die Entfernung zwischen Zählrohr und Glühstrumpf (5 cm, 10 cm, 15 cm, 25 cm und 30 cm). Notiere die Messergebnisse.

e) Stelle die Messergebnisse grafisch dar. Bild 5 zeigt ein mögliches

Koordinatensystem. Formuliere das Ergebnis.

f) Beachte bei den folgenden Messungen, dass der Abstand zwischen Glühstrumpf und Zählrohr immer gleich bleibt.

Auch die Messzeit muss bei allen Versuchen immer gleich sein.

Miss jeweils die Anzahl der Impulse und notiere dein Ergebnis.

Halte dazu wie in Bild 4 die folgenden Gegenstände zwischen den Glühstrumpf und das Zählrohr: ein einzelnes Blatt Papier, 100 Blatt Papier, eine dünne Aluminiumplatte, ein Holzbrettchen und eine Glasscheibe.

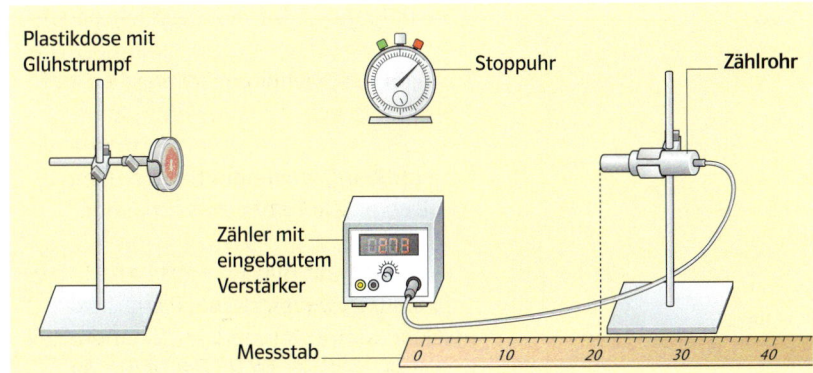

2 Versuchsaufbau

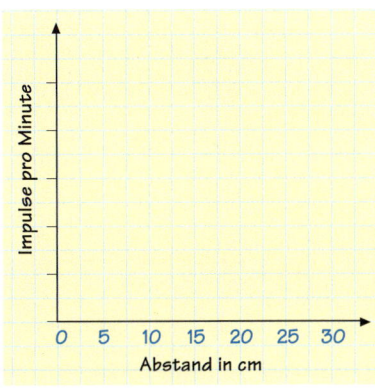

5 Koordinatensystem

Drei Arten von Strahlung

Der Ursprung der Strahlung

Einige Elemente sind nicht stabil. Sie sind radioaktiv: Ihre Atomkerne wandeln sich ohne äußeren Einfluss in andere Atomkerne um.

Dabei geben sie Strahlung ab. Man unterscheidet drei Arten von Strahlung.

α-Strahlung

α-**Strahlung** besteht aus Teilchen, die den Kern mit großer Geschwindigkeit verlassen (▷ B 2).

Ein α-**Teilchen** besteht aus zwei Protonen und zwei Neutronen. Da auch der Kern eines Heliumatoms aus zwei Protonen und zwei Neutronen besteht, kann man sagen: α-Strahlung besteht aus Heliumkernen.

α-Teilchen sind zweifach positiv geladen. Ihre Reichweite in Luft beträgt nur wenige Zentimeter und schon ein Blatt Papier kann sie aufhalten (▷ B 1).

β-Strahlung

Auch β-**Strahlung** besteht aus Teilchen, die den Kern mit großer Geschwindigkeit verlassen (▷ B 3).

β-**Teilchen** sind Elektronen. Das überrascht erst einmal, denn bisher war von Elektronen nur im Zusammenhang mit der Atomhülle die Rede. Es ist jedoch möglich, dass sich im Kern eines radioaktiven Atoms ein Neutron in ein Proton und ein Elektron umwandelt.

β-Teilchen haben eine sehr kleine Masse. Im Vergleich mit α-Teilchen erreichen sie eine höhere Geschwindigkeit. Dadurch haben sie eine größere Reichweite: In Luft reichen sie mehrere Meter weit. Zur Abschirmung von β-Strahlung muss man mindestens 100 Blatt Papier oder ein 4 – 5 mm dickes Aluminiumblech benutzen (▷ B 1).

γ-Strahlung

γ-**Strahlung** besteht nicht aus Teilchen. Es handelt sich um eine elektromagnetische Strahlung, ähnlich dem Licht.

γ-Strahlung tritt meist in Verbindung mit α- und β-Strahlung auf. Bei der Umwandlung radioaktiver Elemente wird Energie frei. Ein Teil der Energie steckt in der γ-Strahlung.

γ-Strahlung ist elektrisch neutral. Ihre Reichweite beträgt mehrere Kilometer. Sie kann nur durch dicke Blei- oder Betonschichten abgeschirmt werden (▷ B 1).

Bezeichnung	α	β	γ
Art der Strahlung	Heliumkerne (Teilchen)	Elektronen (Teilchen)	energiereiche elektromagnetische Wellen
Ladung	zweifach positiv	einfach negativ	neutral
Abschirmung	– wenige Zentimeter Luftschicht (je nach Strahler) – 1 Blatt Papier	– mehrere Meter Luftschicht (je nach Strahler) – 100 Blatt Papier – 4–5 mm dickes Aluminiumblech	– meterdicke Betonwände – dicke Bleiwände

1 Die drei Strahlungsarten im Vergleich

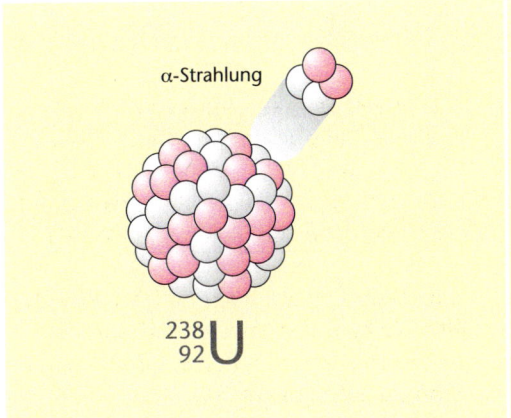

2 α -Strahlung

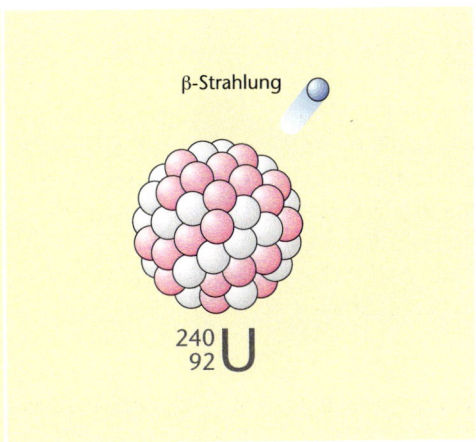

3 β-Strahlung

Radioaktiver Zerfall

Was geschieht mit dem Atomkern, wenn er α- oder β-Strahlung abgibt? Der Kern gibt entweder einen Heliumkern oder ein Elektron ab. Dies wird als **radioaktiver Zerfall** oder **Kernzerfall** bezeichnet. In beiden Fällen ändert sich die Anzahl der Protonen im Kern. Das bedeutet, dass der Atomkern eines anderen Elements entsteht.
(► Struktur der Materie, S.174/175)

α-Zerfall

Sendet ein Uran-238-Atomkern ein α-Teilchen aus, so bleiben von den ursprünglich 92 Protonen nur noch 90 übrig. Ein Kern mit 90 Protonen gehört zum Element Thorium (▷ B 4). Von den insgesamt 238 Kern-Teilchen haben vier den Kern verlassen. Es bleiben dann noch 234 Kern-Teilchen übrig.

β-Zerfall

Thorium-234 mit 90 Protonen ist ein β-Strahler. Im Kern wandelt sich ein Neutron in ein Proton und ein Elektron um. Das Elektron verlässt den Kern. Der neue Kern hat nun ein zusätzliches Proton, also ingesamt 91 Protonen. Ein Kern mit 91 Protonen gehört zum Element Protactinium (▷ B 4).

α-Strahlung besteht aus Heliumkernen, d.h. aus zwei Protonen und zwei Neutronen.

β-Strahlung besteht aus schnellen Elektronen, die bei der Umwandlung eines Neutrons in ein Proton und ein Elektron entstehen.
Bei γ-Strahlung handelt es sich um elektromagnetische Strahlung.

AUFGABEN

1   ○ Zähle auf, welche Arten radioaktiver Strahlung es gibt.

2   ○ Beschreibe, was geschieht, wenn ein Atomkern α-Strahlung abgibt.

3   ◒ a) Beschreibe, wie man α-Strahlung abschirmen kann.
    ◒ b) Beschreibe, wie man β-Strahlung abschirmen kann. Vergleiche mit Teil a.

4   ◒ Diskutiert, welche Strahlungsart ihr für die gefährlichste haltet.

5   ● Erstelle aus der Tabelle in Bild 1 ein Quiz. Du darfst auch Antwortmöglichkeiten vorgeben.

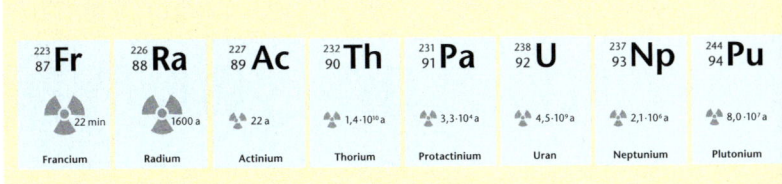

4 Beispiele für radioaktive Elemente

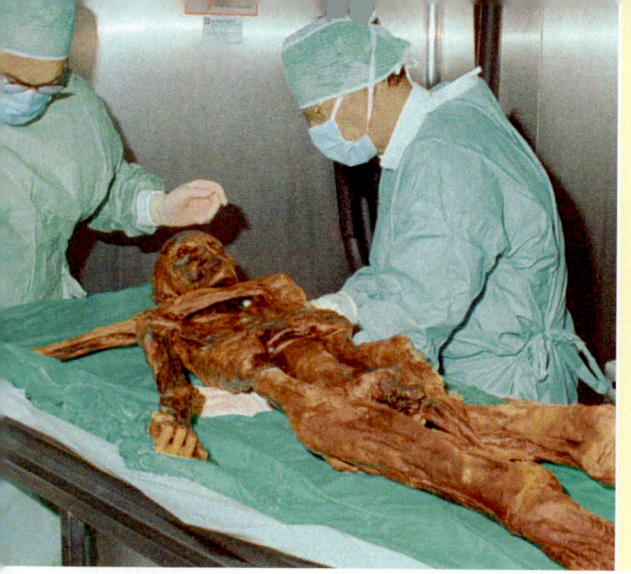

1 Mit der C-14-Methode können Wissenschaftler das Alter von mumifizierten Toten bestimmen.

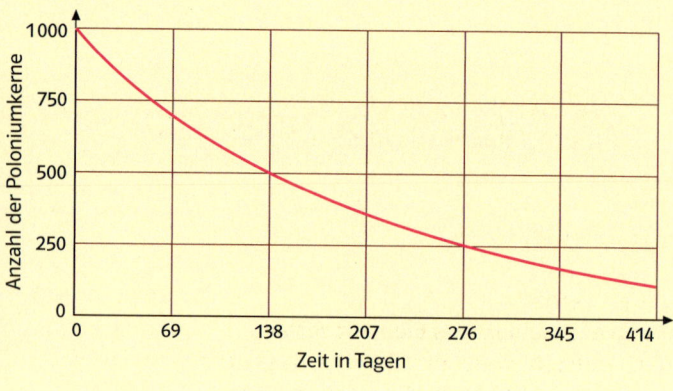

2 Zerfallskurve von Polonium

Halbwertszeit und Zerfallsreihen

Von der Hälfte die Hälfte

Im Jahr 1898 entdeckte die Physikerin MARIE CURIE (1867 – 1934) zusammen mit ihrem Ehemann PIERRE CURIE (1859 – 1906) das radioaktive Element Polonium. Das Isotop Polonium-210 kommt in der Natur am häufigsten vor. Bei der Untersuchung dieses Isotops stellten die CURIES fest, dass nach 138 Tagen die Hälfte des Poloniums zerfallen war.

Man könnte annehmen, dass nach weiteren 138 Tagen das gesamte Polonium zerfallen wäre. Die Messungen zeigten aber ein anderes Ergebnis: Nach jeweils 138 Tagen zerfällt nur die Hälfte des noch vorhandenen Poloniums. Nach insgesamt 276 Tagen (2 · 138 Tage) ist also noch ein Viertel des ursprünglichen Poloniums vorhanden. Dieser Prozess setzt sich so fort (▷ B 2).

Aus diesen Messungen wurde eine Gesetzmäßigkeit abgeleitet: In gleichen Zeitspannen zerfällt die Hälfte der Atomkerne eines radioaktiven Elements. Eine solche Zeitspanne nennt man **Halbwertszeit**. Sie ist für verschiedene Elemente und für deren Isotope unterschiedlich lang (▷ B 5).

Altersbestimmung mit Radioaktivität

Lebewesen nehmen über Luft und Nahrung ständig radioaktiven Kohlenstoff C-14 auf. Nach dem Tod wird kein Kohlenstoff mehr aufgenommen. Ab diesem Zeitpunkt verringert sich durch radioaktiven Zerfall die Anzahl der C-14-Atome. Die Halbwertszeit beträgt 5730 Jahre. Das bedeutet: Nach 5730 Jahren ist nur noch die Hälfte der C-14-Atome vorhanden. Mithilfe der **C-14-Methode** kann das Alter von organischen Stoffen bestimmt werden (▷ B 1).

$${}^{238}_{92}\text{U} \xrightarrow{\alpha} {}^{234}_{90}\text{Th} \xrightarrow{\beta} {}^{234}_{91}\text{Pa} \xrightarrow{\beta} {}^{234}_{92}\text{U} \xrightarrow{\alpha} {}^{230}_{90}\text{Th} \xrightarrow{\alpha} {}^{226}_{88}\text{Ra} \xrightarrow{\alpha} {}^{222}_{86}\text{Rn} \xrightarrow{\alpha}$$

3 Zerfallsreihe von U-238

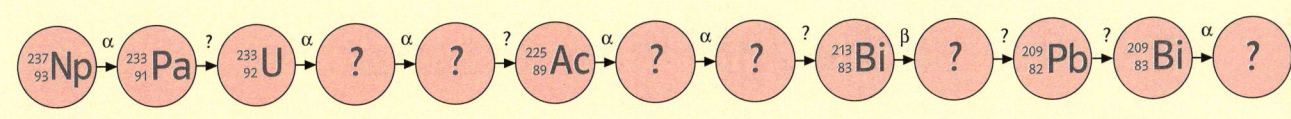

4 Zu Aufgabe 3

Zerfallsreihen

Wenn ein radioaktives Element zerfällt, dann entsteht meist ein Element, das auch radioaktiv ist. Dieses zerfällt erneut usw. Man erhält eine **Zerfallsreihe**. An ihrem Ende entsteht ein Element, das nicht mehr radioaktiv ist.

Bild 3 zeigt die Zerfallsreihe für das Uran-Isotop $^{238}_{92}$U. Ein Urankern sendet ein α-Teilchen aus. Es entsteht Thorium $^{234}_{90}$Th. Thorium ist ein β-Strahler. Dabei wandelt sich ein Neutron in ein Proton und ein Elektron um. Aus Thorium entsteht so Protactinium $^{234}_{91}$Pa. Der Zerfall setzt sich fort. Am Ende der Reihe steht Blei $^{206}_{82}$Pb. Dieses Blei-Isotop ist nicht radioaktiv, sondern stabil.

Man kennt vier Zerfallsreihen: Th-232, U-235, U-238 und Np-237. Die Np-237-Zerfallsreihe endet als einzige nicht bei Blei, sondern bei Thallium (Tl-205). (▶ Struktur der Materie, S.174/175)

Radioaktives Isotop	Halbwertszeit
Polonium-214	0,000 164 Sekunden
Radon 222	3,824 Tage
Radium-226	$1,6 \cdot 10^3$ Jahre
Uran-238	$4,5 \cdot 10^9$ Jahre

5 Beispiele für Halbwertszeiten

Die Zeitspanne, in der jeweils die Hälfte der Atomkerne eines radioaktiven Elements zerfällt, nennt man Halbwertszeit.

AUFGABEN

1 ○ Beschreibe, welche Information die Halbwertszeit über ein radioaktives Element gibt.

2 ○ Ermittle aus Bild 2 die Anzahl der Poloniumkerne nach 138, 276 und 414 Tagen. Notiere dies in einer Tabelle.

3 ◖ a) Beschreibe den Verlauf der Zerfallskurve von Polonium (▷ B 2).
◖ b) Jan schaut sich den Wert nach 138 Tagen an. Er überlegt sich, dass nach 276 Tagen gar kein Polonium mehr übrig ist. Beschreibe, welchen Denkfehler Jan gemacht hat.

4 ◖ Zeichne die Zerfallsreihe aus Bild 4 ab und vervollständige die Lücken. Nutze das Periodensystem im Anhang.

5 ◖ Begründe, welchen Vorteil die lange Halbwertszeit von C-14 hat.

6 ● Eine radioaktive Versuchsprobe enthält 24 000 000 Atome. Berechne, wie viele Atome nach drei Halbwertszeiten zerfallen sind.

7 ● Th-232 ist radioaktiv. Schreibe die Zerfallsreihe auf, wenn nacheinander α-, β-, β-, α-, α-, α-, α-, β-, α- und zuletzt β-Strahlung ausgesendet wird. Nutze das Periodensystem im Anhang.

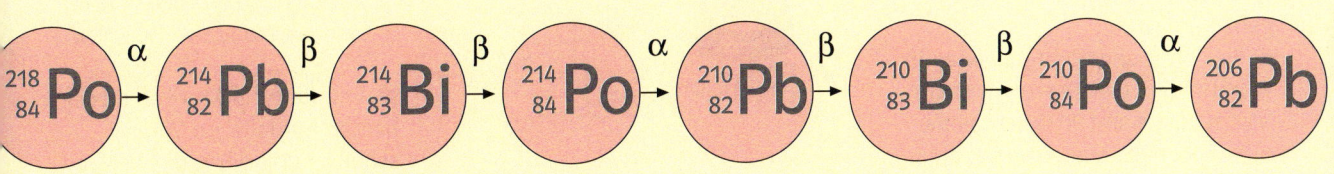

Modellversuche zur Halbwertszeit

1 Zu Versuch 1

Radioaktive Elemente haben eine Halbwertszeit. Die Halbwertszeit könnt ihr auch in Modellversuchen ermitteln.

Bearbeitet die folgenden Modellversuche in Gruppen.

1 Der Würfel-Versuch
Material
50 Würfel mit einem Behälter

Versuchsanleitung
a) Gebt die Würfel in einen geeigneten Behälter und schüttelt. Schüttet die Würfel anschließend aus dem Behälter heraus.
b) Entfernt alle Würfel, die eine 6 zeigen. Legt diese Würfel weg, ihr braucht sie nicht mehr.
c) Notiert, wie viele Würfel übriggeblieben sind.
d) Führt mit den übriggebliebenen Würfeln die Schritte a bis c durch. Macht insgesamt 10 Durchgänge.
e) Notiert eure Messwerte in einer geeigneten Tabelle.

f) Stellt die Messwerte in einem Diagramm dar.
g) Lest aus eurem Diagramm ab, nach wie vielen Durchgängen nur noch die Hälfte der ursprünglich 50 Würfel vorhanden ist.

2 Der Malzbierschaum-Versuch
Material
Malzbier, Messzylinder, Stoppuhr (oder Smartphone), Lineal

2 Zu Versuch 2

Versuchsanleitung
a) Füllt den Messzylinder mit dem Malzbier, bis sich die Schaumoberfläche am obersten Messstrich des Messzylinders befindet.
b) Messt unmittelbar nach dem Befüllen die Höhe der Schaumkrone (nur den Schaumanteil, nicht das Malzbier). Tragt den Wert in eine geeignete Tabelle ein.
c) Lest alle 15 Sekunden die Höhe der Schaumkrone ab, bis sie sich nicht mehr sichtbar verändert. Notiert eure Messwerte in der Tabelle.
d) Stellt mithilfe eines Computers die Messwerte in einem Diagramm grafisch dar.
e) Lasst den Computer eine Ausgleichkurve durch eure Messwerte zeichnen. Wählt dazu bei „Trendlinie" die Option „exponential" aus.
f) Lest aus eurem Diagramm ab, nach welcher Zeit die Schaumkrone nur noch halb so hoch ist.

AUFGABEN

1 ◒ Erklärt, was die beiden Modellversuche mit dem Thema „Halbwertszeit" zu tun haben.

2 Diskutiert in der Gruppe folgende Aussagen:
◒ a) „Die Messwerte liegen nicht genau auf der Kurve. Meine Messung war also falsch."
● b) „Ich habe die Messwerte mit einer Geraden verbunden."

3 ● Erläutert die Grenzen dieser beiden Modelle zur Veranschaulichung der radioaktiven Halbwertszeit.

Berechnungen zur Halbwertszeit

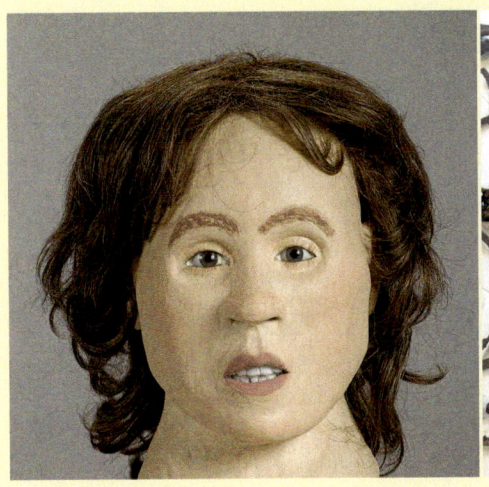 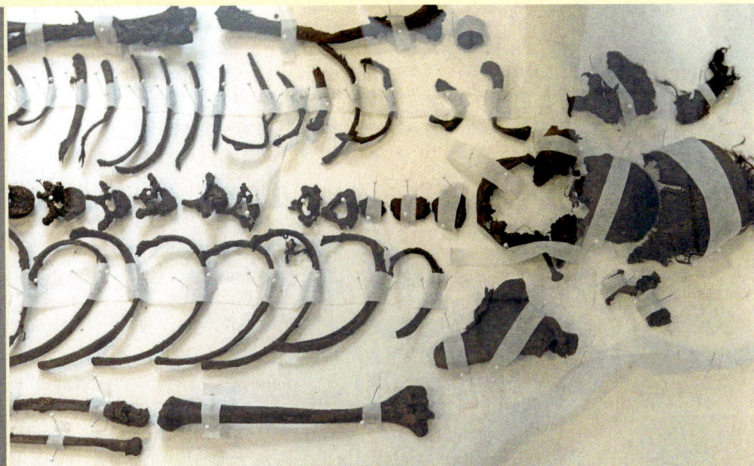

1–2 Moorleiche MOORA

MOORA – das Mädchen aus dem Moor

Im Jahr 2000 wurde in einem niedersächsischen Moor bei Uchte westlich des Steinhuder Meers die mumifizierte Leiche eines Mädchens entdeckt (▷ B 1, B 2). MOORA, nach ihrem Fundort benannt, wurde nach ihrer Bergung mithilfe der C-14-Methode (► S. 114/115) genauer untersucht. In ihren Knochen wurden 72,56 % des ursprünglichen C-14-Gehalts festgestellt. Das Alter der Leiche konnte so auf 2 650 Jahre berechnet werden (▷ B 3). MOORA ist damit der einzige weitgehend erhaltene menschliche Körper aus der frühen Eisenzeit, der je in Europa nördlich der Alpen gefunden wurde.

Gegeben:
Halbwertszeit in Jahren: HWZ = 5730
72,56 % = 0,7256 des Ursprungswerts noch vorhanden

Gesucht: Zeit t in Jahren

Lösung:

1. $\sqrt[HWZ]{0,5} = \sqrt[5730]{0,5} \approx 0,999879$

2. $t = \dfrac{\log_{10}(0,7256)}{\log_{10}(0,999879)}$

   $t \approx 2650$

Antwort: Moora hat vor rund 2650 Jahren gelebt.

3 Berechnung, wann MOORA gelebt hat

AUFGABEN

1. ⬤ Radioaktives Wismut-210 hat eine Halbwertszeit von 5 Tagen. Bestimme, wie viel von 20 g Wismut nach 15 Tagen noch vorhanden ist.

2. In den Knochen von ÖTZI, der 1991 entdeckten Leiche in den Ötztaler Alpen, wurden 53,35 % des ursprünglichen C-14-Gehalts festgestellt.
   ⬤ a) Schätze zunächst, vor wie vielen Jahren ÖTZI gelebt hat.
   ⬤ b) Berechne, vor wie vielen Jahren er etwa gelebt hat.

3. ⬤ Beurteile, ob sich mit der C-14-Methode auch das Alter von Dinosaurier-Funden bestimmen lässt.

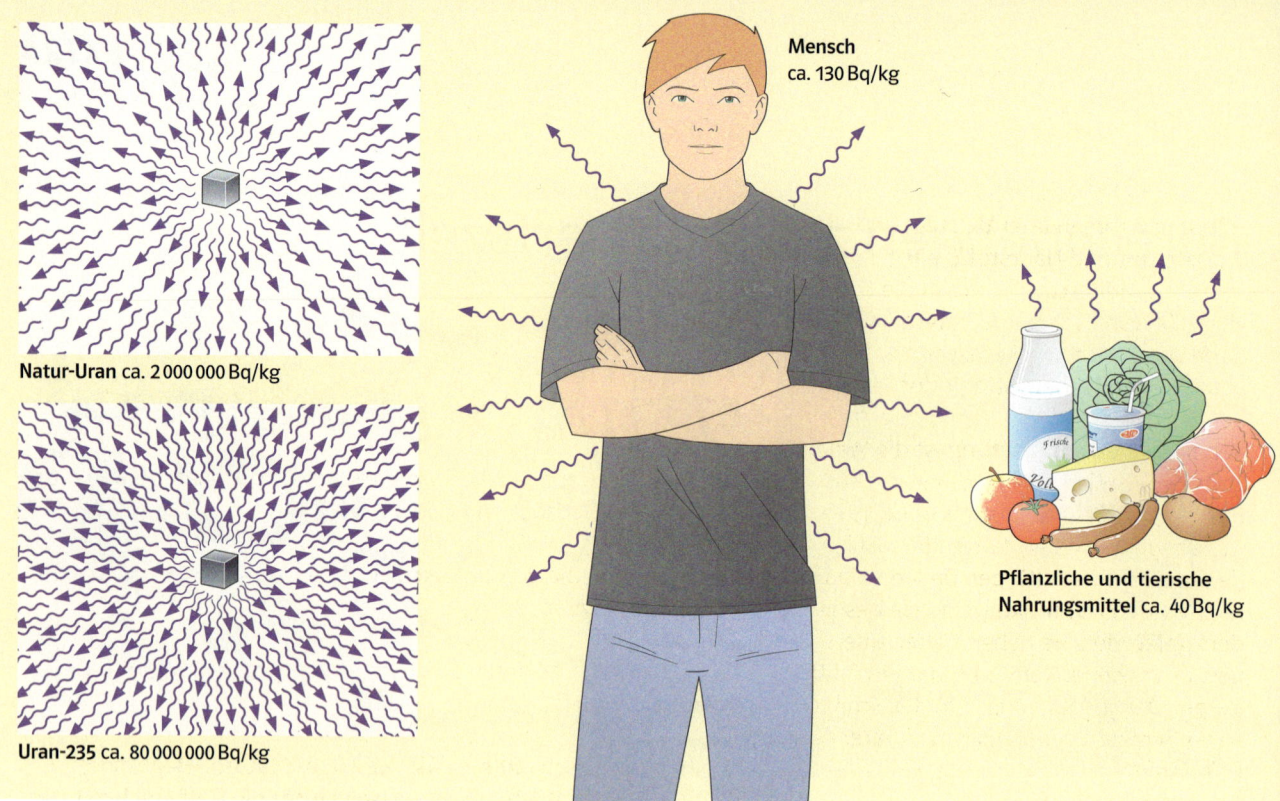

Natur-Uran ca. 2 000 000 Bq/kg

Uran-235 ca. 80 000 000 Bq/kg

Mensch ca. 130 Bq/kg

Pflanzliche und tierische Nahrungsmittel ca. 40 Bq/kg

1 Beispiele für spezifische Aktivitäten

Die Aktivität

Aktivität

Verschiedene radioaktive Strahlungsquellen geben unterschiedlich viel Strahlung ab.
Um die Strahlung vergleichen zu können, hat man die Größe **Aktivität** festgelegt. Die Aktivität gibt an, wie viele Kerne in einer bestimmten Zeit zerfallen. Sie wird berechnet als der Quotient aus der Anzahl der Kernumwandlungen und der gemessenen Zeit.

$$\text{Aktivität} = \frac{\text{Kernumwandlungen}}{\text{Zeit}}$$

Als Formelzeichen für die Aktivität wird A verwendet.
Zu Ehren des französischen Physikers HENRI BECQUEREL (1852 – 1908) ist die Einheit der Aktivität Becquerel (Bq). 1 Bq bedeutet einen Kernzerfall in einer Sekunde.

Spezifische Aktivität

Für die Gefährlichkeit eines Stoffes spielt es eine Rolle, ob ein ganzer Tanklastwagen oder nur eine Tasse eine Aktivität von 500 Bq aufweist. Damit du beurteilen kannst, wie gefährlich ein radioaktiver Stoff ist, musst du neben der Aktivität auch die Masse berücksichtigen.

Die **spezifische Aktivität** ist der Quotient aus der Aktivität eines radioaktiven Stoffes und seiner Masse.

$$\text{Spezifische Aktivität} = \frac{\text{Aktivität}}{\text{Masse}}$$

Die spezifische Aktivität hat das Formelzeichen a und die Einheit Becquerel pro Kilogramm (Bq/kg).
Bild 1 zeigt einige Beispiele für spezifische Aktivitäten.

Strahlende Lebensmittel

Pflanzen nehmen über Wurzeln und Blätter Wasser, Luft und Nährstoffe auf. So gelangen auch radioaktive Stoffe in die Pflanzen. Über die Nahrung werden diese Stoffe dann von Tieren und Menschen aufgenommen (▷ B 2). Deshalb strahlt der Mensch.

Von besonderer Bedeutung ist die Weide-Kuh-Mensch-Kette: Die Kuh nimmt beim Fressen von Gras radioaktives Iod-131 auf. Dieses Iod-131 gelangt über die Milch in den menschlichen Körper. Da Kleinkinder relativ viel Milch trinken, sind sie besonders gefährdet. Sie haben daher einen besonders hohen Iod-131-Gehalt in ihrem Körper. Das Jod lagert sich in der Schilddrüse ab. Schilddrüsenkrebs kann später die Folge sein.

Die Aktivität gibt an, wie viele Kerne in einer bestimmten Zeit umgewandelt werden.
Formelzeichen: A
Einheit: Becquerel (Bq)

Die spezifische Aktivität ist die Aktivität geteilt durch die Masse.
Formelzeichen: a
Einheit: Becquerel pro Kilogramm (Bq/kg)

AUFGABEN

1 ○ Gib in einer Tabelle Formelzeichen und Einheit der Aktivität und der spezifischen Aktivität an.

2 ○ Beschreibe den Unterschied zwischen Aktivität und spezifischer Aktivität.

3 ◐ Stelle die Werte in Bild 1 in der Zehnerpotenz-Schreibweise dar (► S. 104/105).

4 ◐ „Wildfleisch hat eine Aktivität von 2 000 Bq." Begründe, warum du mithilfe dieser Aussage nicht die Gefährlichkeit von Wildfleisch einschätzen kannst.

5 ● Ein Caesium-137-Präparat (10 g) hat die Aktivität A = 4 000 000 Bq. Berechne die spezifische Aktivität, wenn dieses Präparat in einer Tonne Wasser gelöst wird.

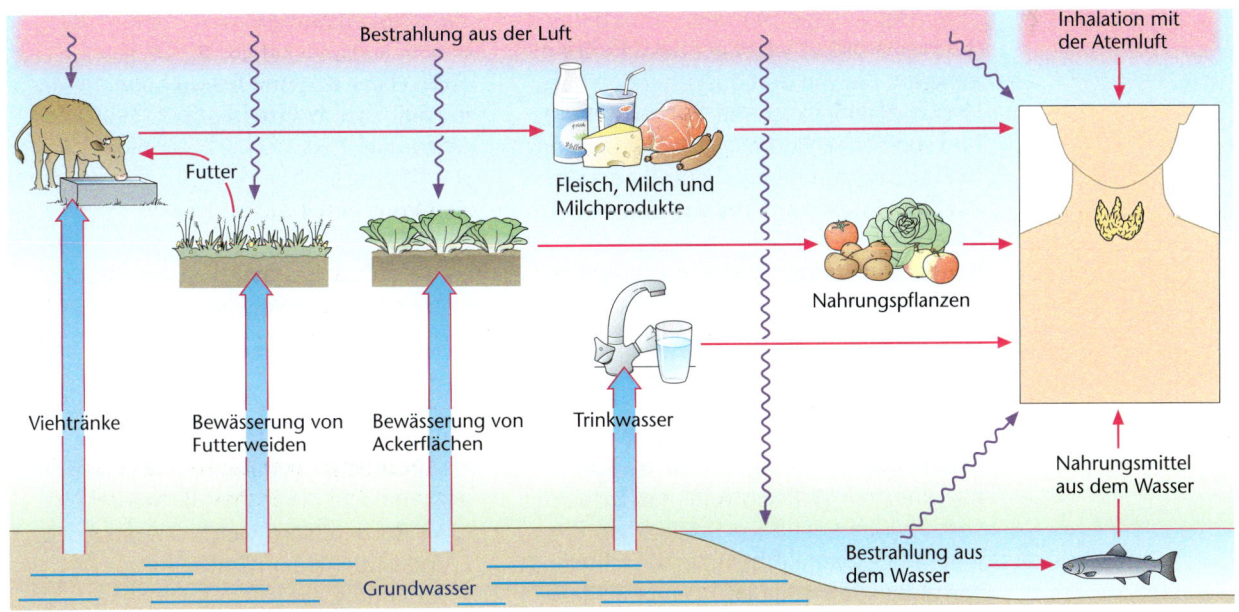

2 So gelangen radioaktive Stoffe in den menschlichen Körper.

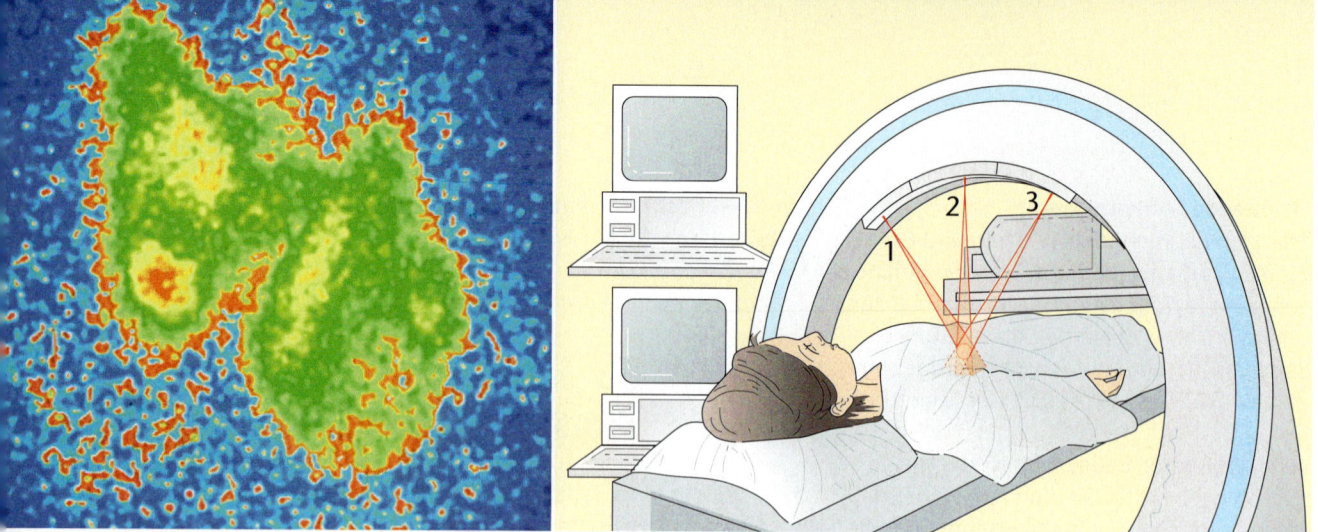

1 Szintigramm einer Schilddrüse 2 Bestrahlung eines Krebstumors

Radioaktivität in der Medizin

Strahlung aus radioaktiven Quellen findet in der Medizin bei Diagnostik und Therapie breite Anwendung.

Diagnostik

Ein Diagnoseverfahren in der Medizin ist die Szintigrafie. Diese Methode wird oft zur Untersuchung der Schilddrüse angewendet. Dazu wird dem Patienten radioaktives Iod mit geringer Halbwertszeit gegeben. Innerhalb weniger Stunden hat sich das Iod zum größten Teil in der Schilddrüse abgelagert. Die von dort ausgehende Strahlung wird aufgezeichnet. So entsteht ein Bild von der Schilddrüse, das Szintigramm (▷ B 1). Lage, Größe und Veränderungen der Schilddrüse kann man so erkennen.

Kampf dem Krebs

Krebs wird oft durch radioaktive Bestrahlung behandelt. Bei Tumoren in der Schilddrüse erfolgt dies ähnlich wie bei der Erstellung eine Szintigramms. Auch hier wird dem Patienten radioaktives Iod gegeben. Es sendet β-Strahlung aus, die im Körper nur eine geringe Reichweite hat. Es wirkt somit nur innerhalb der Schilddrüse. Die Bestrahlung von Krebstumoren ist auch von außen möglich. Bild 2 zeigt, wie krankes Gewebe im Körperinneren bestrahlt wird. Die Krebszellen sind gegenüber der Strahlung empfindlicher als gesunde Zellen. Man versucht bei der Bestrahlung, gesundes Gewebe zu schonen.

Sterilisation

Radioaktive Strahlung wird auch zur Sterilisation medizinischer Instrumente oder Verbandsmaterialien verwendet. Durch eine hohe Strahlendosis werden Bakterien und Viren abgetötet.

Radioaktive Strahlung wird in der Medizin zur Diagnostik, Therapie und Sterilisation angewendet.

AUFGABEN

1 ○ Nenne drei Anwendungen radioaktiver Strahlung in der Medizin.

2 ◗ Beschreibe Gemeinsamkeit und Unterschied zwischen Szintigrafie und Tumorbehandlung an der Schilddrüse.

3 ● Recherchiere, welches radioaktive Iod-Isotop einem Patienten zur Bekämpfung eines Tumors in der Schilddrüse gegeben wird.

Bestrahlen von Lebensmitteln

1 Bestrahlte Gewürze

2 Maschine zum Bestrahlen von Lebensmitteln

Bestrahlte Lebensmittel

In Frankreich kann eine Lebensmittelverpackung (z.B. eine Packung mit Geflügel) mit „traité par rayonnements" bedruckt sein. Diese Lebensmittel wurden bestrahlt. Die Bestrahlung kann z.B. mit γ-Strahlung erfolgen. Dabei werden die Lebensmittel selbst nicht radioaktiv.

Warum wird bestrahlt?

Mikroorganismen wie Schimmelpilze und Bakterien, z.B. Salmonellen in Fisch und Geflügelfleisch, werden durch Bestrahlung abgetötet. Bei Obst und Gemüse wird der Reifungsprozess verzögert. So können die Waren länger gelagert werden. Das kann aber zur Folge haben, dass die enthaltenen Vitamine schon abgebaut sind, bevor die Produkte zum Verbraucher kommen.

Schäden für den Verbraucher?

Über die schädliche Wirkung bestrahlter Lebensmittel gehen die Meinungen weit auseinander. Langzeitstudien über die Auswirkungen gibt es noch nicht.
In Deutschland ist die radioaktive Bestrahlung von Lebensmitteln gesetzlich sehr streng geregelt. Es dürfen nur getrocknete Kräuter und Gewürze bestrahlt werden (▷ B 1). In anderen Ländern ist es erlaubt,

Obst, Gemüse, Getreide oder Geflügelfleisch zu bestrahlen. In dieser Weise behandelte Lebensmittel dürfen jedoch nicht einfach nach Deutschland importiert werden.

3 Das Radura-Symbol zur Kennzeichnung bestrahlter Lebensmittel

AUFGABEN

1 ⊖ Beschreibe, welche Folgen das Bestrahlen von Lebensmitteln hat.

2 ● Begründe, warum α-Strahlung ungeeignet für die Lebensmittelbestrahlung ist.

3 ● Würdest du bestrahlte Lebensmittel zu dir nehmen? Nimm Stellung dazu.

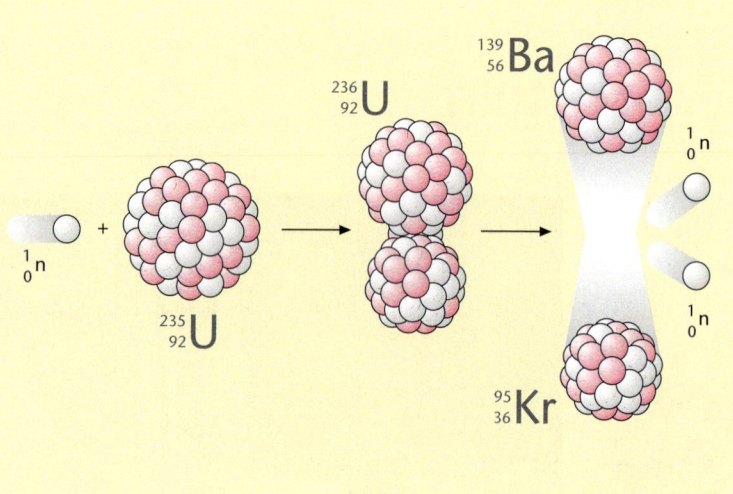

$$^{235}_{92}U + {}^{1}_{0}n \longrightarrow {}^{139}_{56}Ba + {}^{95}_{36}Kr + 2{}^{1}_{0}n$$

$$^{235}_{92}U + {}^{1}_{0}n \longrightarrow {}^{144}_{56}Ba + {}^{89}_{36}Kr + 3{}^{1}_{0}n$$

$$^{235}_{92}U + {}^{1}_{0}n \longrightarrow {}^{144}_{56}Ba + {}^{90}_{36}Kr + 2{}^{1}_{0}n$$

$$^{235}_{92}U + {}^{1}_{0}n \longrightarrow {}^{103}_{42}Mo + {}^{131}_{50}Sn + 2{}^{1}_{0}n$$

$$^{235}_{92}U + {}^{1}_{0}n \longrightarrow {}^{137}_{53}I + {}^{96}_{39}Y + 2{}^{1}_{0}n$$

$$^{235}_{92}U + {}^{1}_{0}n \longrightarrow {}^{137}_{55}Cs + {}^{96}_{37}Rb + 3{}^{1}_{0}n$$

$$^{235}_{92}U + {}^{1}_{0}n \longrightarrow {}^{85}_{34}Se + {}^{148}_{58}Ce + 3{}^{1}_{0}n$$

$$^{235}_{92}U + {}^{1}_{0}n \longrightarrow {}^{135}_{52}Te + {}^{98}_{40}Zr + 3{}^{1}_{0}n$$

$$^{235}_{92}U + {}^{1}_{0}n \longrightarrow {}^{133}_{51}Sb + {}^{101}_{41}Nb + 2{}^{1}_{0}n$$

$$^{235}_{92}U + {}^{1}_{0}n \longrightarrow {}^{129}_{51}Sb + {}^{104}_{41}Nb + 3{}^{1}_{0}n$$

1 Spaltung von Uran-235 in Barium und Krypton

2 Mögliche Kernspaltungen von U-235

Die Kernspaltung

Der Engländer JAMES CHADWICK (1891–1974) entdeckte im Jahr 1932 das Neutron. Bald erkannte der italienische Physiker ENRICO FERMI (1901–1954) den Nutzen der Neutronen zum Beschuss von Atomkernen. Da Neutronen elektrisch neutral sind, dringen sie leicht in Atomkerne ein. α-Teilchen dagegen werden wegen ihrer zweifach positiven Ladung vom ebenfalls positiv geladenen Atomkern abgestoßen. Sie sind deshalb als Beschussmaterial weniger geeignet.

Wissenschaftler begannen, Elemente, z. B. Uran, mit Neutronen zu beschießen. Bei einem solchen Beschuss kann es zu Kernumwandlungen (▷ B 4) kommen. Ein vom Urankern eingefangenes Neutron kann sich im Kern z. B. in ein Proton und ein Elektron umwandeln. Das Elektron verlässt den Kern. Es entsteht ein neues Element mit 93 Protonen, das schwerer ist als Uran. Es hat den Namen Neptunium.

Alle Elemente, deren Protonenzahl größer ist als 92, werden als Transurane bezeichnet (▷ B 3).

Die Kernspaltung

Die deutschen Wissenschaftler OTTO HAHN (1879–1968), LISE MEITNER (1878–1968) und FRITZ STRAßMANN (1902–1980) beschossen Urankerne mit Neutronen. Sie vermuteten, dass dadurch schwerere Atome entstehen müssten.

Zu ihrem großen Erstaunen fanden sie jedoch Elemente, deren Kerne leichter waren. Sie konnten Barium nachweisen. Barium hat nur 56 Protonen, ist also wesentlich leichter als Uran.
Kurze Zeit später fanden HAHN und STRAßMANN auch das zweite Bruchstück: Krypton. Der Urankern (92 Protonen) war in einen Bariumkern (56 Protonen) und einen Kryptonkern (36 Protonen) gespalten worden. (► Struktur der Materie, S. 174/175)

Spaltprodukte

Wird U-235 mit Neutronen beschossen, können verschiedene Spaltprodukte und zwei oder drei Neutronen entstehen (▷ B1, B2).

Gleichzeitig wird eine große Menge an Energie frei, und zwar in Form von Bewegungsenergie der Spaltprodukte und der Neutronen.

Bei der Spaltung von Urankernen wird mehr Energie frei, als zum Beschuss mit Neutronen aufgewendet werden muss.

Auf die Geschwindigkeit kommt es an

Uranisotope lassen sich mit Neutronen spalten. Dabei kommt es allerdings entscheidend auf die Geschwindigkeit der Neutronen an.

Uran	U	92
Neptunium	Np	93*
Plutonium	Pu	94
Americium	Am	95*
Curium	Cm	96*
Berkelium	Bk	97*
Californium	Cf	98*
Einsteinium	Es	99*
Fermium	Fm	100*
Mendelevium	Md	101*
Nobelium	No	102*
Lawrencium	Lr	103*
Rutherfordium	Rf	104*
Dubnium	Db	105*
Seaborgium	Sg	106*
Bohrium	Bh	107*
Hassium	Hs	108*
Meitnerium	Mt	109*

* Elemente, die ausschließlich künstlich erzeugt worden sind

3 Uran und einige Transurane

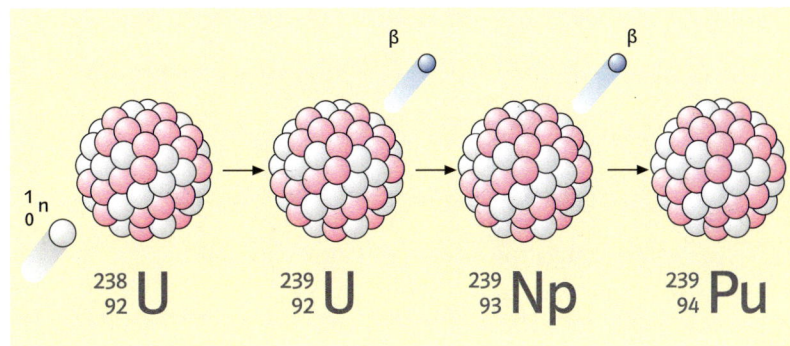

4 Kernumwandlungen

Zur Spaltung von U-235 sind langsame Neutronen besonders gut geeignet. Langsame Neutronen haben nämlich eine größere Wirkung auf den U-235-Atomkern und können ihn leichter spalten.

U-238 hingegen lässt sich nur schlecht spalten. Dagegen sind Kernumwandlungen wie in Bild 4 für U-238 wahrscheinlicher. Dies sind aber keine Kernspaltungen. (► Wechselwirkung, S.176/177)

Bei der Kernspaltung wird der Atomkern mit Neutronen beschossen. Es entstehen zwei neue Kerne. Neutronen und Energie werden frei.

AUFGABEN

1 ○ Beschreibe den Ablauf der Kernspaltung von U-235 in Bild 1.

2 ○ Schreibe drei Möglichkeiten der Spaltung von U-235 auf (▷ B2).

3 ◐ In Bild 1 ist keine Atomhülle dargestellt. Begründe, warum dies nicht nötig ist.

4 ◐ Beschreibe, was die Schreibweise $_0^1 n$ bedeutet.

5 ◐ Wenn U-235 in Kr und Ba gespalten wird, können zwei oder drei Neutronen frei werden. Erkläre dies mit Bild 2.

6 ● a) Recherchiere die Geschwindigkeiten langsamer und schneller Neutronen und gib diese in km/h an.
● b) Vergleiche die Geschwindigkeiten mit der Geschwindigkeit von Flugzeugen.

1 Domino-Modell

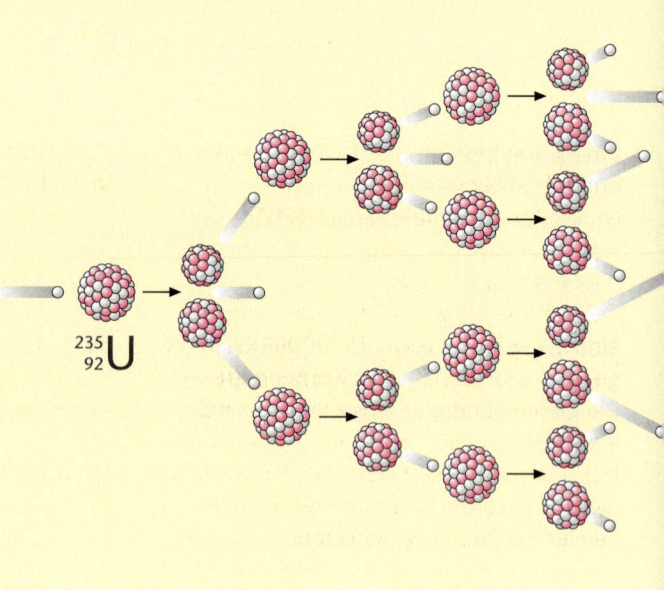

2 Unkontrollierte Kettenreaktion

Die Kettenreaktion

Wenn in Bild 1 der erste Dominostein kippt, fallen gleich zwei weitere um, dann vier, acht usw. Eine **Kettenreaktion** ist in Gang gekommen. Dieses Domino-Modell übertragen wir nun auf die Kernspaltung.

Unkontrollierte Kettenreaktion
Ein langsames Neutron spaltet einen U-235-Kern in zwei neue Kerne. Zwei oder drei Neutronen werden dabei frei. Diese können wieder zwei oder drei andere U-235-Kerne spalten (▷ B 2). Es werden

jetzt mehr Neutronen frei. Die Zahl der Spaltungen wächst sehr schnell an. Es ist eine Kettenreaktion in Gang gekommen. Riesige Energiemengen werden frei. **Unkontrollierte Kettenreaktionen** laufen in Nuklearwaffen ab.

Kritische Masse
Neutronen, die bei der Uranspaltung frei werden, können das Material auch durch die Oberfläche verlassen. Sie verursachen somit keine weiteren Spaltungen. Wenn zu viele Neutronen aus dem Uranblock austreten, gibt es keine Kettenreaktion. Das hängt von der Masse und der Form des Uranblocks ab. Die Mindestmasse, ab der eine Kettenreaktion zustande kommt, heißt **kritische Masse**. Sie beträgt bei U-235 ca. 50 kg. Das entspricht einer Kugel mit einem Durchmesser von etwa 17 cm.

Kontrollierte Kettenreaktion
Für eine Kernspaltung wird nur ein Neutron benötigt. Wenn man die Kettenreaktion kontrollieren will, müssen so viele frei werdende Neutronen eingefangen werden,

3 Kontrollierte Kettenreaktion

dass keine unkontrollierte Kettenreaktion entstehen kann (▷ B 3).
(► Struktur der Materie, S. 174/175)

Freigesetzte Energie

Bei der Spaltung von 1 kg Uran-235 wird eine Energie von etwa 23 000 000 kWh freigesetzt. Man spricht von **Kernenergie**. Die gleiche Energiemenge wird frei bei der Verbrennung von 2 600 t Steinkohle, 6 400 t Holz oder 2 200 000 l Heizöl (▷ B 4). Mit dieser Energie kann man 1000 Einfamilienhäuser ein Jahr lang beheizen.

Keine Kettenreaktion im Natur-Uran

Zunächst muss ein Neutron für die erste Spaltung vorhanden sein. Es kann der Höhenstrahlung entstammen oder der Spontanspaltung eines Urankerns, die sehr selten ist. Das Neutron muss jedoch die richtige Geschwindigkeit haben, um U-235 spalten zu können. Allerdings ist die Geschwindigkeit meistens zu hoch. U-238-Kerne können freie Neutronen absorbieren, bevor diese einen U-235-Kern spalten können. Im Natur-Uran kommen auf ein U-235-Atom etwa 142 U-238-Kerne. Darum ist die Wahrscheinlichkeit sehr gering, dass ein Neutron auf einen U-235-

Kern trifft. Aus diesen Gründen kommt es im Natur-Uran zu keiner Kettenreaktion.

Neutronen, die bei der Spaltung von Urankernen frei werden, spalten weitere Urankerne. Es entsteht eine unkontrollierte Kettenreaktion. Man kann eine Kettenreaktion kontrollieren, indem man einen Teil der Neutronen einfängt.

AUFGABEN

1 ○ Gib wieder, was man unter einer Kettenreaktion versteht.

2 ○ Beschreibe, was man unter der kritischen Masse versteht.

3 ○ Gib an, ob in einer Nuklearwaffe eine kontrollierte oder unkontrollierte Kettenreaktion abläuft.

4 ◖ Beschreibe die unkontrollierte Kettenreaktion in Bild 2.

5 ◖ Beschreibe Gemeinsamkeiten und Unterschiede zwischen unkontrollierter und kontrollierter Kettenreaktion.

6 ● a) Plane einen Modellversuch mit Dominosteinen zum Thema „Kettenreaktion" und führe ihn durch.
● b) Stelle eine kontrollierte und eine unkontrollierte Kettenreaktion grafisch dar. Benutze hierbei das Domino-Modell (▷ B 1) aus der Vogelperspektive.

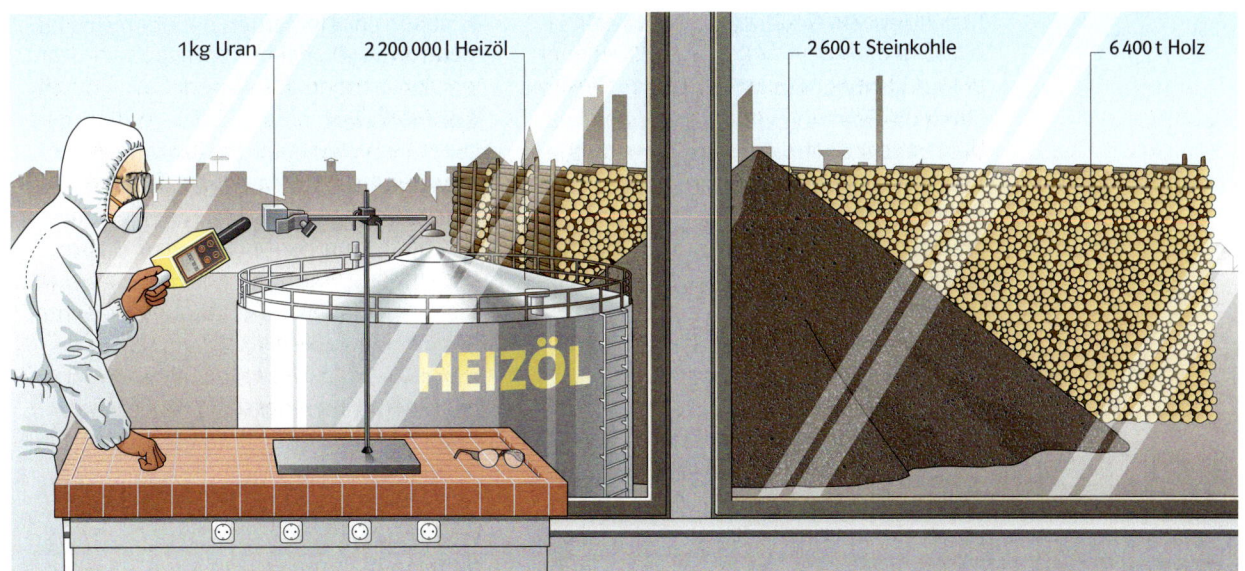

4 Um auf die Energie zu kommen, die bei der Spaltung von 1 kg U-235 frei wird, benötigt man große Mengen konventioneller Brennstoffe.

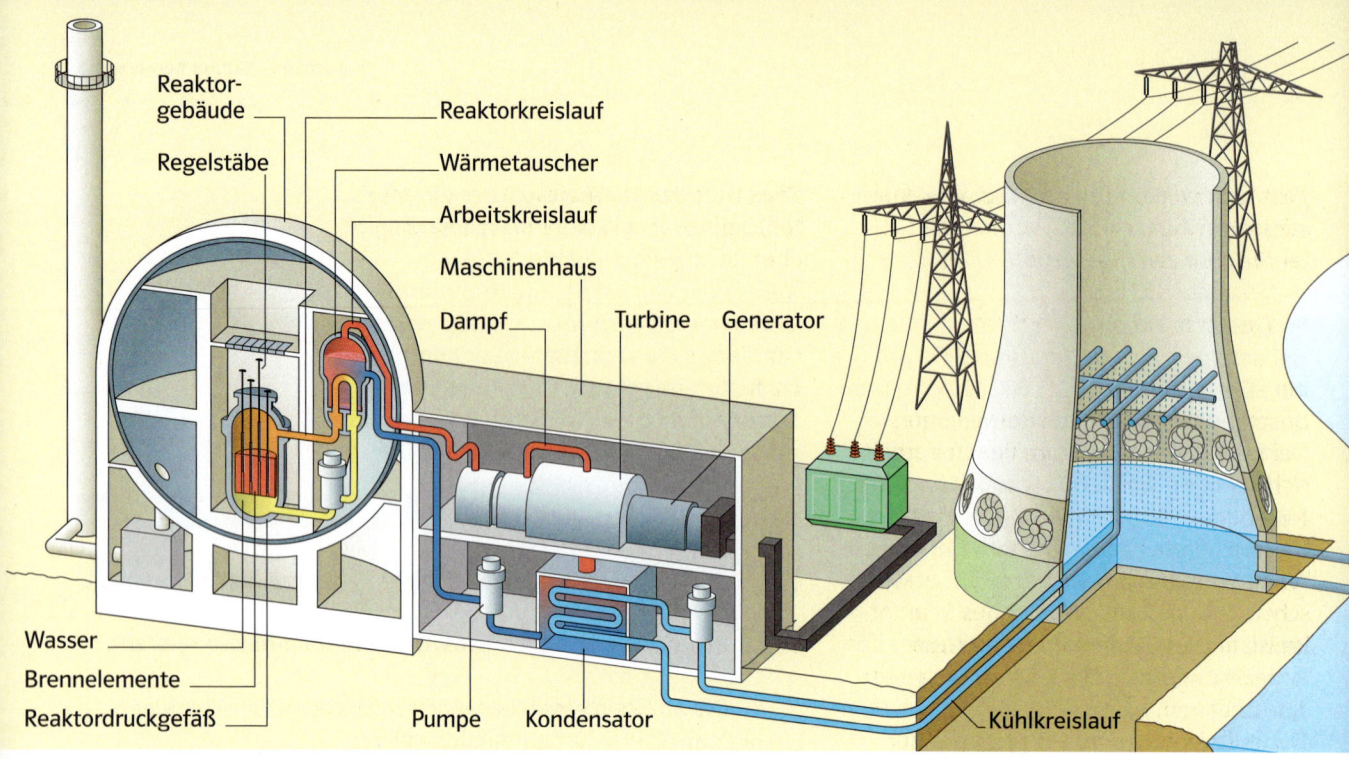

Reaktor-
gebäude

Regelstäbe

Reaktorkreislauf

Wärmetauscher

Arbeitskreislauf

Maschinenhaus

Dampf   Turbine   Generator

Wasser

Brennelemente

Reaktordruckgefäß

Pumpe   Kondensator

Kühlkreislauf

1 Aufbau eines Kernkraftwerks

Das Kernkraftwerk

In konventionellen Wärmekraftwerken wird Kohle, Öl oder Gas verbrannt. Dadurch entsteht Wärme, mit der Wasser verdampft wird. Der Wasserdampf treibt dann eine Turbine an. Ein Generator erzeugt elektrische Energie.
In **Kernkraftwerken** hingegen wird Energie durch die Spaltung von Atomkernen frei. Man spricht daher auch von Kernenergie.

Im Kernkraftwerk

Im Reaktorgebäude befindet sich das **Reaktordruckgefäß**. Hier findet eine kontrollierte Kettenreaktion statt. Im Reaktordruckgefäß befinden sich die **Brennelemente** mit dem spaltbaren Material, dem **Kernbrennstoff**. Es ist ein Gemisch aus Uranisotopen. Im Kernkraftwerk wird nur U-235 gespalten. Dieses Isotop kommt im Natur-Uran nur in geringen Mengen vor. Der Anteil von U-235 wird deshalb auf 2 % bis 4 % erhöht. Man sagt: Das Uran wird angereichert.

Das Uran befindet sich in Tablettenform in den **Brennstäben**. Diese sind sehr dünn. Viele dieser Brennstäbe sind zu einem Brennelement zusammengefasst. Hunderte von Brennelementen befinden sich im Reaktordruckgefäß.

Gut moderiert

Die bei der Kernspaltung entstehenden Neutronen sind sehr schnell. Für weitere Kernspaltungen von U-235 müssen die Neutronen abgebremst werden. Das geschieht in Bremsstoffen, den **Moderatoren**. Die Brennstäbe sind in Wasser getaucht. Das Wasser wirkt als Moderator. Die Neutronen werden im Wasser abgebremst und gelangen dann wieder in Brennstäbe und lösen weitere Kernspaltungen aus.

Zwischen den Brennstäben sind **Regelstäbe** angebracht. In diesen befinden sich Stoffe wie Bor und Cadmium. Sie fangen Neutronen ein. So kann die Kettenreaktion

gesteuert werden (▷ B 2). Sind die Regelstäbe heruntergefahren, kommt die Kettenreaktion zum Stillstand.
(► System, S. 172/173)
(► Wechselwirkung, S. 176/177)

Der Wärmetauscher

Durch die Kernspaltung wird viel Energie freigesetzt. Das Wasser im Reaktor erhitzt sich auf über 300 °C. Hoher Druck im Reaktordruckgefäß verhindert das Sieden des Wassers. Dieses heiße Wasser wird in den Wärmetauscher geleitet. Im Wärmetauscher gibt das heiße Wasser des Reaktorkreislaufs seine Energie an das Wasser des Arbeitskreislaufs ab (▷ B 1). Dort entsteht Wasserdampf.
Beide Kreisläufe sind getrennt, weil das Wasser im Reaktorkreislauf radioaktiv ist. Die Kühlung erfolgt durch einen dritten Kreislauf, der Kühlkreislauf genannt wird.

Energieumwandlung

Der Wasserdampf im Arbeitskreislauf treibt eine Turbine an, die mit einem Generator gekoppelt ist. Der Generator wandelt die Bewegungsenergie der Turbinenschaufeln in elektrische Energie um.
Nachdem der Dampf seine Arbeit verrichtet hat, wird er an wassergekühlten Rohren vorbeigeleitet. Der Dampf kondensiert dabei.

Reaktoren, die nach diesem Prinzip arbeiten, heißen Druckwasserreaktoren. Es gibt aber noch andere Reaktortypen.

In Kernkraftwerken wird die Kernenergie zur Erwärmung von Wasser und damit zur Erzeugung von Wasserdampf genutzt. Turbine und Generator wandeln die Wärme des Wasserdampfs in elektrische Energie um.

AUFGABEN

1 ○ Gib an, welche Energieform ein Kernkraftwerk bereitstellt.

2 ○ Beschreibe die Aufgabe der Regelstäbe.

3 ◒ Begründe, warum in einem Kernkraftwerk Reaktorkreislauf und Arbeitskreislauf getrennt sind.

4 ◒ Beschreibe die Aufgaben des Wassers im Reaktor.

5 ◒ Begründe, warum in Kernkraftwerken angereichertes Uran verwendet wird.

6 ● Begründe die Notwendigkeit von Moderatoren im Reaktor.

7 ● Suche aus Bild 1 fünf Bestandteile des Kernkraftwerks heraus, die du für wichtig hältst. Begründe deine Auswahl. Ergänze dann eine Beschreibung zu jedem der fünf Bestandteile.

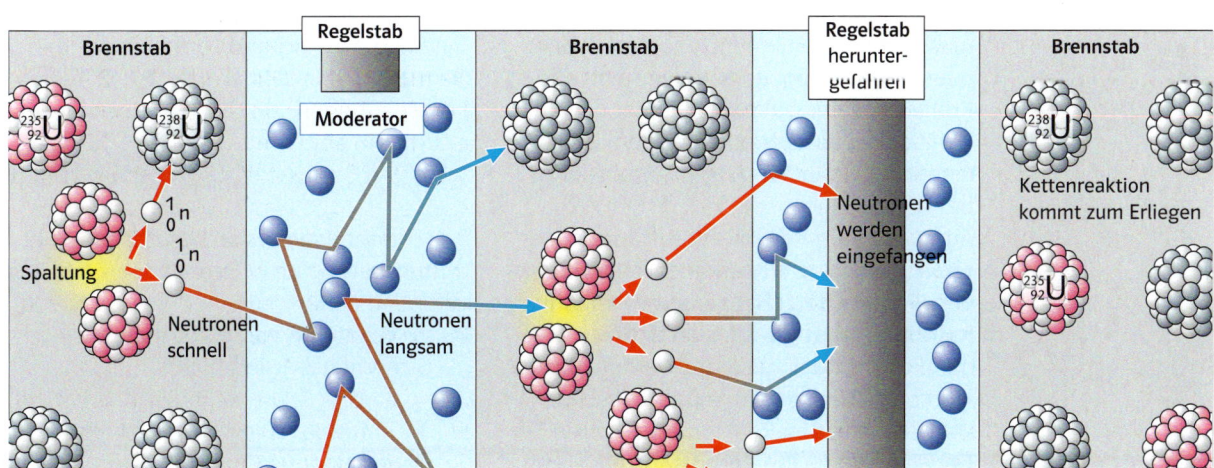

2 Moderator und Regelstäbe

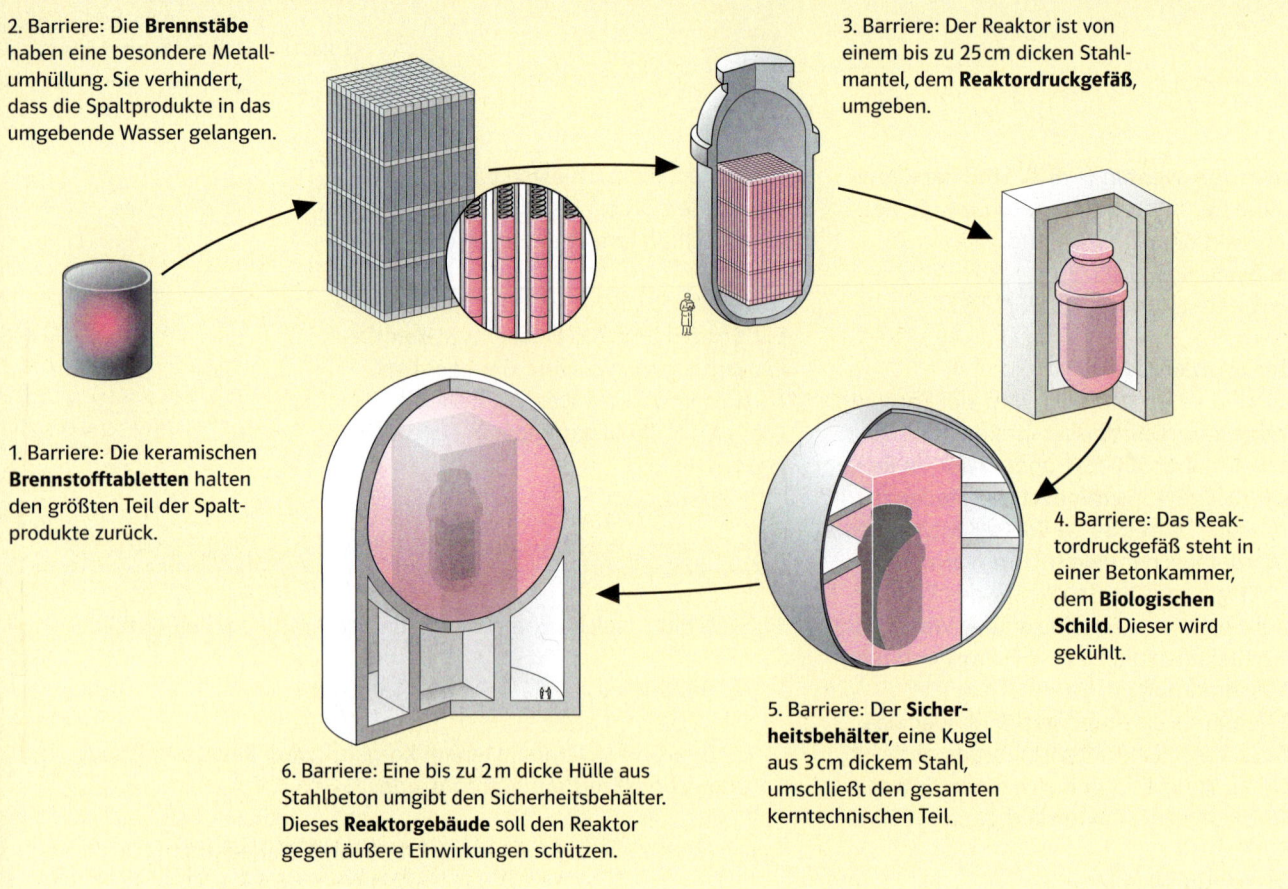

2. Barriere: Die **Brennstäbe** haben eine besondere Metallumhüllung. Sie verhindert, dass die Spaltprodukte in das umgebende Wasser gelangen.

3. Barriere: Der Reaktor ist von einem bis zu 25 cm dicken Stahlmantel, dem **Reaktordruckgefäß**, umgeben.

1. Barriere: Die keramischen **Brennstofftabletten** halten den größten Teil der Spaltprodukte zurück.

4. Barriere: Das Reaktordruckgefäß steht in einer Betonkammer, dem **Biologischen Schild**. Dieser wird gekühlt.

5. Barriere: Der **Sicherheitsbehälter**, eine Kugel aus 3 cm dickem Stahl, umschließt den gesamten kerntechnischen Teil.

6. Barriere: Eine bis zu 2 m dicke Hülle aus Stahlbeton umgibt den Sicherheitsbehälter. Dieses **Reaktorgebäude** soll den Reaktor gegen äußere Einwirkungen schützen.

1 Sicherheitsbarrieren eines Kernkraftwerks

Sicherheit in Kernkraftwerken

Ein Kernkraftwerk muss so gesichert sein, dass in keinem Fall Strahlung oder radioaktive Stoffe in die Umwelt gelangen. Dies muss auch bei einem technischen Defekt oder einem Bedienungsfehler durch das Kraftwerkspersonal gelten. Sogar die Möglichkeit einer Naturkatastrophe oder eines terroristischen Angriffs ist dabei zu berücksichtigen.

Aus diesem Grund sind alle wichtigen Systeme in einem Kraftwerk mehrfach vorhanden und arbeiten unabhängig voneinander. Im Notfall muss die Kettenreaktion möglichst schnell gestoppt werden. Dazu werden die Regelstäbe möglichst schnell vollständig in den Reaktor eingefahren. Danach müssen die Brennstäbe über eine längere Zeit gekühlt werden.

Die Freisetzung von radioaktiven Stoffen und Strahlung wird durch mehrere Sicherheitsbarrieren verhindert. Alle wichtigen Systeme sind doppelt vorhanden.

AUFGABEN

1 ○ Nenne die sechs Sicherheitsbarrieren.

2 ◐ Begründe, warum es mehrere Sicherheitsbarrieren gibt.

3 ● Tom sagt: „Die Kernkraftwerke in Deutschland sind zu 100 % sicher." Nimm Stellung zu dieser Aussage.

Recherchieren und zitieren

Viele Informationen
Wenn du einen Text für eine Hausarbeit, eine Prüfung, ein Referat oder eine Projektarbeit ausarbeiten willst, brauchst du Informationen. Zunächst musst du festlegen, welche Informationen du benötigst und wo du diese erhältst.
Zwei Wege sind von besonderer Bedeutung: Bücher und Internet.

Das Internet bietet fast alles
Viele Menschen suchen zuerst im Internet. Da gibt es sehr viele Informationen zu fast jedem Wissensgebiet.

Nicht alle Informationen sind zuverlässig
Prüfe bei deiner Recherche, ob die Quelle vertrauenswürdig ist. Sind in dem Artikel auch die Quellen angegeben? Auch beim Internetlexikon „Wikipedia" muss man die Zuverlässigkeit püfen.
Bei umstrittenen Themen, z.B. der Kernenergie, musst du auch berücksichtigen, wer den Text verfasst hat. Wird eine objektive Darstellung vielleicht durch die persönliche Meinung des Verfassers beeinflusst?

Bücher als Informationsquelle
Informationen aus Büchern sind meist etwas aufwändiger zu beschaffen. Wer ein Lexikon zu Hause hat, schaut unter dem gewünschten Stichwort dort nach. Du kannst auch in der Schulbibliothek recherchieren oder deine Lehrer um einen Rat fragen. So hast du schnell die notwendigen Informationen für deine Arbeit zusammen.

1   Wissensspeicher Buch und Internet

Ansonsten gehst du in eine Bibliothek. Dort findest du die passenden Bücher zum Thema. In den meisten Bibliotheken kannst du dich auch beraten lassen.

Jetzt geht es an den Text
Wenn du alle Informationen zu deinem Thema beschafft und geordnet hast, geht es an die Ausarbeitung des Textes. Wichtig sind deine eigenen Gedanken zu dem Thema. Die Herkunft deiner Informationen aus Büchern oder aus dem Internet musst du als Quelle zitieren, wenn du sie unverändert übernimmst.

Zitate und nicht Plagiate
Plagiat bedeutet, dass man die Erkenntnisse eines anderen Menschen wiedergibt, ohne den Autor, also die Quelle, zu nennen. Das ist strafbar, da es Diebstahl geistigen Eigentums ist. Wer die Erkenntnisse anderer Autoren verwendet, muss die Quelle genau angeben.

Richtig zitieren
Wichtig: Du musst ein Zitat immer in Anführungsstriche setzen.
Bei einer Buchquelle musst du immer den Autor, den Titel und die Seite angeben. Wenn du den Text im Internet gefunden hast, dann musst du die Internet-Seite und das Datum angeben.

„Das Atomzeitalter beginnt mit Becquerel, und es beginnt, wie so viele große Entdeckungen, mit einem Zufall. Dieses Mal spielt ausgerechnet schlechtes Wetter die entscheidende Rolle."
THOMAS BÜHRKE: Sternstunden der Physik, Verlag C.H. Beck 2003, S.127

„In der Kerntechnik bezeichnet Endlager eine Lagerstätte, in der radioaktive Abfälle mindestens so lange von der Biosphäre abgeschieden werden sollen, bis keine Gefahr mehr von ihnen ausgeht."
http://de.wikipedia.org/wiki/ Endlager_%28Kerntechnik%29, Zugriff am 28.05.2014

1 Lagerung radioaktiver Abfälle in der Asse

Radioaktive Abfälle: Gorleben und Asse

Wohin mit radioaktiven Abfällen?

Nach zwei bis drei Jahren müssen die Brennelemente in einem Kernkraftwerk ausgetauscht werden. Die „ausgebrannten" Brennelemente können nicht sofort abtransportiert werden. Sie sind noch stark radioaktiv und werden deshalb für etwa ein Jahr in gekühlten Wasserbecken gelagert. Diese werden als Abklingbecken bezeichnet.
Für die anschließende Entsorgung gibt es zwei Möglichkeiten: **Wiederaufbereitung** oder **Endlagerung**.

Wiederaufbereitung

Bei der Wiederaufbereitung werden die Stoffe aus den Brennstäben durch spezielle chemische Verfahren voneinander getrennt. Das macht man, um Uran oder Plutonium aus den Brennstäben zu gewinnen. Diese Bestandteile können in neuen Brennelementen wiederverwendet werden. Gleichzeitig fällt bei der Wiederaufbereitung aber eine große Menge radioaktiven Mülls an.

Endlagerung

Alle radioaktiven Abfälle aus Industrie, Medizin und Technik müssen ohne Gefahr für Menschen und Umwelt für lange Zeit gut abgeschottet gelagert werden. Man spricht von Endlagerung.
Das Problem, alle anfallenden radioaktiven Abfälle sicher zu lagern, ist bis heute noch nicht endgültig gelöst.

Ein mögliches Endlager in Gorleben?

Zurzeit stehen wir vor der Aufgabe, ein Endlager für hochradioaktive Abfälle zu finden. Als ein möglicher Standort wird seit dem Jahr 1977 der Salzstock im niedersächsischen **Gorleben** geprüft. Im Jahr 2000 wurden die Erkundungen des Salzstocks aber ausgesetzt. Derzeit wird noch geprüft, ob ein Salzstock überhaupt für die Endlagerung von hochradioaktiven Abfällen geeignet ist.
Am Standort Gorleben wird zurzeit in einem oberirdischen Zwischenlager ein Teil der hochradioaktiven Abfälle in Castorbehältern gelagert (▷ B 2). Hierbei handelt

es sich aber nur um eine Zwischenlagerung, nicht um eine Endlagerung.

Probleme in der Asse

In dem niedersächsichen **Salzbergwerk Asse** wurden nach dem Abbau von Salz über 120 000 Fässer mit schwach- und mittelradioaktiven Abfällen eingelagert (▷ B 1). In dem Salzbergwerk gibt es aber große Probleme mit der Stabilität. Als Folge dringt durch das aufgelockerte Gestein Wasser in das Bergwerk ein. Aktuell wird die Rückholung der radioaktiven Abfälle vorbereitet.

Weitere Endlager

Das ehemalige **Eisenerzbergwerk Konrad** bei Salzgitter (▷ B 3) wird zurzeit als Endlager für schwach- und mittelradioaktive Abfälle vorbereitet.

Im ehemaligen Salzbergwerk **Morsleben** ist bereits schwach- und mittelradioaktiver Abfall eingelagert. Dieses Endlager soll verschlossen werden. Morsleben liegt in Sachsen-Anhalt nahe der Grenze zu Niedersachsen.

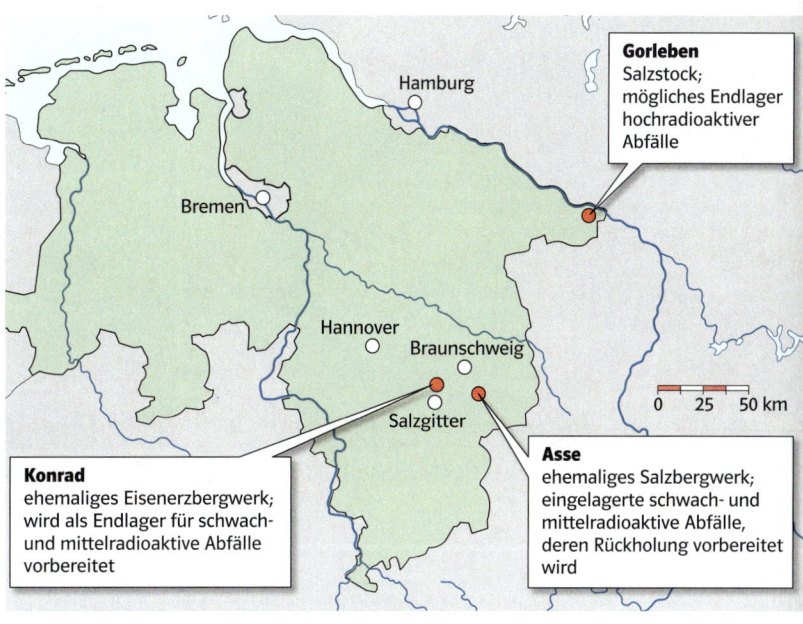

Gorleben
Salzstock;
mögliches Endlager
hochradioaktiver
Abfälle

Konrad
ehemaliges Eisenerzbergwerk;
wird als Endlager für schwach-
und mittelradioaktive Abfälle
vorbereitet

Asse
ehemaliges Salzbergwerk;
eingelagerte schwach- und
mittelradioaktive Abfälle,
deren Rückholung vorbereitet
wird

3 Standorte in Niedersachsen für radioaktive Abfälle

Bei der Entsorgung radioaktiver Abfälle gibt es die Möglichkeit der Wiederaufbereitung und der Endlagerung. Ein Endlager für hochradioaktive Abfälle ist in Deutschland noch nicht vorhanden. Zurzeit werden diese nur zwischengelagert.

2 Castorbehälter im Zwischenlager Gorleben

AUFGABEN

1 ○ Beschreibe die zwei Möglichkeiten der Entsorgung „ausgebrannter" Brennelemente.

2 ○ Nenne zwei Orte in Niedersachen, wo radioaktive Abfälle gelagert werden.

3 ◖ Erkläre am Beispiel der Asse, warum die Endlagerung in Salzbergwerken problematisch ist.

4 ◖ Begründe, warum es so schwer ist, ein Endlager für hochradioaktive Abfälle zu finden.

5 ● Recherchiere im Zusammenhang mit radioaktiven Abfällen die Möglichkeit der Transmutation.

6 ● Recherchiere zur aktuellen Situation der Endlagerung in Gorleben und Asse. Achte bei Zitaten auf die Quellenangabe (► S. 129).

1 Zerstörter Kraftwerksblock in Tschernobyl

2 Kernkraftwerk Fukushima

Unfälle in Kernkraftwerken

Das Unvorstellbare geschieht

Am 26. April 1986 geschah in Tschernobyl
der bis dahin schwerste **Reaktorunfall** in
einem Kernkraftwerk. Der Reaktor sollte
zur jährlichen Überprüfung abgeschaltet
werden. Beim Herunterfahren der Reaktorleistung sollte ein Sicherheitstest durchgeführt werden. Bevor das Experiment
aber begonnen werden konnte, sank die
Reaktorleistung so stark, dass der Reaktor eigentlich hätte abgeschaltet werden
müssen. Um das zu verhindern, wurden
Sicherheitseinrichtungen abgeschaltet. Um
die Leistung des Reaktors wieder zu erhöhen, wurden unzulässig viele Regelstäbe
aus dem Reaktor herausgefahren.
Plötzlich nahm die Zahl der Kernspaltungen weit über den zulässigen Wert zu. Da
die Notabschaltung außer Betrieb gesetzt
worden war, schaltete sich der Reaktor
nicht von selbst ab.
Die Temperatur stieg schlagartig an. Die
Brennstäbe schmolzen. Das Wasser in den
Druckröhren verdampfte. Eine Explosion
zerstörte das Gebäude und sprengte das
Dach weg (▷ B 1). Radioaktive Stoffe ge-
langten in die Luft.

Die Folgen

Feuerwehrleute, die kaum gegen die Strahlung geschützt waren, konnten die Brände
nach einigen Stunden unter Kontrolle
bringen. Sie arbeiteten immer nur kurze
Zeit wegen der sehr starken Strahlung.
Trotzdem starben viele von ihnen an den
Folgen der Strahlung.
Mit dem Wind verteilten sich die radioaktiven Stoffe (vor allem I-131 und Cs-137) über
ganz Europa (▷ B 3). Auch in Deutschland
wurde an vielen Stellen der Boden ver-
seucht. Gemüse durfte nicht geerntet werden. Kühe durften nicht mehr mit frischem
Gras gefüttert werden.

Und heute?

Noch heute ist das Gebiet um Tschernobyl
unbewohnbar. Immer noch werden dort er-
höhte Strahlenbelastungen gemessen. Die
genaue Anzahl der Menschen, die an den
Folgen des Unglücks starben oder schwer
erkrankten, ist bis heute unbekannt.

Die Natur schlägt zu

Am 11. März 2011 wurde Japan von einer
Naturkatastrophe getroffen: Ein Seebeben

mit der Stärke 9 auf der Richterskala ereignete sich 100 km vor der Ostküste Japans. Dieses Beben gilt als das schwerste in Japan seit Beginn der modernen Aufzeichnungen im Jahr 1880 und es gehört zu den vier schwersten weltweit.

Da das Zentrum des Bebens im Meer lag, kam es zu einer riesigen Flutwelle, einem Tsunami. Über 10 m hohe Wellen rasten auf das japanische Festland zu und rissen alles mit, was sich ihnen in den Weg stellte: Häuser, Autos, Schiffe. Viele Menschen kamen ums Leben.

Das Kernkraftwerk von Fukushima
Die Naturgewalten führten zu einem schweren Unfall am Kernkraftwerk Fukushima (▷ B 2).
Es kam zur Beschädigung von zwei Reaktorblöcken und zu Explosionen im Kraftwerk.

Zunächst gaben die Regierung Japans und die Betreiber des Kraftwerks an, es werde wohl in den Wochen nach dem Beben zu Problemen bei der Stromversorgung kommen.
Doch Tag für Tag wurden die Meldungen ernster. Bald war klar, dass fast genau 25 Jahre nach dem bisher schwersten Reaktorunfall in Tschernobyl wieder eine nukleare Katastrophe stattfand. Durch den Ausfall der Kühlung wurden die Reaktoren immer heißer. Es kam zu Bränden, Explosionen, beginnender Kernschmelze und dem Austritt radioaktiver Wolken und Wassers.

Die Folgen von Fukushima
Bis März 2011 hatten die Betreiber von Kernkraftwerken in allen Ländern angenommen, Reaktoren seien so gesichert, dass sie Naturgewalten wie Erdbeben widerstehen könnten.

Die direkten Auswirkungen für uns in Europa waren im Vergleich zum Unfall in Tschernobyl 1986 gering (Japan ist fast 9000 km von uns entfernt). Trotzdem hat

das Geschehen von Fukushima die Frage nach den Risiken der Kernenergie wieder aufgeworfen. Dies führte zu einer Wende in der Energiepolitik in Deutschland. Bereits im Juni 2011 wurde ein Gesetz verabschiedet, das die Abschaltung aller Kernkraftwerke bis 2022 beinhaltet.

Die beiden bisher schwersten Unfälle in Kernkraftwerken fanden 1986 in Tschernobyl und 2011 in Fukushima statt.

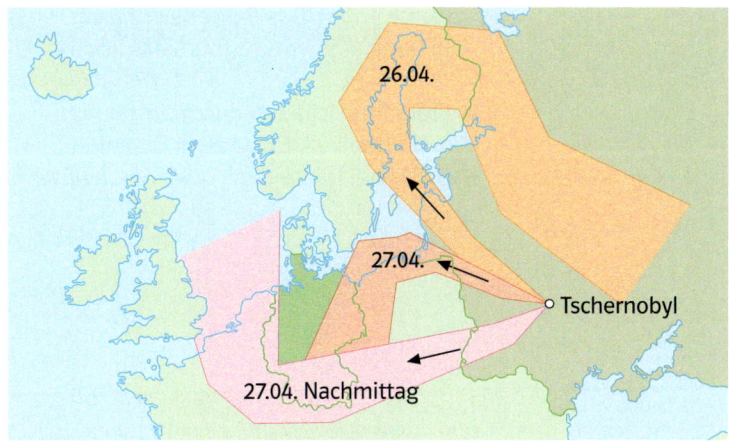

3 Verbreitung der Radioaktivität durch Wind

AUFGABEN

1 ○ Vergleiche, wodurch die Reaktorunfälle in Tschernobyl und Fukushima ausgelöst wurden.

2 ○ Nenne die unmittelbaren Folgen des Unfalls von Tschernobyl für die Menschen in Deutschland.

3 ○ a) Gib an, bis wann in Deutschland alle Kernkraftwerke abgeschaltet werden sollen.
◔ b) Erkläre, wie es zu dieser Entscheidung kam.

4 ◔ Emma sagt: „Offensichtlich müssen wir alle 25 Jahre mit einem schweren Reaktorunfall rechnen." Nimm Stellung zu ihrer Aussage.

5 ● „Wenn der Strom in einem Kernkraftwerk dauerhaft ausfällt, haben wir ein Problem." Diskutiert und beurteilt diese Aussage.

6 ● Recherchiere zur aktuellen Situation in Fukushima. Achte bei Zitaten auf die Quellenangabe (▶ S.129).

Strahlenschäden beim Menschen

Radioaktive Stoffe sind für alle Lebewesen gefährlich (▷ B 1). Deshalb ist beim Umgang mit radioaktiven Stoffen größte Sorgfalt notwendig.

Früh- und Spätschäden durch Strahlung
Wenn radioaktive oder andere ionisierende Strahlung auf lebende Zellen trifft, dann kann Energie auf die Zellen übertragen werden. Das Gewebe erwärmt sich. Dann sind Verbrennungen möglich.

Weitere Frühschäden durch Strahlung können Übelkeit, Erbrechen, Durchfall, Hautrötung, Haarausfall oder Geschwüre sein.

Schwere Krankheiten wie Krebs, Schädigung des Knochenmarks oder Unfruchtbarkeit sind mögliche Folgen. Manche treten erst nach vielen Jahren auf.

Genetische Schäden
Wird die DNS durch Strahlung getroffen, können die Erbinformationen in den Chromosomen der Keimzelle verändert werden. Es kommt zu genetischen Mutationen. Säuglinge werden mit Fehlbildungen geboren (▷ B 3).
Die Mutationen können auch weitervererbt werden und sich noch bei nachfolgenden Generationen auswirken.
(► Wechselwirkung, S. 176/177)

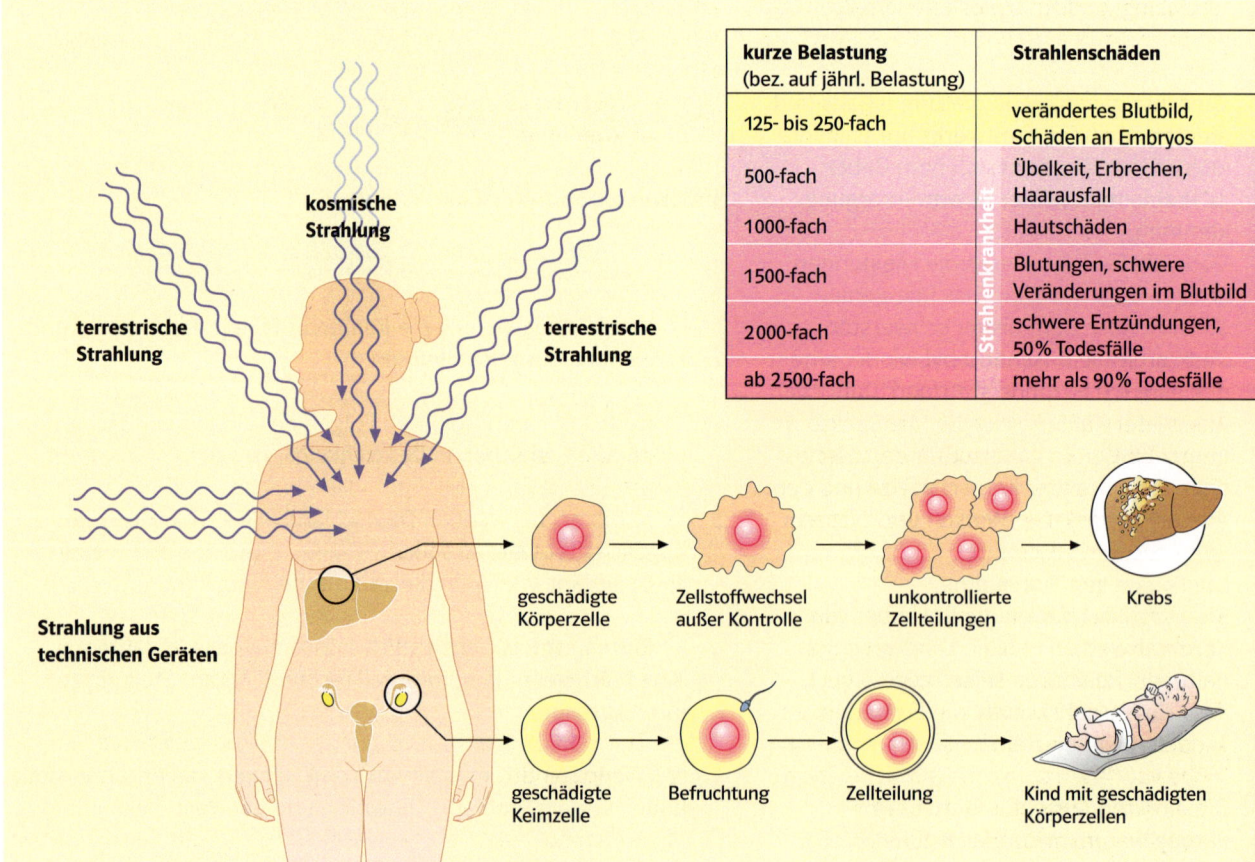

kurze Belastung (bez. auf jährl. Belastung)	Strahlenschäden
125- bis 250-fach	verändertes Blutbild, Schäden an Embryos
500-fach	Übelkeit, Erbrechen, Haarausfall
1000-fach	Hautschäden
1500-fach	Blutungen, schwere Veränderungen im Blutbild
2000-fach	schwere Entzündungen, 50 % Todesfälle
ab 2500-fach	mehr als 90 % Todesfälle

Strahlenkrankheit

kosmische Strahlung

terrestrische Strahlung

terrestrische Strahlung

Strahlung aus technischen Geräten

geschädigte Körperzelle → Zellstoffwechsel außer Kontrolle → unkontrollierte Zellteilungen → Krebs

geschädigte Keimzelle → Befruchtung → Zellteilung → Kind mit geschädigten Körperzellen

1 Alltägliche Strahlenbelastung und mögliche Auswirkungen

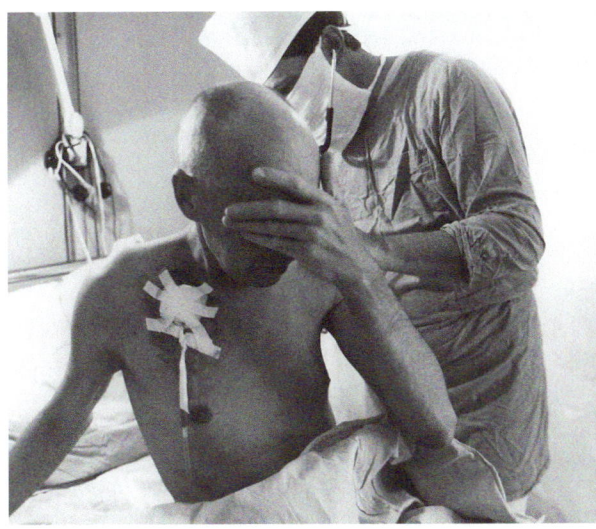

2 Strahlenopfer

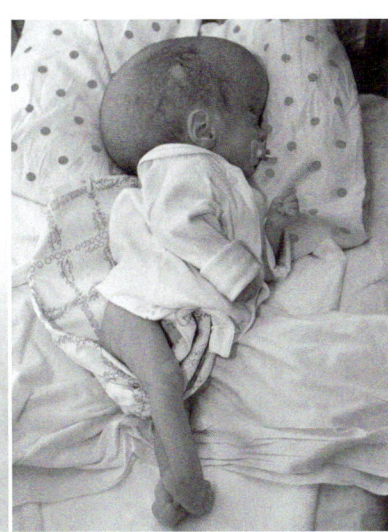

3 Kind mit genetischen Schäden

Schutz gegen Strahlung

Gegen radioaktive und andere ionisierende Strahlung müssen wir uns schützen.
Gegen α-Strahlung helfen z. B. Mundschutz und Handschuhe.
Zum Schutz gegen β-Strahlung benötigt man mindestens eine mehrere Millimeter dicke Aluminiumschicht.
Bleischürzen schützen beim Röntgen vor der Röntgenstrahlung.
Dicke Bleischichten schützen vor γ-Strahlung.

Alltägliche Strahlenbelastung

Der Mensch ist ständig durch Strahlung belastet (▷ B 1). Kosmische Strahlung kommt aus dem Weltraum, terrestrische Strahlung aus Erdboden und Umgebung. Zusätzlich wird der Mensch bei Röntgenuntersuchungen belastet.

Die Strahlenbelastung kann je nach den persönlichen Lebensgewohnheiten und dem Wohnort kleiner oder größer sein. Bei Flügen in 10 km Höhe steigt die Strahlenbelastung. Bei 30 Flugstunden in einer Höhe von 10 km steigt die jährliche Strahlenbelastung um den Faktor 1,04. Wenn die Umgebungsstrahlung 80-mal höher ist als die natürliche durchschnittliche Belastung eines Bundesbürgers, dann

ist dies gefährlich. Es besteht nach heutigem Wissen eine große Wahrscheinlichkeit, an Krebs zu erkranken.
Erhält eine Person in kurzer Zeit das 500-Fache der jährlichen durchschnittlichen Strahlenbelastung, so kommt es zur **Strahlenkrankheit** (▷ B 1).

Radioaktive Strahlung kann lebende Zellen schädigen. Krankheiten und genetische Veränderungen können die Folge sein. Deshalb müssen wir uns gegen radioaktive Strahlung schützen.

AUFGABEN

1 ○ Nenne Frühschäden und Spätschäden am menschlichen Körper durch Strahlung.

2 ○ Gib an, wie sich die Strahlenbelastung mit zunehmender Höhe verändert.

3 ◐ Beschreibe, wie man sich vor ionisierender Strahlung schützen kann.

4 ◐ Begründe, warum Schädigungen an Keimzellen besonders gefährlich sind.

5 ● Recherchiere, unter welchen Spätfolgen viele Nachkommen der Überlebenden des Atombombenabwurfs von Hiroshima leiden. Achte bei Zitaten auf die Quellenangabe (▶ S. 129).

Entwicklung der Kernenergie

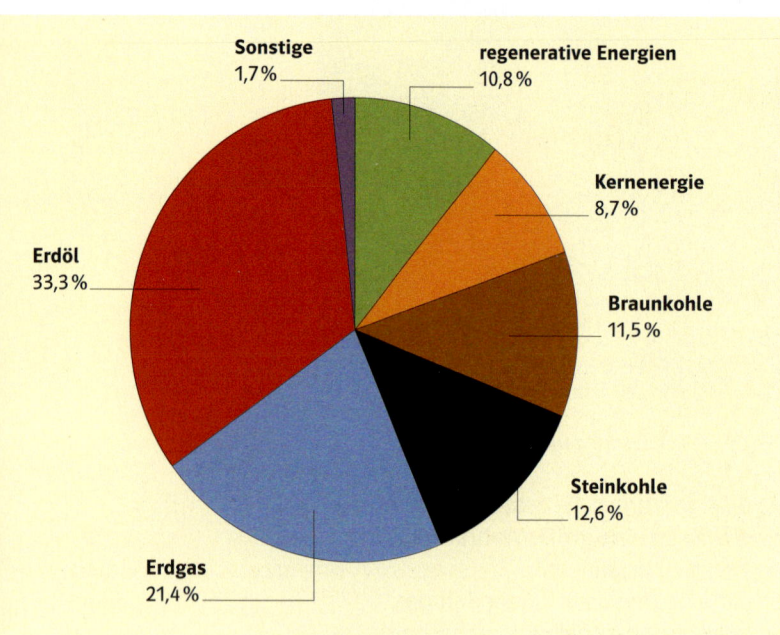

Sonstige
1,7 %

regenerative Energien
10,8 %

Kernenergie
8,7 %

Braunkohle
11,5 %

Erdöl
33,3 %

Steinkohle
12,6 %

Erdgas
21,4 %

1 Energiemix in Deutschland (2011)

Ausblick: Energie aus Kernfusion?

Im Inneren der Sonne findet ein Prozess statt, der **Kernfusion** genannt wird. Dabei werden große Mengen an Kernenergie frei. Daran angelehnt versuchen Wissenschaftler weltweit, Kernfusionen im Labor zu erzeugen: Wie beim Vorbild Sonne verschmelzen dabei mehrere Wasserstoffkerne zu einem Heliumkern.

Die frei werdende Kernenergie könnte in einem Kernfusionskraftwerk zur Stromerzeugung genutzt werden. Die Entwicklung eines Kernfusionskraftwerks steht aber noch am Anfang.

**Die Anteile der verschiedenen Primärenergien an der Stromerzeugung bezeichnet man als Energiemix.
Durch den Ausstieg aus der Kernenergie werden sich die Anteile im Energiemix verschieben.**

Ausstieg aus der Kernenergie

Seit dem Reaktorunfall in Fukushima steht fest, dass Deutschland aus der Kernenergie aussteigen wird.
Andere Länder hingegen halten weiterhin an der Stromerzeugung durch Kernenergie fest.

Energiemix

An der Stromerzeugung sind viele verschiedene Primärenergien unterschiedlich stark beteiligt (▷ B 1). Dies nennt man den **Energiemix**.

Durch den Ausstieg aus der Kernenergie werden sich die Anteile der beteiligten Primärenergien verschieben: Der Anteil der fossilen Brennstoffe wie Kohle, Erdöl oder Erdgas wird zunächst noch ungefähr gleich bleiben. Der Anteil der Kernenergie muss allerdings durch einen Ausbau der regenerativen Energien aufgefangen werden, vor allem durch Windenergie und Sonnenenergie.

AUFGABEN

1 ○ Beschreibe, was bei der Kernfusion geschieht.

2 ◐ Vermute, wie sich die Anteile der Primärenergien in den nächsten 20 Jahren verschieben werden. Begründe deine Vermutung.

3 ◐ Erörtert folgende Aussagen in der Gruppe:
a) „Es wäre besser gewesen, man hätte nie Kernkraftwerke gebaut."
b) „Mit neuen wissenschaftlichen Erkenntnissen bekommen wir die Energieversorgung in den Griff."

4 ◐ a) Wägt in der Gruppe die Vorteile und Nachteile der verschiedenen Primärenergien im Energiemix gegeneinander ab.
● b) Entwickelt daraus die Idee für ein Energiekonzept für die Zukunft.

Kompetent bewerten und entscheiden

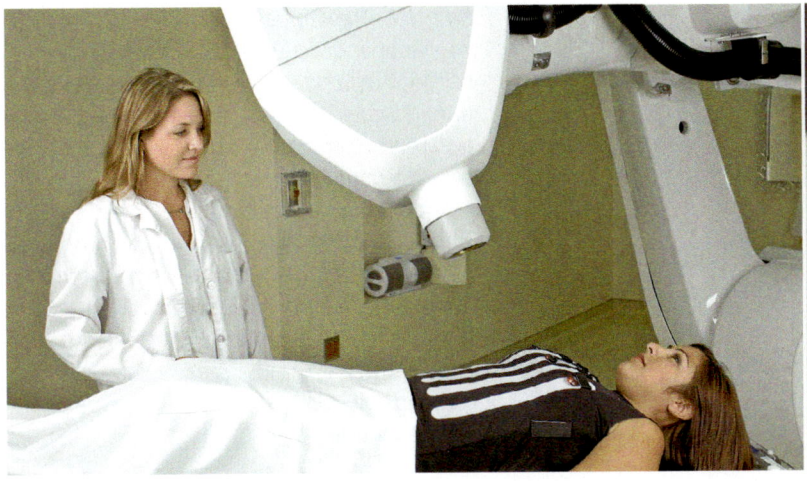

1 Eine Person bei der Strahlentherapie

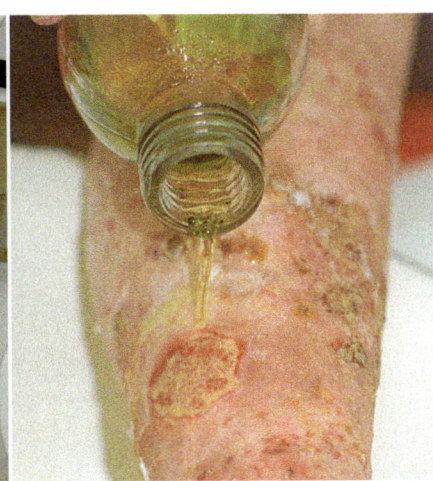

2 Hautschäden nach kurzer Strahlenexposition

Diskussionen kennst du aus dem Alltag, der Politik und der Familie. Überall werden zu einem Thema die verschiedenen Standpunkte ausgetauscht. Oft muss eine Entscheidung getroffen werden. Bei schwierigen Themen ist das nicht einfach, z. B. beim Abwägen des Nutzens und der Risiken von radioaktiver Strahlung.
Es fällt dir leichter, wenn du ein Experte für dieses Thema oder für einen Teilbereich davon wirst. Dazu musst du dich gut vorbereiten.

Informationen sammeln und auswerten

Als zukünftiger Experte zum Thema Radioaktivität musst du zunächst einmal möglichst viele Informationen zusammentragen.
Brauchbares Material findest du in Fachbüchern, Lexika oder dem Internet. Wichtig ist, dass du die Informationen auch verstehst. Lies, wenn nötig, noch einmal in

leichteren Quellen nach oder lass dir von deiner Lehrperson helfen. Formuliere aus diesen Informationen Argumente (Aussagen), die für oder gegen die Nutzung der Radioaktivität sprechen.

Pro-Argumente und Contra-Argumente

Die Argumente müssen nun geordnet werden. Bei dieser Fragestellung gelingt dir das am besten, wenn du sie in einer Tabelle mit zwei Spalten gegenüberstellst. Die zwei Spalten kannst du mit Pro (dafür) und Contra (dagegen) beschriften. Die Anzahl der Argumente in den beiden Spalten kann dir schon zeigen, wie deine Entscheidung aussehen kann.

Gewichtung der Argumente

In der Diskussion ist es wichtig, mit den schwächeren Argumenten zu beginnen. Steigere dich mit jedem Argument und bringe die gehaltvollste Aussage am Schluss.

Entscheide dich

Das Austauschen der Argumente hilft dir, dich für eine eigene Meinung zu entscheiden.

AUFGABEN

1 Beziehe Stellung zur Nutzung der Kernenergie.
   a) Nenne je ein Beispiel für die friedliche (► S.126/127) und nicht-friedliche (► S.124/125) Nutzung der Kernenergie.
   b) Sammle Pro- und Contra-Argumente zur Nutzung der Kernenergie in einer Tabelle.
   c) Ordne die Argumente nach der Bedeutung, die du ihnen zuordnest.
   d) Entscheide dich nach Abwägung der Argumente und begründe deine Position.

2 Beurteile Nutzen und Risiken des Einsatzes radioaktiver Strahlung in der Medizin.

Geschichte der Kernenergie

1 Otto Hahn (Mitte) und Fritz Straßmann (links)

Eine Entdeckung und ihre Folgen

Berlin 1938: Die beiden Chemiker Otto Hahn und Fritz Straßmann (▷ B 1) führten Versuche mit Urankernen durch. Durch Beschuss mit Neutronen wollten sie massereichere Elemente erzeugen. Erstaunt stellten sie bei ihren Experimenten fest, dass keine massereichen Atome entstanden. Stattdessen entstanden Elemente mit kleineren Ordnungszahlen wie Barium und Krypton (▷ B 2).

Otto Hahn schickte die Ergebnisse an seine langjährige Kollegin, die Physikerin Lise

Meitner. Diese musste als Jüdin nach 1933 wie viele andere jüdische Wissenschaftler Deutschland verlassen. Sie arbeitete nun in Schweden. Als sie die Ergebnisse auswertete, folgerte sie, dass es sich um eine Kernspaltung handeln musste. Die beschossenen Urankerne mussten in zwei Teile zerbrochen sein.

Sie berechnete auch die dabei freigesetzte Energie. Durch weitere Untersuchungen und Berechnungen fanden Otto Hahn, Lise Meitner und Fritz Straßmann heraus, dass nur das Uranisotop U-235 gespalten worden war.

Eine neue Energiequelle

Bald erkannte man, dass man mit der Kernspaltung eine neue, große Energiequelle schaffen konnte. Jeder gespaltene Urankern liefert 2 bis 3 Neutronen, die wiederum 2 bis 3 Urankerne spalten können. Dann hat man 4 bis 9 Neutronen, die Urankerne spalten können usw. Diese Kettenreaktion zwischen Urankernen läuft so schnell ab, dass in Sekundenbruchteilen ungeheure Energiemengen frei werden.

Auswirkungen auf die Politik

Die Kriegsgegner Deutschlands im 2. Weltkrieg (1939 – 1945) fürchteten, dass deutsche Wissenschaftler eine neue Waffe bauen könnten. Die USA begannen daher, eine Atombombe zu entwickeln.

Der in den USA lebende Italiener Enrico Fermi hatte schon 1942 den ersten Kernreaktor gebaut. Diese Entwicklung war eine wesentliche Grundlage für den Bau der ersten Atombombe.

Die Entwicklung der Atombombe

Enrico Fermi, der Däne Niels Bohr und der Amerikaner Robert Oppenheimer gehörten zu den führenden Wissenschaftlern in den USA. Gemeinsam mit anderen aus Europa

$$^{235}_{92}U + ^{1}_{0}n \rightarrow ^{236}_{92}U \rightarrow ^{89}_{36}Kr + ^{144}_{56}Ba + 3\ ^{1}_{0}n$$

2 Kernspaltung von Uran-235

geflohenen Wissenschaftlern gelang ihnen der Bau einer Test-Atombombe, die am 16. Juli 1945 zur Explosion gebracht wurde. Sprengkraft und Hitze waren so gewaltig, dass Steinoberflächen schmolzen und noch in 20 km Entfernung Beobachter durch die Druckwelle umgerissen wurden.

Bereits am 6. August 1945 vernichtete eine Atombombe die japanische Stadt Hiroshima (▷ B 3). Drei Tage später zerstörte eine zweite Atombombe die Stadt Nagasaki. Hunderttausende Menschen kamen ums Leben. Noch mehr Menschen starben oder erkrankten an den Folgen der Freisetzung radioaktiver Stoffe. Schädigungen des Erbguts führten bei den Nachkommen der Überlebenden zu erheblichen gesundheitlichen Schäden.

Viele Wissenschaftler warnten davor, weitere Atomwaffen zu entwickeln und zu bauen. Doch sie fanden kein Gehör. Ein Wettrüsten zwischen Ost und West begann. Die gegenseitige Drohung mit Atomwaffen blieb bis in die 1980er-Jahre ein Mittel zur gegenseitigen Einschüchterung.

Proteste gegen Atomwaffen

Nach dem 2. Weltkrieg wurden noch jahrelang Atombomben für Atomwaffentests zur Explosion gebracht. Das war eine große Gefahr für die Menschheit. Überall in der Welt kam es zu Protesten gegen Atomwaffentests und die damit verbundene Verseuchung von Wasser, Boden und Lebensmitteln mit radioaktiven Stoffen.

Auch gegen die friedliche zivile Nutzung der Kernenergie kam es zu weltweiten Protesten. Diese verstärkten sich nach den Unfällen von Tschernobyl (1986) und Fukushima (2011).

3 Das zerstörte Hiroshima

1 Stelle die im Text genannten Entwicklungen und Ereignisse in einer Zeitleiste dar.

2 Begründe schriftlich, warum Lise Meitner 1938 die Experimente mit Otto Hahn und Fritz Straßmann nicht gemeinsam in Berlin durchführen und auswerten konnte.

3 Begründe, warum mit der Kernspaltung gleichzeitig eine neue Energiequelle entdeckt wurde.

4 a) Recherchiere, wo und unter welchen Umständen am 16. Juli 1945 die erste Atombombe getestet wurde. Schreibe einen Bericht.
b) Recherchiere, wann, wo und durch welche Länder die letzten Atomwaffentests durchgeführt wurden. Fertige eine Übersicht an.

5 „Es wäre besser gewesen, wenn die Kernspaltung niemals entdeckt worden wäre." Nimm ausführlich Stellung zu dieser Aussage.

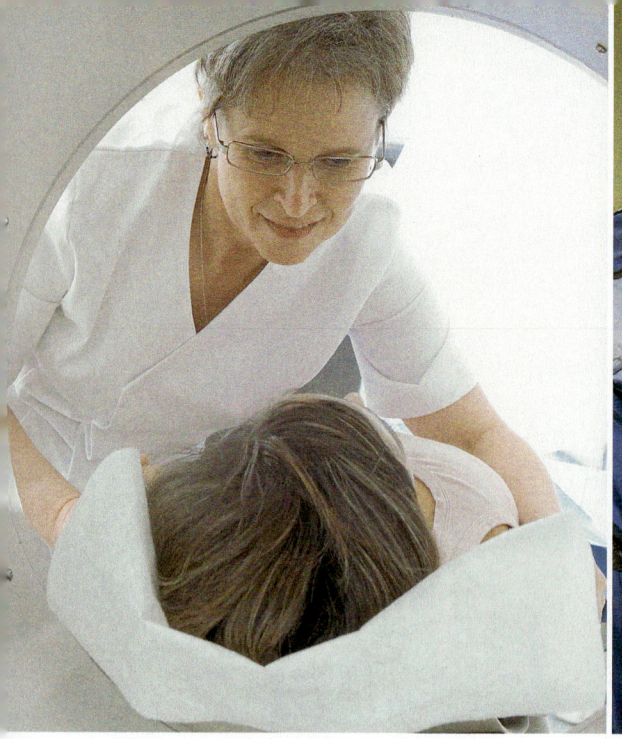

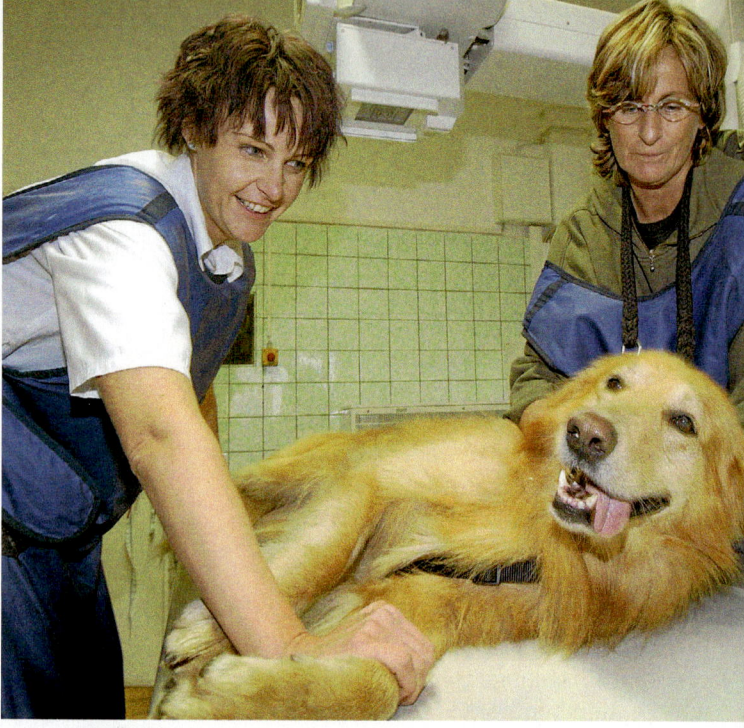

1 Medizinisch-technische Assistentin in der Radiologie   **2** Medizinisch-technische Assistentin in einer Tierarzt-Praxis

Berufe: Kerntechnik und Strahlung

Strahlenexponierte Personen

Ionisierende Strahlung kann schädliche Wirkungen haben (► S.134/135). Strahlung kann aber auch nützlich sein (▷ B1, B2). In vielen Bereichen des Lebens werden auch aufgrund des technischen Fortschritts zusätzliche Strahlenbelastungen in Kauf genommen (▷ B4). Personen, die im Beruf zusätzlicher Strahlung ausgesetzt sind, werden als **strahlenexponiert** bezeichnet.

Berufe mit Strahlung

In vielen Berufen beschäftigen sich Personen mit der Strahlung radioaktiver Stoffe oder der Strahlung von technischen Geräten. Hierzu gehören **Physiker/innen** und **Laboranten und Laborantinnen** in Forschungseinrichtungen, **Ärzte und Ärztinnen**, **medizinisch-technische Assistenten und Assistentinnen** in der radiologischen Diagnostik und Therapie und **Röntgentechniker/innen**. **Techniker/innen**, die Werkstoffe mit radioaktiver Strahlung untersuchen, gehören ebenso zu dieser

Berufsgruppe wie **Physiklehrer/innen**, die im Unterricht mit radioaktiven Stoffen experimentieren.

Berufe unter dem Einfluss von Strahlung

Andere Berufe werden von Personen unter dem Einfluss erhöhter Strahlung

3 Radiochemikerin

ausgeführt. Hierzu gehören z.B. Beschäftigte in kerntechnischen Anlagen und Personen, die radioaktive Stoffe transportieren oder lagern. Auch **Piloten und Pilotinnen** und **Flugbegleiter/innen** üben ihren Beruf in großer Höhe unter erhöhter Strahlung aus dem Weltraum aus (▷ B 4).

Beruflicher Strahlenschutz
In Berufen mit zusätzlicher Strahlung müssen sich die Personen vor den schädigenden Wirkungen der Strahlung schützen. Die Strahlenschutzgrundsätze sind im **Atomgesetz**, der **Strahlenschutzverordnung** und der **Röntgenverordnung** gesetzlich geregelt. In jedem Betrieb, der mit Strahlung umgeht, gibt es Personen, die für die Einhaltung der Strahlenschutzgrundsätze verantwortlich sind.
Die Strahlenbelastung der Menschen darf bestimmte Dosisgrenzwerte nicht überschreiten. Sie muss deshalb so gering wie möglich gehalten werden, z.B. durch Bleischürzen (▷ B 2). Die Strahlenbelastung strahlenexponierter Personen wird überwacht oder mit geeigneten Messgeräten kontrolliert und regelmäßig untersucht. (► Wechselwirkung, S. 176/177)

Personen, die im Beruf regelmäßig mit ionisierender Strahlung umgehen, bezeichnet man als strahlenexponiert.

Insbesondere strahlenexponierte Menschen müssen sich stets vor den schädlichen Wirkungen der Strahlung schützen.

Radiochemiker (w/m) gesucht

Aufgaben
Sie sind im Bereich der radiochemischen und medizintechnischen Entwicklung von Herstellungsverfahren und Produkten tätig.
Dies beinhaltet z.B.:
– Erarbeitung radiochemischer Konzepte
– Entwicklung und Testen von Produkten
– Dokumentationen entsprechend der Vorgaben für Medizinprodukte
– Arbeiten in Teams und mit den Abteilungen Konstruktion, Elektronik und der Programmierung

Ihr Profil
– Abgeschlossenes Studium der Anorganischen Chemie oder des Chemieingenieurwesens
– Erfahrung in der Radiochemie
– Erfahrung in der Herstellung und Qualitätssicherung von Medizinprodukten
– Erfahrung mit computergesteuerten Anlagen
– Zwei Jahre Berufserfahrung
– Fähigkeit zum verantwortungsvollen Arbeiten
– Sehr gute Englischkenntnisse in Wort und Schrift
– Sicherer Umgang mit dem PC

Online-Bewerbungen richten Sie an

ABC-Werk@XYCZ
Leiter der Personalabteilung

5 Stellenausschreibung

4 Fliegendes Personal – strahlenexponierte Personen

AUFGABEN

1 ○ Nenne fünf Berufe, in denen Personen zusätzlicher Strahlung ausgesetzt sind.

2 ○ Beschreibe die Aufgaben des Strahlenschutzes in Betrieben.

3 ◗ Begründe, warum die „Fähigkeit zum verantwortungsvollen Arbeiten" eine wichtige Voraussetzung für den gesuchten Radiochemiker in Bild 5 ist.

4 ◗ Viele der früheren Forscher sind an den Folgen ihrer Experimente zur Radioaktivität gestorben. Begründe dies.

5 ● Recherchiere die „5-A-Regel" zur Radioaktivität und begründe, warum sie in der Schule wichtig ist.

Zusammenfassung

Das Atom
Ein Atom besteht aus einem Atomkern und einer Atomhülle. Der Atomkern besteht aus Protonen und Neutronen. Die Atomhülle dagegen besteht aus Elektronen.

Nachweisverfahren
Man kann radioaktive Strahlung z. B. mit dem Geiger-Müller-Zählrohr (kurz: Geigerzähler) oder durch die Schwärzung von Filmen nachweisen.

Strahlung ist überall
Selbst wenn kein radioaktives Präparat in der Nähe ist, zeigt ein Geigerzähler Strahlung an. Ursache für diese Strahlung sind kosmische und terrestrische Strahlenquellen.

α-, β- und γ-Strahlung
Man unterscheidet drei Arten radioaktiver Strahlung: α-, β- und γ-Strahlung. α-Strahlung besteht aus Heliumkernen, die den Kern eines radioaktiven Elements mit großer Geschwindigkeit verlassen. β-Strahlung besteht aus Elektronen. Auch sie verlassen den Kern mit sehr großer Geschwindigkeit. Da sie kleiner als α-Teilchen sind, ist ihre Reichweite in Luft größer. γ-Strahlung besteht nicht aus Teilchen. Es handelt sich um elektromagnetische Strahlung, ähnlich dem Licht.

Halbwertszeit
Die Halbwertszeit ist die Zeitspanne, in der jeweils die Hälfte der Atome eines radioaktiven Stoffes zerfallen ist.

Die Aktivität

$$\text{Aktivität} = \frac{\text{Kernumwandlung}}{\text{Zeit}}$$

Das Formelzeichen der Aktivität ist das A. Die Einheit ist das Becquerel (Bq).

1 Zeichen für Radioaktivität

Die spezifische Aktivität

$$\text{Spezifische Aktivität} = \frac{\text{Aktivität}}{\text{Masse}}$$

Das Formelzeichen der spezifischen Aktivität ist das a. Die Einheit ist Becquerel pro Kilogramm (Bq/kg).

Die Kernspaltung
Mit Neutronen lassen sich schwere Atomkerne spalten. Bei der Kernspaltung entstehen zwei neue leichtere Atomkerne. In Kernkraftwerken finden Kernspaltungen statt. Dabei wird Energie frei.

Die Kettenreaktion
Bei einer Spaltung eines U-235-Kerns durch ein Neutron werden 2 bis 3 Neutronen frei. Jedes Neutron kann wiederum je einen U-235-Kern spalten. 4 bis 9 Neutronen werden frei, die Kerne spalten können usw.

Gefahren radioaktiver Strahlung
Radioaktive Strahlung kann lebende Zellen schädigen. Mögliche Folgen sind Frühschäden (z. B. Übelkeit, Hautrötung, Geschwüre), Spätschäden (z. B. Krebs) und genetische Schäden durch Veränderung der Erbinformationen. Genetische Schäden können an spätere Generationen weitergegeben werden.

AUFGABEN

1 ○ Beschreibe, was die folgende Schreibweise über den Aufbau eines Atoms aussagt.

$^{235}_{92}U$

👍 Super! ❓ ► S.102/103

2 ○ Nenne den Entdecker der radioaktiven Strahlung und beschreibe, wie er die neue Strahlung entdeckte.

👍 Super! ❓ ► S.108/109

3 ○ Nenne zwei Möglichkeiten, wie man radioaktive Strahlung nachweisen kann. Gib an, was die radioaktive Strahlung bei den verschiedenen Nachweismethoden bewirkt.

👍 Super! ❓ ► S.108/109

4 ○ Nenne ein Beispiel für die medizinische Nutzung der radioaktiven Strahlung.

👍 Super! ❓ ► S.120

5 ○ a) Zähle auf, was α-Strahlung und β-Strahlung gemeinsam haben und wodurch sie sich unterscheiden.
○ b) Zähle je zwei Möglichkeiten auf, wie man sich gegen α- und β-Strahlung schützen kann.
◕ c) Erkläre, was geschieht, wenn ein radioaktiver Kern β-Strahlung abgibt.

👍 Super! ❓ ► S.112/113

6 ◕ Beschreibe den Aufbau und die Funktion eines Geigerzählers anhand von Bild 2.

👍 Super! ❓ ► S.108/109

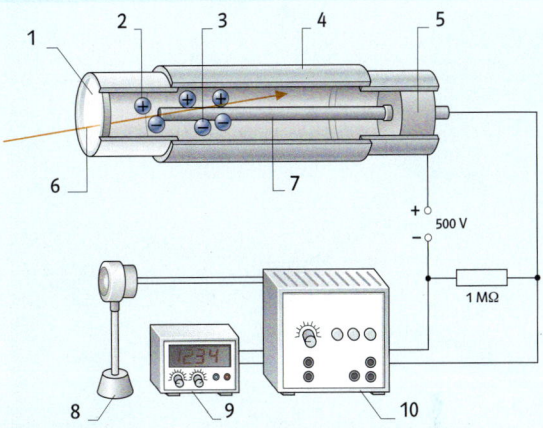

2 Zu Aufgabe 6

7 ◕ Erkläre den Begriff Umgebungsstrahlung.

👍 Super! ❓ ► S.110

8 ◕ $^{239}_{94}Pu$ ist ein a-Strahler. Erkläre, welches Element beim radioaktiven Zerfall dieses Atomkerns entsteht. Nutze das Periodensystem im Anhang.

👍 Super! ❓ ► S.112/113

9 ◕ Erkläre den Begriff Halbwertszeit.

👍 Super! ❓ ► S.114/115

10 ● Erkläre, wie ein Kernkraftwerk funktioniert.

👍 Super! ❓ ► S.126/127

11 ● Jeder Mensch ist ständig durch alltägliche Strahlung belastet. Bewerte, wie gefährlich diese alltägliche Strahlenbelastung für den Menschen ist.

👍 Super! ❓ ► S.134/135

4 Daten, Dioden und Elektronik

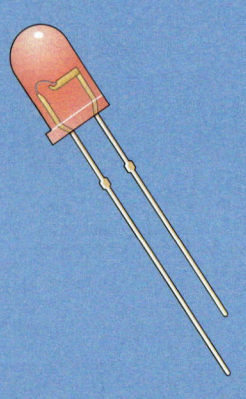

- Wie funktioniert ein Telefon?

- Was passiert zwischen Sendemast und Handy?

- Was sind Daten?

- Was ist eine Diode?

- Wie funktionieren Solarzellen?

| Personaldaten | Organisationsdaten | Laufbahndaten 1 | Laufbahndaten 2 |

Name	Mustermann	Name Zus.		Jahrgang / Zug	5	g	Klasse	5g
Vorname	Karl	W.Vorn.		Klassenlehrer	
Geburtsdatum	11.11.2003	Geburtsort	Musterstadt	Stellv. Klassenlehrer	
Geschlecht	m	Religion	rk	?
		Staatsangehörigkeit	deutsch	?	PKN
			?	Aussiedler
Straße Name	Feldweg	Nr	100	Sozialhilfe
PLZ / Ort	01234	Musterstadt	?	Asyl
Ortsteil		Fahrschüler	x
Vorwahl/Telefon	0123	456789	Tel. mobil		Seriennr.	1824
Telefon Notfall		Email		angelegt	24.11.13
				geändert	24.11.13

Erzieher Art — Eltern — Erzieherdaten

Anschriften: Herrn und Frau Clara Mustermann Egon Mustermann Feldweg 100

Erzieher 1		Erzieher 2
Vorname / Titel	Clara	Egon
Tel Dienst/ Fax		
Vorwahl/Telefon	0123	456789	0123	456789
Tel mobil / Email		

| Hauptmenü | Neu | Suchen | Nächster > | aus Index | Drucken Liste | Druckdatei |
| Alle aufrufen | Löschen | Sortieren | < Voriger | ? | Drucken Schüler | Schulbesuch aus Druck |

1 In der Schülerdatei befinden sich Daten zu jedem Schüler.

Der Mensch sammelt Daten

Was sind Daten?

Als Sarah sich im Sportunterricht am Fuß verletzt, ruft die Schulsekretärin den Krankenwagen. Außerdem muss sie Sarahs Eltern benachrichtigen. Dazu schlägt sie in der Schülerkartei nach (▷ B 1). In dieser Schülerkartei ist neben dem Namen und der Adresse auch die Telefonnummer vermerkt.

Die Eintragungen in der Schülerkartei bezeichnet man als **Daten**. Diese Daten können ausgewertet werden. Wenn man z.B. herausfinden möchte, wie viele Schülerinnen und Schüler auf eine Schule gehen, dann kann man dies mithilfe der Schülerkartei herausfinden. Daten können auch durch Umfragen gewonnen werden. Auch in den Naturwissenschaften werden Daten gesammelt. Es werden z.B. Spannungen gemessen oder Temperaturen festgestellt.

Datenspeicherung

Daten können auf verschiedenen Medien gespeichert werden. So bemalten die Menschen aus der Steinzeit Wände, um darauf Daten festzuhalten. Heutzutage dienen neben Karteikarten auch Bücher, Filme, Festplatten, CDs, DVDs, USB-Sticks und SD-Karten zur Speicherung von Daten (▷ B 2).

Datenaustausch

Wenn du eine E-Mail an einen Freund verschickst, dann übermittelst du ihm Daten. Diesen Datenaustausch nennt man **Kommunikation**. Für die Übermittlung von Daten benötigt man einen **Sender**, einen

2 Verschiedene Speichermedien

Empfänger und einen Übertragungsweg. Diesen Übertragungsweg nennt man **Kanal**. Der Sender schickt die Daten aus, der Empfänger nimmt die Daten an. Ihre Übertragung erfolgt über den Kanal. Das Grundprinzip der Kommunikation lautet: Ein Sender schickt Daten über einen Kanal zu einem Empfänger.

Beim Fernsehen erfolgt die Kommunikation nur in eine Richtung vom Sender zum Empfänger. Diese Kommunikation nennt man **Ein-Weg-Kommunikation**.

Wenn du angerufen wirst, dann kannst du dem Sender Rückmeldungen geben. Du bist sowohl Sender als auch Empfänger. In diesem Fall handelt es sich um eine **Zwei-Wege-Kommunikation**.

Datenwandler

Auf dem Schulhof reicht für Gespräche zwischen Schülern der Kanal „Luft" als Übertragungsweg aus. Stell dir aber Folgendes vor: Du möchtest über eine große Entfernung hinweg ein Gespräch mit deiner Freundin oder deinem Freund im Ausland führen. Dann reicht der Kanal „Luft" nicht aus, um deine Daten an den Empfänger zu übermitteln. Hier bietet sich das Telefon an. Damit kannst du über große Entfernungen hinweg Daten austauschen. Die vom Sender ausgegebenen akustischen Daten werden zunächst von einem Mikrofon in elektrische Signale umgewandelt. Die Datenübertragung erfolgt über eine Leitung.

Ein Lautsprecher wandelt die elektrischen Signale wieder in Töne zurück, die der Empfänger hören kann (▷ B 3). Mikrofon und Lautsprecher bezeichnet man als **Datenwandler** oder kurz als **Wandler**.

Daten sind Werte, die man aus Befragungen, Beobachtungen oder Messungen gewinnt. Daten können gespeichert und ausgetauscht werden. Kommunikation ist der Austausch von Daten.

AUFGABEN

1. ○ a) Nenne fünf Speichermedien, auf denen Computer Daten speichern können.
   ○ b) Nenne drei Speichermedien, für die kein Computer benötigt wird.

2. ○ Beschreibe mit eigenen Worten, was man unter Daten versteht.

3. ○ Schreibe das Grundprinzip der Kommunikation auf.

4. ◗ Beschreibe Bild 3 in eigenen Worten.

5. ◗ Überlege dir Beispiele für Ein-Weg- und Zwei-Wege-Kommunikationen und trage sie in eine Tabelle ein.

6. ● Häufig werden wichtige Dokumente sowohl auf einer Festplatte abgespeichert als auch ausgedruckt und z.B. in einem Aktenordner abgeheftet. Begründe, warum diese zweifache Datenspeicherung sinnvoll ist.

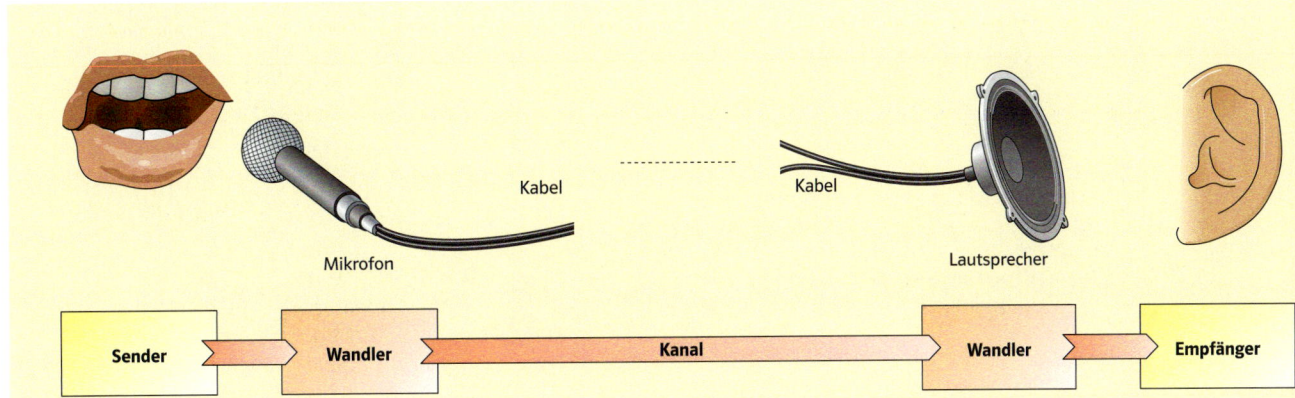

| Sender | Wandler | Kanal | Wandler | Empfänger |

3 Um Daten über weite Entfernungen zu übertragen, werden diese häufig umgewandelt.

Analog, digital und binär

Aus analog wird digital

Wenn du eine Stimmgabel anschlägst, hörst du einen Ton. Den Ton kannst du mithilfe eines Mikrofons und eines Oszilloskops als Kurve sichtbar machen (▷ V 1, B 1a).

Die Kurve hat keine Stufen und ist daher kontinuierlich. Die Kurve bezeichnet man deshalb als analoge Darstellung des Tons. Der Ton ist ein **analoges Signal**.

Die analoge Tondarstellung kannst du digitalisieren. Dazu unterteilst du die Kurve in gleich große Zeitabstände. Jetzt kannst du für jeden Zeitpunkt einen (Spannungs-)Wert angeben. Diese Daten werden abgelesen und als Zahl dargestellt (▷ B 1b). Das analoge Signal wird so in ein gestuftes, **digitales Signal** umgewandelt.

Wählst du die Zeitabschnitte klein genug, so kannst du die analoge und die digitale Tonkurve nicht mehr unterscheiden.

Nimmst du mit deinem Handy ein Telefonat auf, so werden die analogen Gesprächstöne digitalisiert. Geräte, die analoge Werte in digitale Werte umwandeln, nennt man **Analog-digital-Wandler**.

Wenn du später das Telefonat wieder abspielst, dann werden die digitalen Werte in analoge Werte zurückgewandelt. Ein Gerät, das digitale Werte in analoge Werte umwandelt, nennt man **Digital-analog-Wandler**.

Der Analog-digital-Wandler und der Digital-analog-Wandler sind Beispiele für Datenwandler.

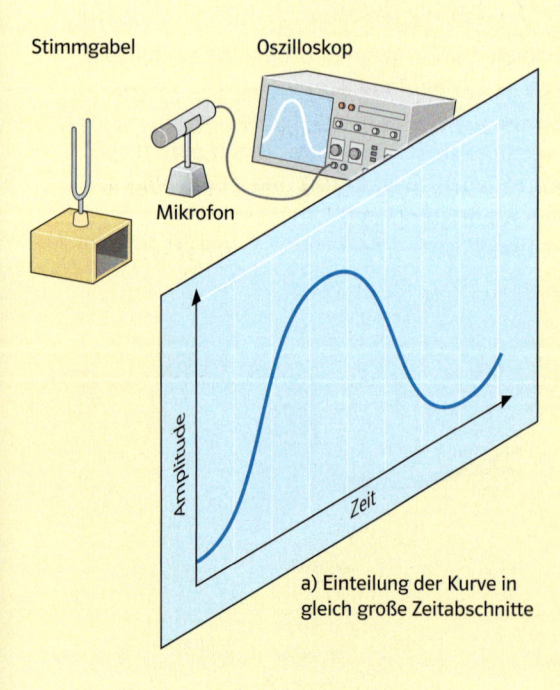

Stimmgabel Oszilloskop

Mikrofon

Amplitude

Zeit

a) Einteilung der Kurve in gleich große Zeitabschnitte

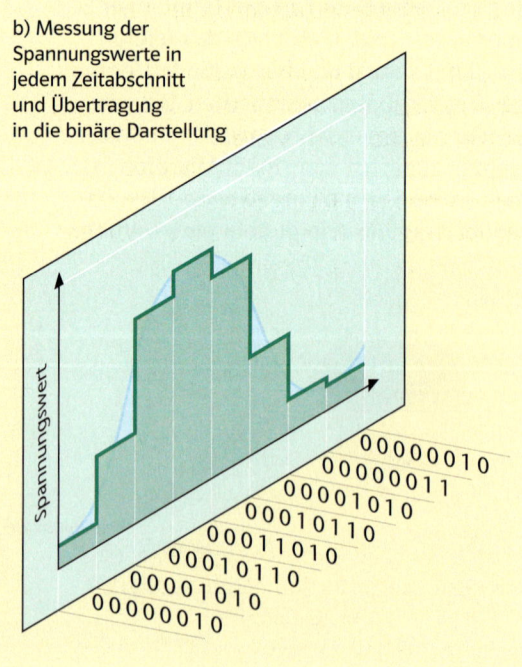

b) Messung der Spannungswerte in jedem Zeitabschnitt und Übertragung in die binäre Darstellung

Spannungswert

00000010
00000011
00001010
00010110
00011010
00010110
00001010
00000010

1 Digitalisierung eines analogen Signals

Das Bit, die kleinste Datenmenge

Arne und Leon wohnen in gegenüber-liegenden Häusern. Wenn der eine dem anderen mitteilen will, dass er zu Hause ist, dann hängt er ein weißes Blatt Papier in das Fenster. So können sich die Jungen gegenseitig genau zwei Zustände übermit-teln: „Ich bin zu Hause" oder „ich bin nicht zu Hause".
Eine Information, die zwei Zustände um-fasst, bezeichnet man als **Bit**.

Ein Bit ist die kleinste übertragbare Daten-menge. Auch Computer arbeiten mit Bits. Hier sind die beiden Zustände „Strom an" oder „Strom aus".
Diese Zustände werden mit „1" (für „Strom an") und „0" (für „Strom aus") dargestellt. Man spricht dann von einer **binären Dar-stellung**.

Das Byte

Allerdings ist es unübersichtlich, nur mit Bits zu arbeiten. Deshalb fasst man 8 Bits bei Computern zu einem **Byte** zusammen. Mit einem Byte lassen sich insgesamt 256 ($= 2^8$) verschiedene Zustände speichern.

Ein Byte reicht aus, um jeweils eine Ziffer, einen Buchstaben, ein Sonderzeichen oder ein Satzzeichen darzustellen.

Texte, Bilder und Musik bestehen aus vielen Bytes, deshalb werden große Daten-mengen in kBytes, MBytes, GBytes und TBytes angegeben.

Kontinuierliche (stufenlose) Signale be-zeichnet man als analoge Signale.

Ein gestuftes Signal bezeichnet man als digitales Signal.

Ein Bit ist die kleinste Datenmenge, die übertragen werden kann. Ein Bit kann genau zwei Zustände haben.
Bei nur zwei möglichen Zuständen spricht man von einer binären Darstellung.
1 Byte sind 8 Bits.

AUFGABEN

1 ○ Beschreibe den Unterschied zwischen analogen und digita-len Signalen.

2 ○ Beschreibe, was ein Bit und was ein Byte ist.

3 ◒ Beschreibe, wie man eine analoge Tonkurve in eine digitale Tonkurve umwandeln kann.

4 ◒ Recherchiere, wie viele Bytes jeweils 1 kByte, 1 MByte, 1 GByte und 1 TByte haben. Notiere deine Ergebnisse.

5 ● Finde heraus, wie viele Daten höchstens auf unterschied-lichen Speichermedien gespeichert werden können. Erstelle daraus eine tabellarische Übersicht über die digitalen Medien.

6 ● Berechne, wie viele CDs man theoretisch auf einer Fest-platte mit einer Kapazität von 2 TByte speichern kann.

7 ● Schätze zunächst, wie viele Buchstaben eine Prisma-Seite enthält. Berechne dann, wie viele Text-Seiten theoretisch auf einer CD mit einer Kapazität von 700 MByte gespeichert wer-den können.

VERSUCHE

1 Schließe ein Mikrofon an ein Oszilloskop an. Stelle vor dem Mikrofon eine Stimmgabel auf. Schlag nun die Stimmgabel an.

2 Ein Potentiometer wird über einen Analog-digital-Wandler an einen Computer angeschlossen (▷ B 2).
Beobachte die Anzeige auf dem Bildschirm, wenn der Wider-stand am Potentiometer geändert wird.

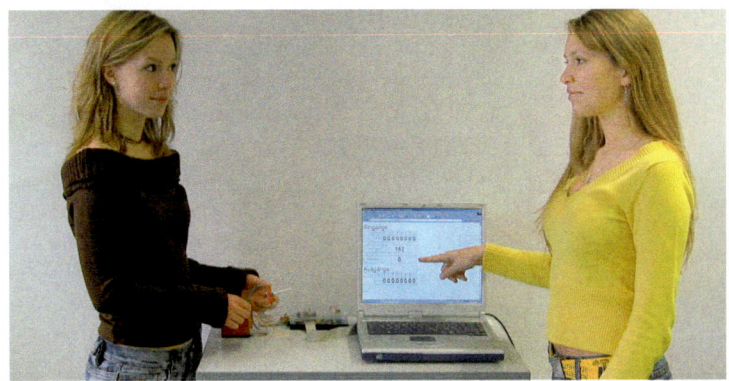

2 Zu Versuch 2

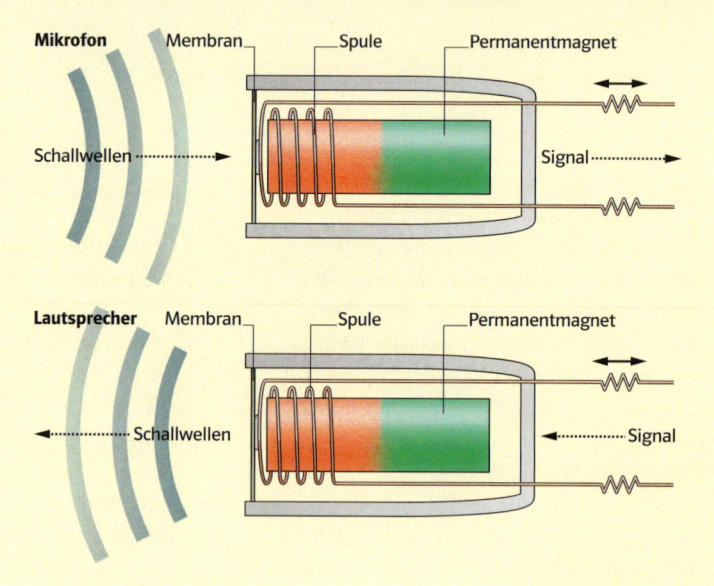

1 Handy-Telefonat

2 Aufbau von Mikrofon und Lautsprecher

Datenübertragung mit dem Telefon

Das Telefon

Eines der wichtigsten Hilfsmittel zum Übertragen von Daten ist das **Telefon**. Im Wesentlichen besteht das Telefon aus einem **Mikrofon**, einem **Lautsprecher** und einer Spannungsquelle.

Das Mikrofon wandelt die Schalldaten in elektrische Signale um. Der Lautsprecher wandelt die elektrischen Signale wieder in Töne zurück.

Das Mikrofon

Das Mikrofon in Bild 2 oben funktioniert nach dem Prinzip der Induktion. Ein Magnet ragt in eine Spule. Die Spule ist fest mit einer Membran verbunden. Wenn du in das Mikrofon sprichst, dann beginnt die Membran zu schwingen. Die schwingende Membran bewegt die Spule. Aufgrund des Magneten wird in der schwingenden Spule eine Spannung induziert, sodass ein Strom fließen kann.

Der Lautsprecher

Der Lautsprecher ist im Prinzip die Umkehrung des Mikrofons (▷ B 2, unten).

Wenn die Stromstärke im Stromkreis geändert wird, dann ändert sich auch das Magnetfeld der Spule. Dies führt dazu, dass auf Spule und Magnet Kräfte wirken. Die Spule und die mit ihr verbundene Membran bewegen sich. Der Lautsprecher wandelt so elektrische Signale in Töne um.
(► System, S. 172/173)

**Das Mikrofon wandelt Töne in elektrische Signale um.
Der Lautsprecher wandelt elektrische Signale in Töne um.**

AUFGABEN

1 ○ Nenne die Funktion von Mikrofon und Lautsprecher beim Telefon.

2 ◐ Skizziere die wesentlichen Bestandteile von Mikrofon und Lautsprecher.

3 ● Erstelle einen Schaltplan für eine einfache Telefonanlage mit zwei Telefonen. Recherchiere die benötigten Schaltzeichen.

1
2
3
4
5
6

Telefone

Das Telefon von Philipp Reis (▷ B 1)

Im Jahre 1861 stellte Philipp Reis (1834 – 1874) das erste funktionstüchtige Telefon vor.

Die Qualität der Tonübertragung aber war schlecht. Seine Erfindung stieß daher zunächst nur auf ein geringes Interesse.

„Kurbeltelefon" (▷ B 2)

Zu Beginn des 20. Jahrhunderts gab es Kurbeltelefone. Das Kurbeltelefon hatte noch keine Wählscheibe oder Tastatur. Wenn man telefonieren wollte, musste man an einer Kurbel drehen.

Dann wurde der Anrufer mit dem „Amt" verbunden. Der Anrufer musste sagen, mit wem er verbunden werden möchte. Das „Amt" stellte dann die Verbindung zum Gesprächsteilnehmer her. Dazu mussten die Personen auf dem „Amt" Stecker von Hand umstöpseln.

Wählscheibentelefon (▷ B4)

In den 1950er-Jahren kam ein Telefon mit Wählscheibe auf den Markt.

Mit der Wählscheibe konnte die Telefonverbindung direkt hergestellt werden, d.h. ohne Umweg über das „Amt". Dies war eine große Errungenschaft und sorgte für den schnellen Ausbau des Telefonnetzes.

Das Wählen längerer Telefonnummern war aber, verglichen mit heute, sehr aufwändig.

Telefonzellen (▷ B 3)

Um nicht nur von zu Hause aus telefonieren zu können, wurden in den 1970er-Jahren in belebten Straßen und Wohngebieten Telefonzellen aufgestellt.

Das war auch ein großer Fortschritt für alle Personen, die noch nicht über ein eigenes Telefon zu Hause verfügten.

Tastentelefon (▷ B 5)

In den 1980er-Jahren wurde die Wählscheibe durch eine Tastatur ersetzt. Das erleichterte das Telefonieren und die Verbindung wurde schneller hergestellt.

Mobiltelefon/Smartphone (▷ B 6)

Seit etwa 1990 hat das mobile Telefon, das Handy und seine Weiterentwicklungen, seinen Siegeszug angetreten. Die ersten mobilen Telefone waren sehr groß, sehr schwer und kosteten viele Tausend D-Mark. Heute sind die mobilen Kommunikationsgeräte klein und leicht. Sie ermöglichen heutzutage weit mehr als nur das Telefonieren. Das Smartphone ist ein weiterentwickeltes Mobiltelefon. Mit ihm kann man nicht nur telefonieren und fotografieren. Man kann mit ihm z.B. Internetdienste nutzen und es als Navigationsgerät verwenden.

1 Mobile Kommunikation durch drahtlose Funkübertragung

Funkübertragung

Woher kommt der Name?

Wenn du wie in Bild 3 das Kabelende über die Feile reibst, dann fliegen Funken. Was haben nun diese Funken mit dem „Rundfunk" oder dem „Mobilfunk" zu tun?

Dieser Versuch bewirkt bei einem Radio, dass es im Lautsprecher knistert. Die Funken erzeugen sogenannte **elektromagnetische Wellen**, die sich ausbreiten. Elektromagnetische Wellen durchdringen viele Stoffe, können aber auch abgeschirmt werden (▷ V 2).

Der Wortbestandteil „Funk" bei Wörtern wie „Rundfunk" oder „Mobilfunk" hat seinen Ursprung bei den Funken, die in Versuch 1 zu sehen und zu hören sind.

Forschungen zur Funkübertragung

Der Italiener MARCONI (1874 – 1937) brachte um 1900 die Erforschung der Ausbreitung von elektromagnetischen Wellen voran (▷ B 2). HEINRICH HERTZ (1857 – 1894) war es wenige Jahre zuvor gelungen, die Ausbreitung dieser Wellen im Labor nachzuweisen. Im Jahre 1909 bekam MARCONI zusammen mit dem deutschen Physiker FERDINAND BRAUN (1850 – 1918) den Nobelpreis für Physik. Beide Forscher lieferten entscheidende Beiträge zur Weiterentwicklung drahtloser Kommunikation über größere Entfernungen.

Drahtlos über große Entfernungen

Im Jahre 1901 gelang es MARCONI, über den Atlantik zwischen England und

Nordamerika eine drahtlose Verbindung herzustellen. Im Südwesten Englands wurde an der Küste eine hohe Sendestation errichtet. Von hier aus wurden Signale an eine Sendestation in Kanada übermittelt. Damit war die erste transatlantische Funkübertragung über eine Strecke von rund 3 000 Kilometern gelungen.

Für die Seefahrt war die drahtlose Informationsübertragung besonders wichtig. Nun konnten auch über große Entfernungen mithilfe hoher Sendemasten an den Küsten Kontakte zwischen Schiffen und dem Festland hergestellt werden.

Radio, Telefon und Internet

Heute ist die drahtlose Funkübertragung wesentlicher Bestandteil unserer Kommunikation. Ob Radio (Rundfunk), Fernsehen, Telefon oder Internet – für uns ist es selbstverständlich, mobil und gleichzeitig erreichbar zu sein (▷ B 1). Mithilfe elektromagnetischer Wellen werden Verbindungen hergestellt. Dabei werden Bilder, Musik und Texte übertragen.
(▶ System, S. 172/173)

Mithilfe elektromagnetischer Wellen werden Daten übertragen. Dadurch können wir mobil und gleichzeitig erreichbar sein.

AUFGABEN

1 ○ Beschreibe, woher der Name „Rundfunk" kommt.

2 ○ Gib an, wofür die Forscher BRAUN und MARCONI den Nobelpreis für Physik erhalten haben.

3 ◖ Erkläre, welche Voraussetzungen geschaffen werden mussten, um eine drahtlose Datenübertragung von Europa nach Amerika zu ermöglichen.

4 ◖ Erstelle einen Steckbrief des Forschers MARCONI.

5 ● a) Recherchiere, wie man trotz der Krümmung der Erdoberfläche über sehr große Entfernungen drahtlos Informationen austauschen kann.
● b) Fertige hierzu eine Skizze an.

VERSUCHE

1 Baue den Versuch wie in Bild 3 auf. Als Feile kannst du z. B. eine Nagelfeile verwenden.
Stelle das Radio auf den Mittelwellen-Bereich ein. Reibe nun das Kabelende über die Feile.
Beobachte dabei das Radio. Du kannst auch den Bereich am Radio verstellen.
Beschreibe deine Beobachtungen.

2 Wickelt das Smartphone einer Mitschülerin oder eines Mitschülers in Alufolie ein. Versucht nun, dieses Smartphone anzurufen. Beschreibt, was passiert.

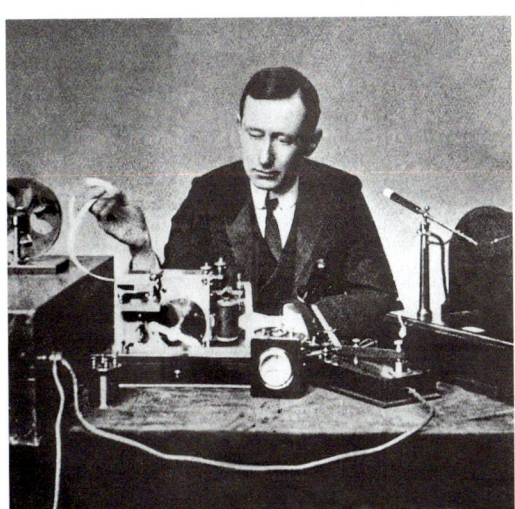

2 MARCONIS Versuche zur Funkübertragung

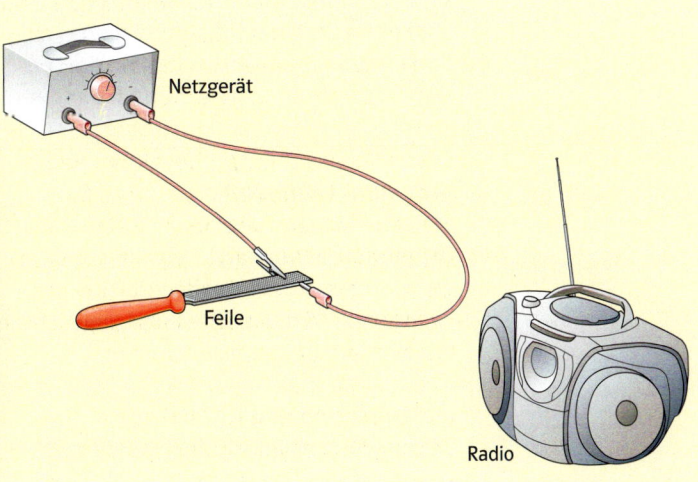

3 Zu Versuch 1

1 Siliciumdioxid in Form von Quarz-Kristallen und Sand

Halbleiter

Im Handy werden viele Daten empfangen und verarbeitet. Im Handy gibt es dafür viele elektronische Bauteile. Diese elektronischen Bauteile bestehen aus Silicium. Silicium ist ein wichtiges Element in der Halbleitertechnik.

Silicium – so häufig wie Sand am Meer

Silicium ist nach Sauerstoff der häufigste Bestandteil der Erdkruste. Allerdings kommt Silicium in der Natur nicht rein vor, sondern immer in Verbindung mit anderen Elementen. Am häufigsten ist die Verbindung mit Sauerstoff: Siliciumdioxid. Diese Verbindung kennst du als Quarz oder in lockerer Form als Sand (▷ B 1).

Leiter und Nichtleiter

Metalle wie beispielsweise Kupfer sind bei Zimmertemperatur gute elektrische Leiter, weil sie viele frei bewegliche Elektronen besitzen. Bei Kunststoffen und vielen anderen Nichtleitern ist das nicht der Fall.

Mal Leiter und mal Nichtleiter

Silicium ist ein elektrischer **Halbleiter**. Ein Halbleiter kann unter bestimmten Bedingungen ein Nichtleiter oder auch ein guter elektrischer Leiter sein. Die elektrische Leitfähigkeit von Halbleitern lässt sich durch Energiezufuhr erhöhen.

Ein Halbleiter leitet kaum bei sehr tiefen Temperaturen, sein elektrischer Widerstand ist groß. Mit steigender Temperatur wird der Widerstand kleiner.

Bei manchen Halbleitern bewirkt die Lichtenergie Ähnliches: Bei Dunkelheit ist ihr Widerstand groß. Bei starker Beleuchtung haben diese Halbleiter einen kleinen Widerstand.

Silicium

Den Halbleiter Silicium findest du in der 4. Hauptgruppe des Periodensystems. Ein Silicium-Atom hat vier Außenelektronen (▷ B 2). Jedes bildet mit einem Außenelektron des Nachbar-Atoms eine Elektronenpaarbindung.

Was bewirkt Energie im Silicium?

Bei sehr tiefen Temperaturen oder bei Dunkelheit sind fast alle Elektronen im Silicium-Kristall fest gebunden. Der Kristall ist ein Nichtleiter (▷ B 2).

Bei Erwärmung oder Beleuchtung ändert sich die Situation: Durch die Energiezufuhr werden einzelne Elektronen aus den Bindungen „herausgerissen" (▷ B 3). Diese Elektronen sind frei beweglich und stehen für den Leitungsvorgang zur Verfügung.

Elektron und Loch
Wenn ein Elektron freigesetzt wird, dann fehlt es im Atom. Diese Stelle, an der das Elektron fehlt, wird als **Loch** bezeichnet. Da die negative Ladung des freigesetzten Elektrons an dieser Stelle fehlt, kann man das Loch als positiv geladen betrachten. Je mehr Energie zugeführt wird, desto mehr freie Elektronen und Löcher bilden sich. Die Leitfähigkeit des Halbleiters nimmt zu. (► Struktur der Materie, S. 174/175)

Halbleiter leiten bei tiefen Temperaturen oder Dunkelheit nicht, weil fast alle Elektronen fest gebunden sind. Bei Energiezufuhr lösen sich Elektronen aus den Bindungen. Jedes freigesetzte Elektron hinterlässt ein positiv geladenes Loch.

AUFGABEN

1 ○ Nenne je ein Beispiel für einen Leiter, einen Nichtleiter und einen Halbleiter.

2 ○ Beschreibe den Aufbau eines Silicium-Kristalls (▷ B 2).

3 ◒ Beschreibe Möglichkeiten, wie man die Leitfähigkeit eines Halbleiters erhöhen kann.

4 ◒ Vergleiche die elektrische Leitfähigkeit eines Halbleiters mit der eines metallischen Leiters.

5 ◒ Informiere dich über die Eigenschaften von Silicium. Erstelle einen Steckbrief.

6 ◒ Erkläre die Vorgänge im Silicium-Kristall, wenn er erwärmt wird.

7 ● Plane ein Experiment, mit dem man einen Draht aus Halbleiter-Material von einem Draht aus Kupfer unterscheiden kann.

8 ● Recherchiere, was man unter der Eigenleitung eines Halbleiters versteht.

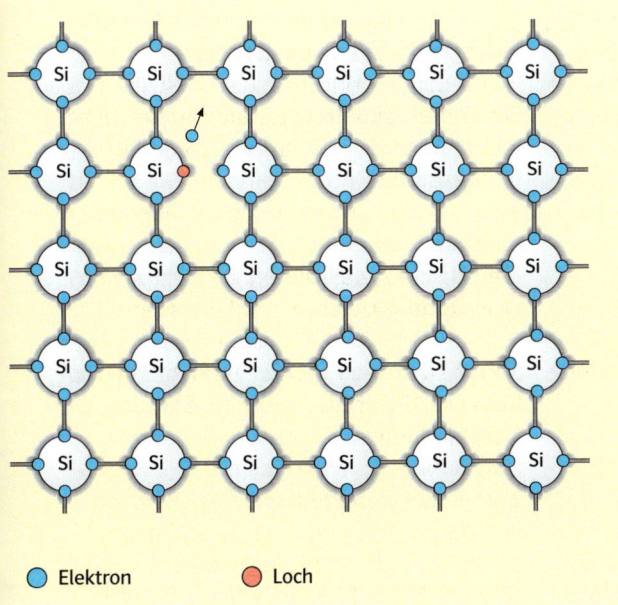
● Elektron ● Loch

2 Der Aufbau eines Silicium-Kristalls

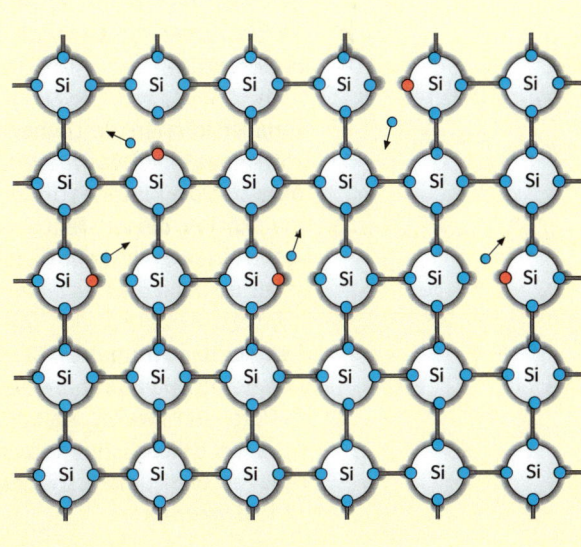
3 Bei Energiezufuhr entstehen mehr freie Elektronen und Löcher.

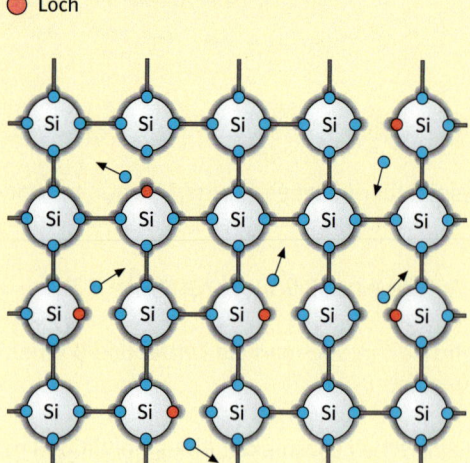

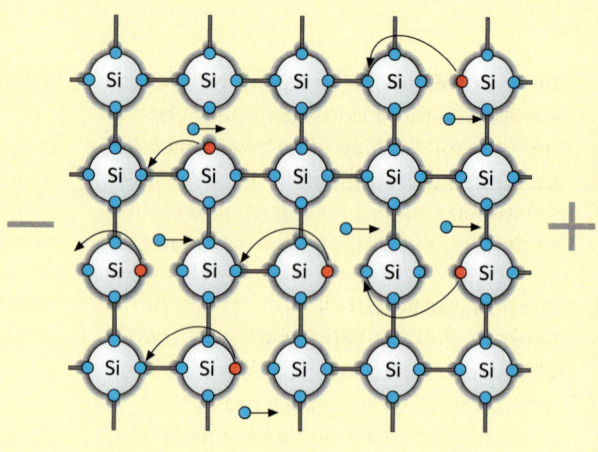

Elektron

Loch

1 Elektronen und Löcher im Silicium-Kristall

2 Elektronenstrom und Löcherstrom im Silicium-Kristall

Der Leitungsvorgang in Halbleitern

Elektronen- und Löcherwanderung

In einem Silicium-Kristall bilden sich bei Energiezufuhr freie negativ geladene Elektronen und positiv geladene Löcher.

Die Elektronen bewegen sich ungeordnet im Kristall (▷ B 1). Auf ihrem Weg können die Elektronen auf Löcher treffen und diese besetzen.

Genauso können die Löcher auch Elektronen aus einer Nachbarbindung „einfangen". Dort hinterlassen die Elektronen neue Löcher, die wieder durch Elektronen besetzt werden können. Dadurch scheint es, als ob auch die Löcher wandern.

Elektrischer Strom in Halbleitern

Wenn eine Spannung angelegt wird, laufen im Halbleiter zwei Vorgänge ab (▷ B 2):
- Die frei beweglichen Elektronen bewegen sich zum Pluspol. Es fließt ein **Elektronenstrom**.
- Gleichzeitig verlagern sich die Löcher in entgegengesetzte Richtung zum Minuspol. Dieser Strom wird als **Löcherstrom** bezeichnet.

Dotieren von Halbleitern

Damit ein Halbleiter noch besser den elektrischen Strom leitet, müssen mehr freie Ladungsträger erzeugt werden.

Eine Möglichkeit hast du bereits gelernt: Bei Erwärmung oder Beleuchtung eines Silicium-Kristalls erhöht sich die Zahl der freien Elektronen und Löcher.

Die Leitfähigkeit kann jedoch auch erhöht werden, indem man gezielt Fremdatome in den Silicium-Kristall einbaut. Die Fremdatome haben entweder ein Außenelektron mehr oder ein Außenelektron weniger als ein Silicium-Atom. Diesen Vorgang nennt man **Dotieren**.

Mehr Elektronen für den Elektronenstrom

Um zusätzliche Elektronen im Silicium-Kristall bereitzustellen, verwendet man zum Dotieren Elemente aus der 5. Hauptgruppe des Periodensystems, z.B. Arsen (▷ B 3).
Arsen hat fünf Außenelektronen und damit eines mehr als Silicium. Wenn ein Arsen-Atom in einen Silicium-Kristall eingebaut

wird, werden vier Außenelektronen des Arsens fest gebunden. Das fünfte Außenelektron wird nicht gebunden. Es steht als zusätzliches freies Elektron im Kristall zur Verfügung.

Den so entstandenen Kristall bezeichnet man als **n-dotiert**. In einem n-dotierten Halbleiter fließt ein stärkerer Elektronenstrom.

Mehr Löcher für den Löcherstrom
Silicium kann auch mit Elementen aus der 3. Hauptgruppe des Periodensystems dotiert werden, z.B. mit Indium (▷ B 4). Ein Indium-Atom hat nur drei Außenelektronen. Wenn es in einen Silicium-Kristall eingebaut wird, dann binden sich drei Außenelektronen des Indium-Atoms mit drei Außenelektronen des Silicium-Atoms. Das vierte Außenelektron des Siliciums hat keinen Bindungspartner. Damit entsteht ein zusätzliches Loch.

Ein so dotierter Halbleiter wird als **p-dotiert** bezeichnet. In einem p-dotierten Halbleiter fließt ein stärkerer Löcherstrom. (▶ Struktur der Materie, S.174/175)

Wird eine Spannung an einen Halbleiter angelegt, dann fließt ein Elektronenstrom in Richtung Pluspol und gleichzeitig ein Löcherstrom in Richtung Minuspol.

**Dotieren: Durch den Einbau von Fremdatomen kann ein Halbleiter gezielt leitfähiger gemacht werden.
Man unterscheidet n-dotierte und p-dotierte Halbleiter.**

AUFGABEN

1 ○ Nenne die Arten der elektrischen Ströme in einem Halbleiter.

2 ○ Gib Möglichkeiten an, wie die Leitfähigkeit von Halbleitern erhöht werden kann.

3 ◖ Beschreibe den Leitungsvorgang in einem Halbleiter.

4 ◖ Beschreibe, was man unter Dotieren versteht.

5 ● Erkläre, wie n-dotierte Halbleiter und wie p-dotierte Halbleiter entstehen.

6 ● Silicium kann auch mit Bor oder Phosphor dotiert werden. Erkläre jeweils mit einer Skizze, welche Dotierung sich ergibt.

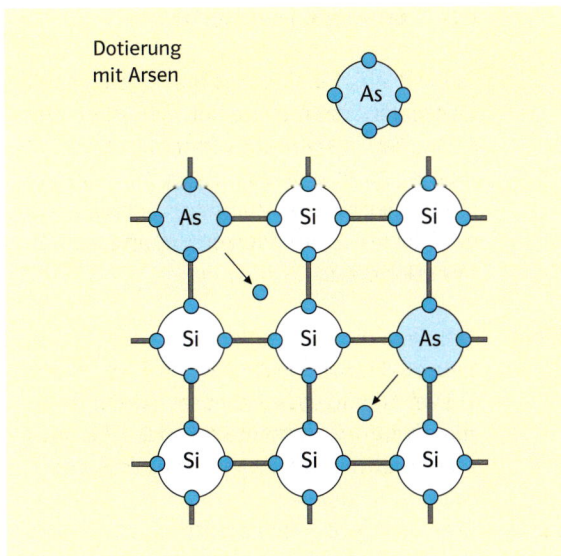

3 Ein n-dotierter Halbleiter

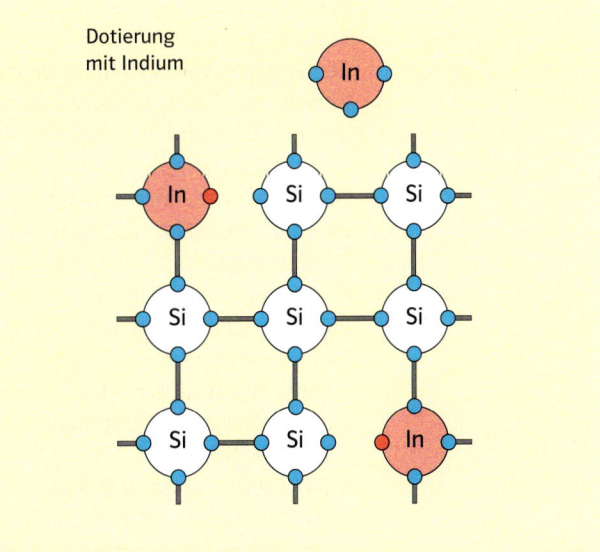

4 Ein p-dotierter Halbleiter

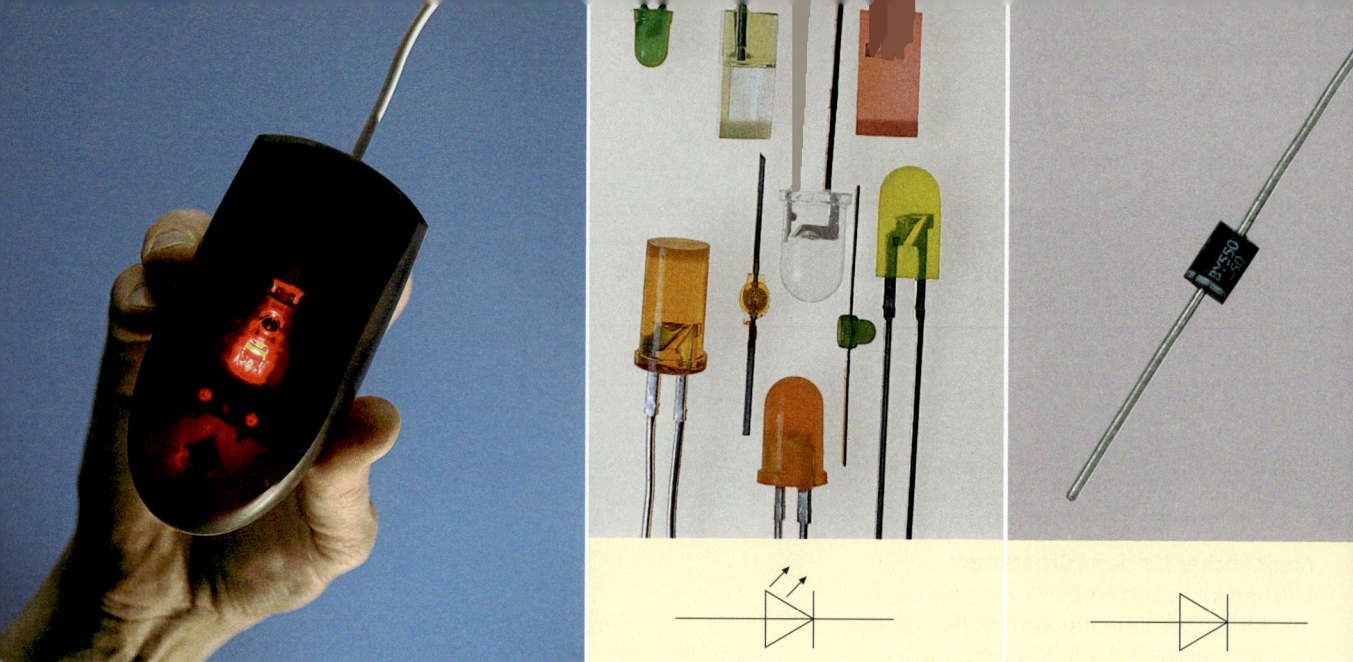

1 LED in einer Computer-Maus

2 Leuchtdiode und Universaldiode

Die Diode

Ob weiße **Leuchtdioden** in Lampen oder bunte Leuchtdioden in Displays – in vielen Bereichen sind Leuchtdioden nicht mehr wegzudenken. Auch in Computer-Mäusen sind Leuchtdioden enthalten (▷ B 1). Leuchtdioden werden auch kurz **LED** (light emitting diode) genannt.

Leuchtdioden

Leuchtdioden sind Halbleiterbauteile mit einer Besonderheit: Wenn elektrischer Strom durch eine LED fließt, dann sendet sie Licht aus.
Die Farbe des Lichts hängt nur vom verwendeten Halbleitermaterial und von der Dotierung ab.

Leuchtdioden haben zwei unterschiedlich lange Anschlussdrähte. Die unterschiedlichen Längen sind hilfreich, um die LED richtig anschließen zu können.

Eine LED richtig anschließen

Eine LED sendet nur dann Licht aus, wenn sie richtig angeschlossen ist (▷ V 1). Dazu muss der kurze Draht mit dem Minuspol der Spannungsquelle verbunden sein und der lange Draht mit dem Pluspol. In diesem Fall fließt elektrischer Strom durch den Halbleiter – die LED ist in **Durchlassrichtung** geschaltet (▷ B 3).

Wenn du die Anschlüsse vertauschst, dann fließt kein Strom – die LED ist in **Sperrrichtung** geschaltet (▷ B 4).

Nicht alle Dioden leuchten

Es gibt auch Dioden, die kein Licht aussenden (▷ B 2, rechts). Sie werden als **Universaldioden** bezeichnet. Solche Dioden werden z. B. eingesetzt, um Wechselstrom in Gleichstrom umzuwandeln.

Universaldioden sind auf einer Seite mit einem Ring markiert (▷ B 2, rechts). Auch Universaldioden lassen den Strom nur in eine Richtung fließen: Wenn die „Ringseite" der Diode mit dem Minuspol der Spannungsquelle verbunden ist, dann ist die Diode in Durchlassrichtung geschaltet (▷ V 2). Bei umgekehrter Polung sperrt die Diode.

Aus Wechselstrom wird Gleichstrom

Die Steckdose in deiner Wohnung stellt Wechselspannung bzw. Wechselstrom zur Verfügung. Handys und viele andere elektrische Geräte funktionieren aber nur mit Gleichstrom. Mithilfe von Dioden lässt sich Wechselstrom in Gleichstrom umwandeln.

Wenn du beispielsweise einen Gleichstrommotor an Wechselspannung anschließt, dann zittert der Motor nur hin und her. Aufgrund des Wechselstroms ändert der Motor ständig die Drehrichtung.
Der Motor soll sich aber in eine Richtung drehen. Das kann erreicht werden, indem man zusätzlich eine Diode in den Stromkreis einbaut. Die Diode lässt nur den Anteil des Wechselstroms in Durchlassrichtung durch, die andere Richtung ist gesperrt. Dadurch hat der Strom durch den Motor immer die gleiche Richtung.
Durch eine geschickte Anordnung von Dioden kann man Wechselstrom in Gleichstrom umwandeln.

Dioden sind Halbleiterbauteile, die den Strom nur in eine Richtung fließen lassen.

Mithilfe von Dioden lässt sich Wechselstrom in Gleichstrom umwandeln.

AUFGABEN

1 ○ Gib an, wie man Wechselstrom in Gleichstrom umwandeln kann.

2 ○ Beschreibe, wie eine LED angeschlossen werden muss, damit sie leuchtet.

3 ◔ Erkläre die Begriffe Durchlassrichtung und Sperrrichtung.

4 ◔ Dein kleiner Bruder versteht nicht, warum man für ein Handy ein Netzteil braucht, um es an die Steckdose anzuschließen. Erkläre es ihm.

5 ● a) Dioden werden auch als „Einbahnstraßen für Elektronen" bezeichnet. Stelle dies in einem Comic dar.
● b) Dioden können aus Wechselstrom Gleichstrom machen. Erkläre dies anhand deines Comics.

6 ● Die Diode wird auch als Gleichrichter bezeichnet, weil sie aus Wechselstrom Gleichstrom macht. Begründe, warum bei der Hochspannungs-Gleichstrom-Übertragung (► S. 96) Gleichrichter eine besondere Rolle spielen.

VERSUCH

1 a) Schließe eine rote LED in Reihe mit einer Lampe (3,8 V/0,07 A) an eine Batterie (4,5 V) an. Finde heraus, wie die LED angeschlossen werden muss, damit sie leuchtet.
b) Ersetze die LED durch eine Glühlampe und vergleiche.

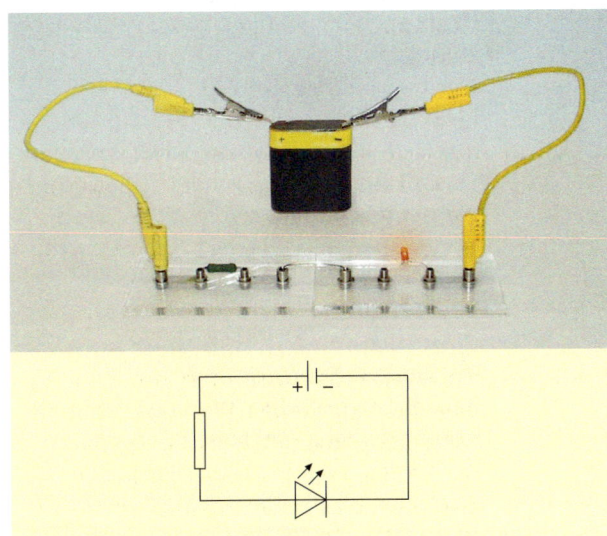

3 Durchlassrichtung – es fließt Strom.

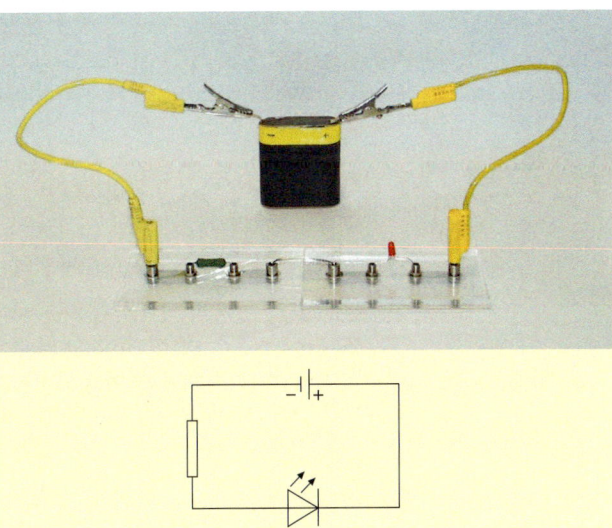

4 Sperrrichtung – es fließt kein Strom.

Das Innere einer Diode

Der Aufbau einer Diode

Eine Diode besteht aus einer p-dotierten und einer n-dotierten Halbleiterschicht (▷ B 1). In der p-dotierten Schicht sind mehr Löcher als in der n-dotierten Schicht vorhanden. In der n-dotierten Schicht sind mehr freie Elektronen als in der p-dotierten Schicht vorhanden.

Im Schaltzeichen stellt das Dreieck die p-Schicht und der Balken die n-Schicht dar.

Dort, wo n-Schicht und p-Schicht zusammentreffen, werden einige freie Elektronen von den Löchern „eingefangen". Dadurch entsteht ein schmaler Bereich, in dem es weder freie Elektronen noch unbesetzte Löcher gibt. Diese Schicht leitet nicht. Sie wird deshalb als Sperrschicht bezeichnet (▷ B 1).

Die Diode in Durchlassrichtung

Durch eine Diode fließt elektrischer Strom, wenn sie in Durchlassrichtung geschaltet ist. Das ist der Fall, wenn der Pluspol der Spannungsquelle mit der p-dotierten Schicht der Diode und der Minuspol mit der n-dotierten Schicht der Diode verbunden ist.

Was in der Diode passiert, wenn eine Spannung in Durchlassrichtung an die Diode angelegt wird, siehst du vereinfacht in Bild 2 links.

Die freien Elektronen wandern aus der n-Schicht durch die Sperrschicht zum Pluspol. Gleichzeitig „wandern" die Löcher aus der p-Schicht zum Minuspol. Damit ist der Übergang zwischen der n-Schicht und p-Schicht durchlässig geworden – die Diode leitet.

Die Diode in Sperrrichtung

Bei der umgekehrten Polung ist die Diode in Sperrrichtung geschaltet. Dabei liegt die n-Schicht der Diode am Pluspol der Spannungsquelle. Die p-Schicht der Diode ist an den Minuspol der Spannungsquelle angeschlossen (▷ B 2, rechts).

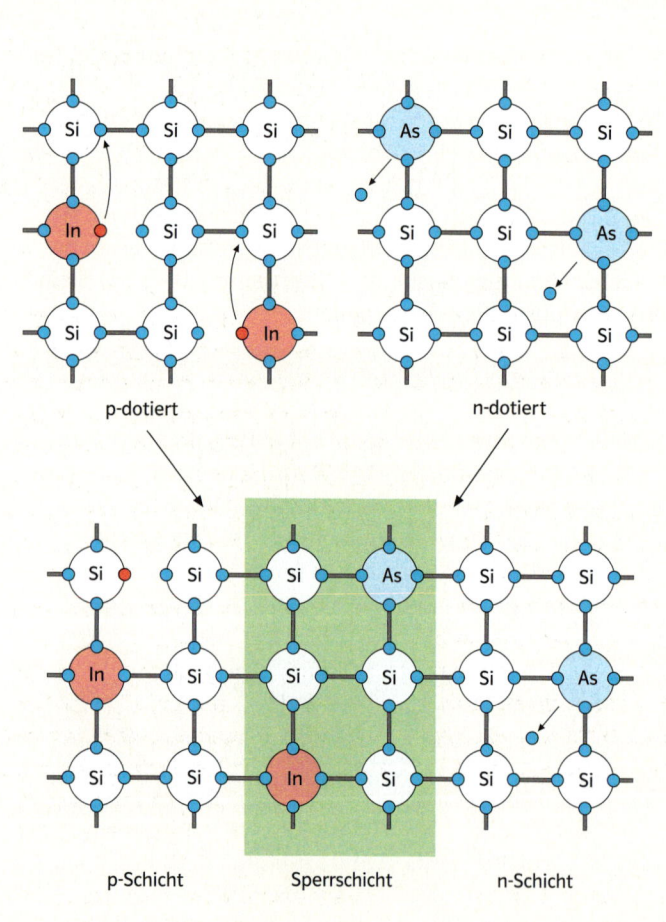

p-dotiert   n-dotiert

p-Schicht   Sperrschicht   n-Schicht

● Elektron
● Loch

1 Aufbau einer Halbleiterdiode

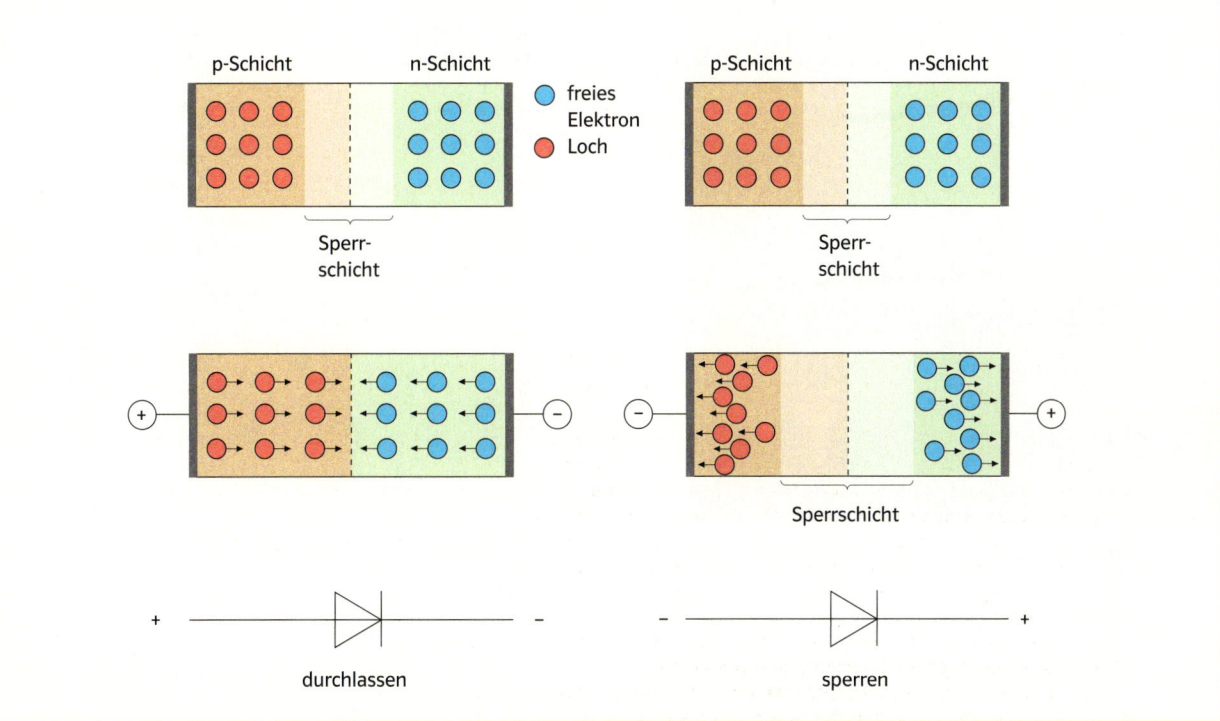

2 Eine Diode kann in Durchlassrichtung oder in Sperrrichtung geschaltet werden.

Die Elektronen aus der n-Schicht wandern zum Pluspol der Spannungsquelle – also weg von der Sperrschicht.
Die Löcher aus der p-Schicht verlagern sich zum Minuspol. Dadurch wird die Sperrschicht breiter. In der Sperrschicht gibt es es keine freien Elektronen oder Löcher. Die Diode sperrt.

Leuchtdioden brauchen Schutz
Leuchtdioden sind sehr empfindlich und vertragen nur geringe Spannungen. Wenn die Spannung einen bestimmten Wert überschreitet, dann steigt die Stromstärke plötzlich sehr stark an.

Bei zu hoher Stromstärke kann der Halbleiterkristall zerstört werden. Deshalb sind für LEDs Höchstspannungen angegeben.
Soll mit noch höheren Spannungen gearbeitet werden, muss die Diode durch einen geeigneten Vorwiderstand geschützt werden.

AUFGABEN

1 ◗ Beschreibe den Aufbau einer Diode. Benutze die Begriffe n-Schicht, p-Schicht und Sperrschicht.

2 ◗ Eine Diode ist in Sperrrichtung geschaltet. Begründe, warum sich die Sperrschicht vergrößert.

3 ◗ a) Erkläre die Vorgänge in einer Diode, die in Durchlassrichtung geschaltet ist.
◗ b) Erkläre die Vorgänge in einer Diode, die in Sperrrichtung geschaltet ist.

4 ◗ Begründe, warum Leuchtdioden mit einem Vorwiderstand geschützt werden müssen.

5 ● Recherchiere, welche Höchstspannungen für LEDs mit verschiedenen Farben gelten.

6 ● Bei einer Höchstspannung von 2 V fließt durch eine gelbe LED eine Stromstärke von 30 mA. Juliana möchte diese LED mit einer 9-V-Batterie betreiben. Fertige hierzu eine Skizze an. Berechne, welcher Vorwiderstand eingebaut werden muss.

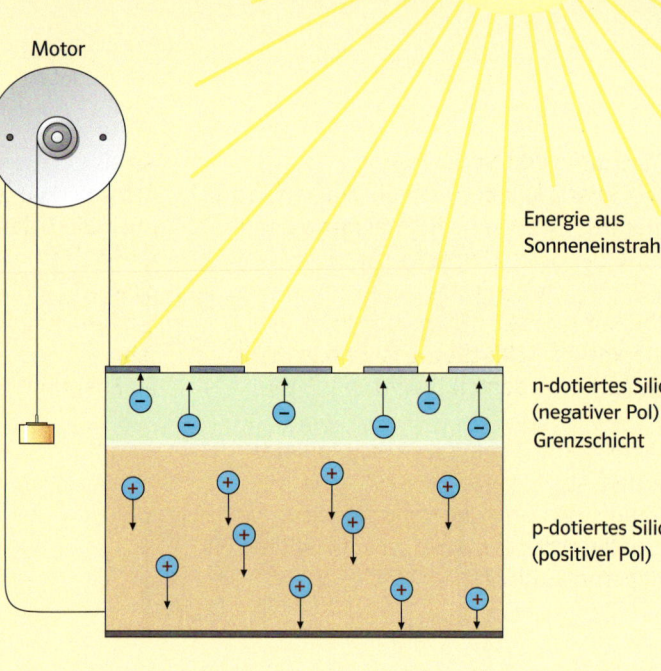

1 Fotovoltaik-Anlage

2 Das Prinzip einer Solarzelle

Die Solarzelle – ein Minikraftwerk

Fotovoltaik

Die Sonne ist unser wichtigster Energie-
lieferant. Die direkte Erzeugung von
elektrischer Energie aus Sonnenlicht wird
Fotovoltaik genannt.

Auf vielen Hausdächern findest du Foto-
voltaik-Anlagen. Sie enthalten Hunderte
von **Solarzellen** und nutzen das Licht der
Sonne zur Energieerzeugung (▷ B 1).

Solarzellen

Die Solarzelle ist ein Halbleiterbauteil, das
Sonnenlicht direkt in elektrische Energie
umwandelt.
Eine Solarzelle besteht aus einer rund
0,3 mm dünnen Silicium-Scheibe, die auf
beiden Seiten unterschiedlich dotiert ist
(▷ B 2).
Die vom Licht abgewandte Seite ist
p-dotiert und auf einer Kunststoffplatte
befestigt.
Die „Sonnenseite" ist n-dotiert. Sie ist
sehr dünn, damit das Licht möglichst

ungehindert bis zur Grenzschicht (zwischen dem n-dotierten und dem p-dotierten Bereich) durchdringen kann.
Das blaue Schimmern wird von einem speziellen Überzug aus Titanoxid verursacht.
Er dient zum Schutz der Solarzelle und zur
Verminderung von Reflexionsverlusten.
An der Solarzelle befinden sich zwei Metallkontakte. Ein Kontakt befindet sich an
der p-Schicht, der andere an der n-Schicht.

Strom aus Licht

Sobald Licht auf die Grenzschicht in der
Solarzelle trifft, werden Elektronen aus
den Bindungen gelöst. Es entstehen freie
Elektronen und positiv geladene Löcher
(▷ B 2). Die Elektronen sammeln sich in der
n-Schicht, die Löcher in der p-Schicht. Dadurch entsteht zwischen der Oberseite und
der Unterseite der Solarzelle eine Gleichspannung. Wird z. B. ein Elektromotor an
die Metallkontakte angeschlossen, dann ist
der Stromkreis geschlossen. Es fließt ein
Gleichstrom (▷ V 1).

Spannung und Stromstärke

Die Solarzellen, die man üblicherweise verwendet, liefern eine Spannung von etwa 0,5 V. Die Spannung ändert sich auch bei stärkerer Beleuchtung kaum.
Die Stromstärke nimmt jedoch zu, je stärker die Beleuchtung ist und je mehr Zellenfläche bestrahlt wird (▷ V 2, V 3).

Wenn du mehrere Solarzellen in Reihe schaltest, dann entsteht eine größere Spannung (▷ V 4). Wenn du die Solarzellen parallel schaltest, dann können Geräte mit höheren Stromstärken betrieben werden.

Von der Zelle zum Modul

Die Leistung einer einzelnen Solarzelle reicht nicht aus, um größere Elektrogeräte zu betreiben. Deshalb werden mehrere Solarzellen zusammengeschaltet und in einem Gehäuse montiert. Das bezeichnet man als **Solarmodul** oder kurz als Modul. In den meisten Modulen sind die Solarzellen in Reihe geschaltet. Ein Modul mit 36 Solarzellen (jeweils 0,5 V) liefert also eine Gleichspannung von 18 V. Damit könnte beispielsweise ein Parkscheinautomat betrieben werden. Es könnte auch ein Akku aufgeladen werden, der bei Dunkelheit die elektrische Energie wieder abgibt.

3 Nutzung der Sonnenenergie in der Raumfahrt

An einer Fotovoltaik-Anlage kannst du die Solarmodule gut erkennen (▷ B 1).
Auch die Solarmodule werden häufig in Reihe geschaltet und liefern dadurch eine ausreichend hohe Spannung.
Solarmodule werden auch in der Raumfahrt verwendet (▷ B 3).
(► Energie, S. 168 – 171)

Solarzellen sind Halbleiterbauteile, die Lichtenergie in elektrische Energie umwandeln.

AUFGABEN

1 ○ Nenne die grundsätzliche Aufgabe einer Solarzelle.

2 ○ Beschreibe, was man unter Fotovoltaik versteht.

3 ◒ Erkläre, wie eine Solarzelle funktioniert.

4 ◒ Verdeutliche in einer Skizze, wie ein Solarmodul aufgebaut sein könnte, das eine Spannung von 6 V liefert.

5 ◒ Stelle die Energieumwandlung in einer Solarzelle mit einer Skizze dar.

6 ● Es wird an der Erhöhung des Wirkungsgrads von Solarzellen geforscht. Begründe, warum dies wichtig ist.

VERSUCHE

1 Schließe einen geeigneten Elektromotor mit einem Ventilator an Solarzellen an. Beleuchte die Solarzellen mit einer starken Lampe oder dem Sonnenlicht. Beobachte den Ventilator, wenn du die Anschlüsse vertauschst.

2 Beleuchte Solarzellen unterschiedlich stark, indem du die Entfernung der Solarzellen zu einer Lampe änderst. Miss die Spannung und die Stromstärke.

3 Beleuchte Solarzellen mit einer hellen Lampe. Miss die Spannung und die Stromstärke. Bedecke unterschiedlich große Flächen der Solarzellen und wiederhole die Messung.

4 Schalte mehrere Solarzellen in Reihe und beleuchte sie gleichmäßig. Miss an den Endanschlüssen jeweils Spannung und Stromstärke. Wiederhole den Versuch mit parallel geschalteten Solarzellen. Vergleiche deine Ergebnisse.

1 Wasserhahn mit Sensor   2 Einparkhilfe

Elektronik im Alltag

Klaus macht ein Praktikum in einem modernen Bürohaus. Er stellt fest, dass ihm hier „wie von Geisterhand" viele Tätigkeiten abgenommen werden. Beim Betreten des Flurs schaltet sich die Beleuchtung ein. Wenn die Sonne ins Büro scheint, dann werden die Lamellen-Jalousien automatisch heruntergefahren. Auf der Toilette muss er nur die Hände unter den Wasserhahn halten und schon beginnt das Wasser zu fließen (▷ B 1). Und wenn er mit Akten beladen durch die Flure läuft, ist es sehr hilfreich, dass sich die Zwischentüren automatisch öffnen, sobald er sich ihnen nähert. Und falls ein ungebetener Gast nachts das Gebäude betritt, wird ein Alarm ausgelöst. Alle diese Vorgänge werden durch **Sensoren** gesteuert.

Was ist ein Sensor?
Sensoren sind elektronische Bauteile, die Veränderungen von Zuständen wahrnehmen. Dadurch werden Vorgänge ausgelöst und gesteuert. Es gibt Sensoren, die auf Licht, Schall, Wärme, Bewegung oder Berührung reagieren.

Sensoren im Haushalt und im Auto
Auch viele Geräte im Haushalt enthalten „versteckte Elektronik". Das Bügeleisen oder der Backofen halten durchgängig die vorgegebene Temperatur. Und auch die Waschmaschine „weiß", mit wie viel Wasser sie befüllt werden und wie stark das Wasser aufgeheizt werden muss.

Das moderne Auto hat viele Sensoren. Eine der modernsten Errungenschaften ist die Einparkhilfe. Mithilfe von Sensoren sucht sich das Auto selbstständig den exakten Weg in eine Parklücke (▷ B 2).

Sensoren sind elektronische Bauteile. Sensoren können Veränderungen von Zuständen wahrnehmen. Mithilfe von Sensoren werden Vorgänge ausgelöst und gesteuert.

AUFGABEN

1 ○ Nenne fünf Geräte, die Daten mit Sensoren aufnehmen.

2 ◒ Es gibt verschiedene Arten von Sensoren. Erstelle eine Tabelle, worauf Sensoren reagieren und was sie auslösen können.

3 ● Erkläre, wie durch Sensoren Energie gespart werden kann.

Immer online?

Elektronische Medien haben viele Vorteile
Du hast sicherlich schon Folgendes erlebt:
Du sitzt mit Freunden zusammen und
plötzlich taucht eine Frage auf, auf die keiner eine Antwort weiß. Wann hat eine be-
kannte Musikgruppe ihr nächstes Konzert
in der Nähe oder wie lautet die Adresse
einer viel besuchten Diskothek?

Kein Problem. Mithilfe der modernen Kommunikationsmittel findest du immer und
überall Antworten auf diese oder ähnliche
Fragen.

Auch wenn du außerhalb deiner Wohnung
bei schönem Wetter im Freien bist, helfen
dir diese Kommunikationsmittel, Informationen aus dem Internet zu bekommen.
Immer und überall online sein zu können,
kann eine große Hilfe sein.

Soziale Netzwerke – persönliche Kontakte
Über die sozialen Netzwerke kannst du
jederzeit erfahren, was deine Freunde
gerade so machen und wo sie sich gerade
aufhalten.

Aber Folgendes hast du sicherlich auch
schon als störend empfunden: In geselliger
Runde klingelt ständig das Handy oder einer oder mehrere beteiligen sich nicht am
Gespräch und sind stattdessen mit ihren
Kommunikationsgeräten beschäftigt. Das
persönliche Miteinander darf nicht unter
den elektronischen Medien leiden.

Die sozialen Netzwerke sind interessant
und aus dem heutigen Alltag nicht mehr
wegzudenken. Sie dürfen aber persönliche
Kontakte und Gespräche nicht ersetzen.

**Die elektronischen Medien sind ein wichti-
ger Bestandteil der Kommunikation.
Die elektronischen Medien dürfen
aber das persönliche Miteinander nicht
ersetzen.**

1 Moderne Kommunikationsmittel im Alltag

AUFGABEN

1 ○ Nenne die Vorteile der elektronischen Medien und der sozialen Netzwerke.

2 ◒ a) Erstelle eine Tabelle, welche elektronischen Medien und welche sozialen
Netzwerke du nutzt. Schreibe die dafür
aufgewendete Zeit (im Durchschnitt pro
Tag) dazu.
◒ b) Diskutiert in der Gruppe die
Ergebnisse aus Aufgabenteil a. Wägt
dabei Vorteile und Nachteile, immer
online zu sein, gegeneinander ab.

3 ● Führt ein Planspiel (▶ S.94/95) zum
Thema „Datenschutz in sozialen Netz-
werken" durch.

Zusammenfassung

Daten
Aus Befragungen, Beobachtungen oder Messungen können wir Daten gewinnen. Die kleinste Datenmenge ist das Bit. Ein Bit kann genau zwei Zustände haben, z. B. „Strom an" und „Strom aus".

Analog und digital
Ein Signal ist analog, wenn es kontinuierlich (stufenlos) verläuft.
Wenn das Signal gestuft ist, dann ist es digital.

Datenübertragung mit dem Telefon
Mit dem Telefon können Daten übertragen werden.
Ein Telefon enthält ein Mikrofon und einen Lautsprecher. Ein Mikrofon wandelt Schall in elektrische Signale um. Ein Lautsprecher wandelt elektrische Signale in Schall um.

Funkübertragung
Heute ist die drahtlose Funkübertragung ein wesentlicher Bestandteil unserer mobilen Kommunikation, zum Beispiel mit Smartphones und Laptops.
Bei der Funkübertragung werden Daten mit elektromagnetischen Wellen übertragen.
So können wir zum Beispiel mit dem Smartphone unterwegs Bilder und Texte empfangen und verschicken.

Halbleiter
Halbleiter, z. B. Silicium, sind bei tiefen Temperaturen oder Dunkelheit schlechte elektrische Leiter. Die Elektronen sind fest an die Atome gebunden.
Durch Energiezufuhr (z. B. Erwärmung oder Beleuchtung) können sich einige Elektronen lösen. Jedes freiwerdende Elektron hinterlässt ein Loch. Ein Loch ist positiv geladen.

Leitungsvorgänge in Halbleitern
Wenn eine Spannung an einen Halbleiter angelegt wird, dann laufen zwei Vorgänge ab: Ein Elektronenstrom fließt in Richtung Pluspol, ein Löcherstrom in Richtung Minuspol.

Dotieren
Wenn man Fremdatome (z. B. Indium oder Arsen) in einen Halbleiter-Kristall einbaut, dann bezeichnet man dies als Dotieren. Durch das Dotieren wird ein Halbleiter leitfähiger gemacht, weil mehr freie Elektronen und mehr Löcher vorhanden sind.
Ein Halbleiter ist n-dotiert, wenn zusätzliche freie Elektronen vorhanden sind. Wenn hingegen zusätzliche Löcher entstehen, ist der Halbleiter p-dotiert.

Die Diode
Die Diode ist ein Halbleiterbauteil, das Strom nur in eine Richtung hindurchfließen lässt. Deshalb kann man mit Dioden Wechselstrom in Gleichstrom umwandeln.
Auch eine Leuchtdiode (LED) lässt den Strom nur in eine Richtung hindurchfließen. Wenn Strom durch eine LED fließt, dann sendet sie Licht aus.

Solarzelle
Eine Solarzelle ist ein Halbleiterbauteil, das mithilfe von Licht eine elektrische Spannung erzeugt. Dabei wird Lichtenergie in elektrische Energie umgewandelt.
Eine Solarzelle besteht aus einer n-dotierten Schicht und einer p-dotierten Schicht. Wenn Licht auf eine Solarzelle fällt, dann werden Elektronen und Löcher auf verschiedenen Seiten der Solarzelle gesammelt. So entsteht eine Spannung.

AUFGABEN

1 ○ Beschreibe an einem Beispiel, was Daten sind.

👍 Super! ❓ ► S.146/147

2 ○ Nenne ein Beispiel für einen Daten-wandler.

👍 Super! ❓ ► S.146/147

3 ○ Ordne folgende Fachbegriffe richtig zu: analog – digital – gestuft – stufen-los.

👍 Super! ❓ ► S.148/149

4 ○ Gib an, mit welchem Bauteil man Wechselstrom in Gleichstrom umwan-deln kann.

👍 Super! ❓ ► S.158/159

5 ○ Beschreibe, was eine Diode ist.

👍 Super! ❓ ► S.158/159

6 ○ Gib an, welche Energieumwandlung in einer Solarzelle stattfindet.

👍 Super! ❓ ► S.162/163

7 ○ Zähle zwei Beispiele für Sensoren auf.

👍 Super! ❓ ► S.164

8 ◔ a) Begründe, warum Halbleiter bei sehr tiefen Temperaturen und Dunkel-heit sehr schlecht leiten.
◔ b) Begründe, warum Halbleiter bei Energiezufuhr besser leiten.

👍 Super! ❓ ► S.154/155

9 ◔ Erkläre, was man unter einem Loch in einem Halbleiter versteht.

👍 Super! ❓ ► S.154/155

10 ◔ a) Begründe, warum man Halbleiter dotiert.
◔ b) Erkläre den Unterschied zwischen einem n-dotierten und einem p-dotier-ten Halbleiter.

👍 Super! ❓ ► S.156/157

11 ◔ Erkläre die Begriffe Durchlassrich-tung und Sperrrichtung bei der Diode.

👍 Super! ❓ ► S.158/159

12 ◔ Beschreibe Einsatzbereiche für Dioden.

👍 Super! ❓ ► S.158/159

13 ● Erkläre, was zwischen einem Sende-masten und einem Rundfunkempfän-ger passiert.

👍 Super! ❓ ► S.152/153

14 ● Begründe, warum man Dioden als „Einbahnstraßen für Elektronen" bezeichnen kann.

👍 Super! ❓ ► S.158/159

15 ● Beschreibe die Vorgänge in einer Solarzelle, wenn Licht auf die Grenz-schicht trifft.

👍 Super! ❓ ► S.162/163

Energie

Die Energie ist eine der wichtigsten Größen in unserem Alltag: Ohne Energie könnten keine Autos fahren, könnten Lampen kein Licht erzeugen und kein elektrisches Gerät könnte funktionieren. Verkehr, Licht, Strom – immer ist Energie beteiligt.
Viele Geräte im Haushalt benötigen elektrische Energie. Aus der chemischen Energie von Brennstoffen, der Bewegungsenergie von Wind und Wasser und der Sonnenenergie wird die elektrische Energie durch Energieumwandlung erzeugt.
Energie kann von einer Form in eine andere Form umgewandelt werden. Die Energie selbst wird aber nicht produziert oder verbraucht.

Bewegung durch Energie

Autos benötigen Energie, um sich zu bewegen. Diese Energie ist als chemische Energie im Treibstoff enthalten. Der Treibstoff wird im Motor verbrannt. Die chemische Energie wird dadurch in Bewegungsenergie umgewandelt und das Fahrzeug bewegt sich.

Im Treibstoff steckt chemische Energie.

Der Wirkungsgrad

Es muss Energie eingesetzt werden, damit Autos fahren oder Lampen leuchten können. Dabei entspricht die eingesetzte Energie nicht der für den jeweiligen Zweck genutzten Energie.
Beispiel: Bei einem Auto werden nur rund 16 % der eingesetzten Energie für die Fortbewegung genutzt. Der größte Teil der eingesetzten Energie geht aber als Wärme an die Umgebung und wird nicht weiter genutzt.
Wenn man den Quotienten bildet aus der genutzten Energie und der eingesetzten Energie, dann erhält man den Wirkungsgrad. Der Wirkungsgrad wird häufig in Prozent angegeben. Im obigen Beispiel beträgt der Wirkungsgrad des Autos rund 16 %.

Ein Auto nutzt 16 % der eingesetzten Energie für die Fortbewegung.

Kinetische und potentielle Energie

Körper, die in Bewegung sind, haben kinetische Energie (Bewegungsenergie).
Körper, die sich in einer bestimmten Höhe befinden, haben dagegen potentielle Energie (Höhenenergie).
Bei einem Snowboardfahrer in der Halfpipe sieht man, dass sich kinetische Energie und potentielle Energie ineinander umwandeln können. Hoch oben an der Kante hat der Snowboardfahrer nur potentielle Energie. Dann fährt er hinunter. Die potentielle Energie wird in Bewegungsenergie umgewandelt: Seine Höhe verringert sich, dafür erhöht sich seine Geschwindigkeit. Beim Hochfahren ist es umgekehrt. Wieder oben an der Kante steht der Snowboardfahrer hoch in der Luft: Er hat keine kinetische Energie mehr, sie hat sich vollständig in Höhenenergie umgewandelt.

Die Auswahl des Leuchtmittels kann beim Energiesparen helfen.

Energie sparen

Herkömmliche Glühlampen haben nur einen Wirkungsgrad von 5 %. Das heißt: Nur 5 % der eingesetzten Energie wird für den gewünschten Zweck, hier das Leuchten, eingesetzt.
Andere Leuchtmittel, zum Beispiel Energiesparlampen und LED-Lampen, haben einen höheren Wirkungsgrad. Leuchtmittel mit einem hohen Wirkungsgrad können beim Energiesparen helfen.

Snowboardfahrer in Halfpipe

In vielen Kraftwerken werden fossile Brennstoffe verbrannt.

Windkraftanlage

Verbrennung fossiler Brennstoffe

In vielen Kraftwerken werden fossile Brennstoffe verbrannt, um elektrische Energie zu erzeugen. Zu den fossilen Brennstoffen zählen zum Beispiel Kohle, Erdöl und Erdgas.

Die fossilen Brennstoffe sind zurzeit eine wichtige Grundlage für unseren hohen Lebensstandard. Allerdings ist das Verbrennen fossiler Brennstoffe nicht unproblematisch: Zum einen sind die Vorräte an fossilen Brennstoffen begrenzt. Zum anderen entsteht bei der Verbrennung fossiler Brennstoffe Kohlenstoffdioxid. Man geht davon aus, dass der vermehrte Ausstoß von Kohlenstoffdioxid den Treibhauseffekt verstärkt. Ein verstärkter Treibhauseffekt führt zu einer Klimaerwärmung mit noch nicht absehbaren Folgen.

Regenerative Energiequellen

Zur Erzeugung elektrischer Energie können wir auch auf regenerative (sich erneuernde) Energiequellen zurückgreifen. Zu den regenerativen Energiequellen gehören zum Beispiel Windenergie und Sonnenenergie.

Regenerative Energiequellen haben zwei Vorteile gegenüber fossilen Brennstoffen: Zum einen sind genügend Vorräte vorhanden, denn regenerative Energiequellen erneuern sich von selbst. Zum anderen entsteht kein klimaschädliches Kohlenstoffdioxid. In Deutschland, vor allem in Niedersachsen, sind mittlerweile viele Windkraftanlagen zu sehen. Auch Solarmodule sieht man auf vielen Dächern oder in Solarparks zur Erzeugung elektrischer Energie.

Solarzelle

Die Solarzelle ist ein Halbleiterbauteil, das Sonnenlicht direkt in elektrische Energie umwandelt.
Beispiel: Viele Taschenrechner sind heute mit Solarzellen ausgerüstet.
Eine einzelne Solarzelle liefert nur eine geringe Leistung. Um höhere Leistungen zu erzielen, schaltet man viele Solarzellen zu Solarmodulen zusammen. Durch mehrere Solarmodule, die oft auf den Dächern von Häusern angebracht sind, kann man Haushalte mit elektrischer Energie versorgen.

Solarmodule auf dem Hausdach

Elektrische Energieübertragung

In Kraftwerken wird elektrische Energie erzeugt. Von den Kraftwerken muss die Energie über große Entfernungen zu den Haushalten transportiert werden.
Während der Energieübertragung können Wärmeverluste auftreten. Durch eine hohe Spannung lassen sich unerwünschte Wärmeverluste allerdings gering halten. Deshalb wird die Energie mit Hochspannung übertragen.
Die Transformatoren haben die wichtige Aufgabe, die Spannung auf Hochspannung zu erhöhen. Ein dichtes Netz von Hochspannungsleitungen verteilt die elektrische Energie dann. Für die Nutzung in unseren Haushalten wird die Hochspannung wieder mit Transformatoren verkleinert.

Energieübertragung in unserem Stromnetz

AUFGABEN

1 ○ Beschreibe die Energieumwandlung in einem Auto.

2 ◉ Beschreibe mit Fachbegriffen die Energieumwandlungen eines Snowboardfahrers in der Halfpipe.

3 ◉ Begründe, warum es sinnvoll ist, die fossilen Brennstoffe durch regenerative Energiequellen zu ersetzen.

4 ◉ Begründe, warum es sinnvoll ist zu erforschen, wie man den Wirkungsgrad von Maschinen oder Geräten erhöhen kann.

5 ● Erstelle eine Mind-Map zum Thema Energie (► S. 27). Nutze dazu die Texte von S. 168 – 171.

System

Ein System besteht aus mehreren Elementen (Einzelteilen). Es funktioniert, weil alle Elemente zusammenwirken. Dabei hat jedes Element seine spezielle Aufgabe.

Systeme gibt es in der Natur (z. B. Immunsystem oder Ökosystem), in der Technik (z. B. Bremssystem oder Betriebssystem), aber auch in der Gesellschaft (z. B. Wirtschaftssystem oder Bildungssystem).

Der Elektromotor

Der Elektromotor ist ein System aus Teilen, die genau aufeinander abgestimmt sind, damit es zu einer Drehbewegung kommt.
Die wesentlichen Teile sind der Stator (ein feststehender Magnet), der Rotor (ein drehbarer Elektromagnet) und der Kommutator.
Damit das System „Elektromotor" funktioniert und der Motor läuft, müssen die drei Teile genau passend angeordnet sein: Die Pole von Rotor und Stator müssen sich immer genau passend anziehen oder abstoßen. Dazu wird im richtigen Moment die Richtung des Stroms im Kommutator geändert. Das ist die spezielle Aufgabe des Kommutators.

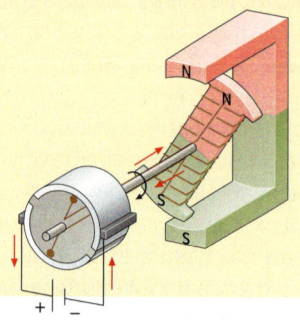

Modell eines Elektromotors

Kernkraftwerk

Ein Kernkraftwerk ist ein kompliziertes System aus vielen Einzelteilen. In diesem System sind die Regelstäbe besonders wichtige Einzelteile.
Damit die Kernspaltung in einem Kernkraftwerk kontrolliert abläuft, sind zwischen den Brennstäben Regelstäbe angebracht. Sie haben eine wichtige Aufgabe: Die Regelstäbe fangen Neutronen ein. So kann die Kettenreaktion gesteuert werden.
Wenn im System „Kernkraftwerk" die Regelstäbe ganz heruntergefahren werden, kommt die Kettenreaktion zum Stillstand.

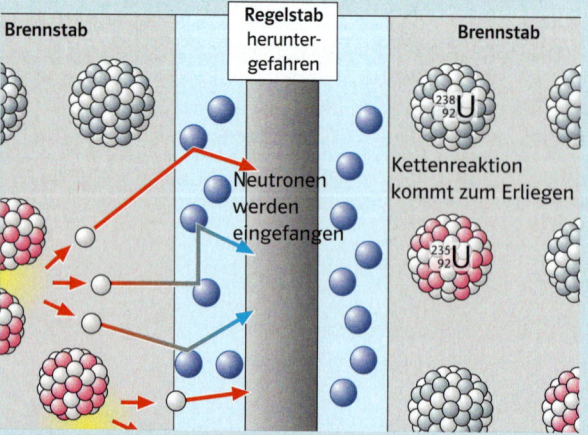

Regelstab im System „Kernkraftwerk"

Kommunikationssystem

Damit wir auch über weite Entfernungen kommunizieren können, gibt es ein Kommunikationssystem. Es wird auch Kommunikationsnetz genannt. Wenn du mit deinem Handy telefonierst, dann wandelt das Mikrofon die akustischen Signale deiner Sprache in elektrische Signale um. Diese werden per Funk übertragen. Der Lautsprecher im Handy deines Gesprächspartners wandelt die ankommenden elektrischen Signale wieder in akustische Signale um.

Handy-Telefonat

Energieversorgungssystem

Damit wir mit elektrischer Energie versorgt werden, gibt es ein Energieversorgungssystem. Es wird auch Stromversorgungsnetz genannt. Es besteht aus Kraftwerken, Transformatoren, Leitungen und Abnehmern der elektrischen Energie (z. B. Haushalte). In den Kraftwerken wird die elektrische Energie erzeugt. Transformatoren erhöhen die Spannung auf bis zu 380 000 V. Dadurch werden die Wärmeverluste in den Fernleitungen verringert. Nach mehreren Hundert Kilometern Fernleitung setzen die Transformatoren die Spannung auf 230 V für unsere Haushalte herab.

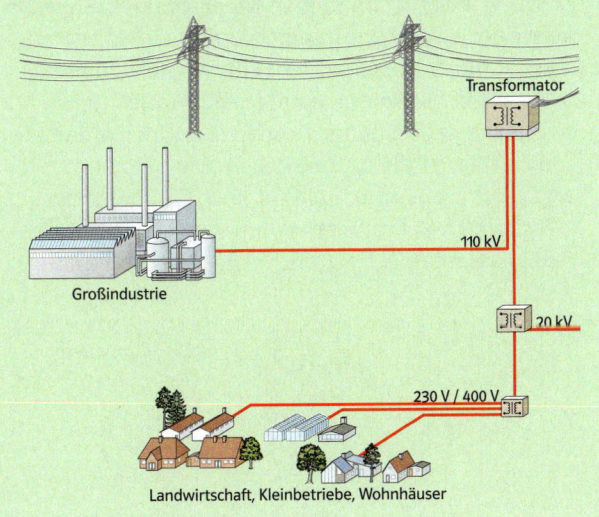

Stromversorgungsnetz

AUFGABEN

1 ○ Nenne die Aufgabe von Transformatoren im elektrischen Energieversorgungssystem.

2 ◒ Beschreibe die Vorgänge im Kommunikationssystem bei einem Handy-Telefonat.

3 ◒ Beschreibe, was mit dem System „Kernkraftwerk" passiert, wenn die Regelstäbe ihre Aufgabe nicht mehr erfüllen können.

4 ◒ Erkläre am Beispiel des Elektromotors, was typisch für ein System ist.

5 ● Beschreibe die Struktur unseres elektrischen Energieversorgungssystems.

Struktur der Materie

Die gesamte Materie, die uns umgibt, ist aus Atomen aufgebaut. Über die Eigenschaften von Atomen entwickelte man schon vor über 2 000 Jahren erste Vorstellungen. Diese Vorstellungen konnten Forscher durch naturwissenschaftliche Methoden weiterentwickeln und durch Experimente immer weiter verfeinern.

Mittlerweile wissen wir sogar, dass das Atom selbst aus kleineren Teilchen zusammengesetzt ist. Im Periodensystem der Elemente sind alle bekannten Elemente aufgeführt. Aus dem Periodensystem kann man Informationen zum Aufbau der zugehörigen Atome ablesen.

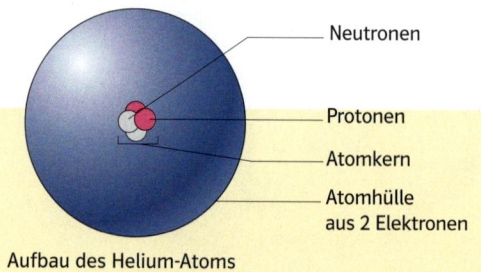

Neutronen

Protonen

Atomkern

Atomhülle
aus 2 Elektronen

Aufbau des Helium-Atoms

Aufbau von Atomen

Atome bestehen aus drei Sorten von Teilchen: Elektronen, Protonen und Neutronen. Diese Teilchen befinden sich in unterschiedlichen Teilen des Atoms. Ein Atom kann man in eine große Atomhülle und einen kleinen Atomkern unterteilen: In der Atomhülle befinden sich die Elektronen. Im Atomkern dagegen befinden sich die Protonen und Neutronen. Die Anzahl an Protonen ist für ein Element immer gleich. Im Periodensystem kannst du die Anzahl der Protonen ablesen: Sie entspricht der Ordnungszahl. Diese Zahl entspricht auch der Anzahl an Elektronen in der Hülle eines neutralen Atoms. Die Anzahl an Neutronen kann sich allerdings unterscheiden: Atome desselben Elements, die sich durch ihre Neutronenanzahl unterscheiden, bezeichnet man als Isotope.

Radioaktiver Zerfall

So wie viele Elemente hat auch Uran verschiedene Isotope. Diese unterscheiden sich durch ihre Neutronenanzahl im Kern.
Die Uran-Isotope sind nicht stabil. Sie sind radioaktiv, d.h. ihre Atomkerne wandeln sich ohne äußeren Einfluss in andere Atomkerne um. Dabei wird radioaktive Strahlung abgegeben. Die dabei entstehenden Atomkerne sind häufig selbst wieder radioaktiv. So können ganze Zerfallsreihen entstehen. Eine Zerfallsreihe endet bei einem stabilen Atomkern.
Eine wichtige Größe zur Beschreibung des radioaktiven Zerfalls ist die Halbwertszeit: Die Halbwertszeit gibt an, nach welcher Zeit nur noch die Hälfte der ursprünglichen Atomkerne vorhanden ist. Nach zwei Halbwertszeiten ist nur noch ein Viertel vorhanden usw.

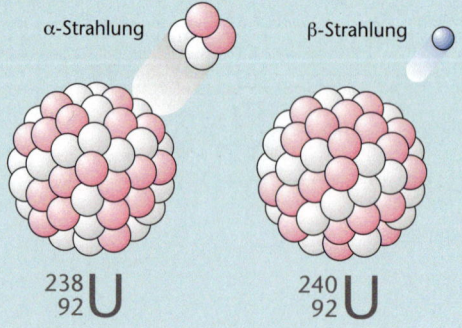

α-Strahlung

β-Strahlung

$^{238}_{92}U$

$^{240}_{92}U$

Radioaktiver Zerfall von Uran-Isotopen

Silicium

Silicium ist ein wichtiges Element für die moderne Halbleitertechnik. Die elektrische Leitfähigkeit von Silicium ist bei Normalbedingungen schlechter als die der Metalle, aber besser als die der Isolatoren. Ein Silicium-Kristall leitet den elektrischen Strom, weil sich im Kristall einige Elektronen und Löcher frei bewegen können. Die Leitfähigkeit von Silicium kann durch Dotieren (Einbau von Fremdatomen in die Kristallstruktur) verbessert werden.

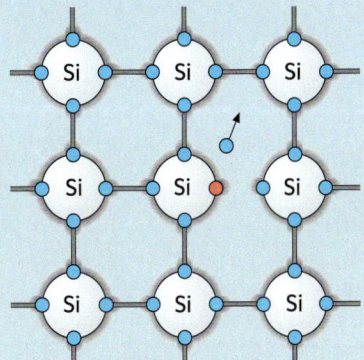

Der Aufbau eines Silicium-Kristalls

Kernspaltung und Kettenreaktion

Bei der Kernspaltung passiert etwas, was die damaligen Forscher sehr erstaunt hat: Bei der Kernspaltung wandelt sich ein schweres Element in zwei leichtere Elemente um.
Die Forscher beschossen damals Uran-235-Kerne mit Neutronen. Dabei passiert Folgendes mit dem Atomkern: Er spaltet sich in zwei kleinere Kerne auf, zum Beispiel in Barium-139 und Krypton-95. Zusätzlich entstehen mehrere Neutronen. Diese Neutronen können weitere Kernspaltungen auslösen: So entsteht eine Kettenreaktion.
Bei einer Kettenreaktion unterscheidet man zwei Fälle: kontrolliert und unkontrolliert. Eine unkontrollierte Kettenreaktion findet in Atomwaffen statt, eine kontrollierte Kettenreaktion hingegen in Kernkraftwerken.

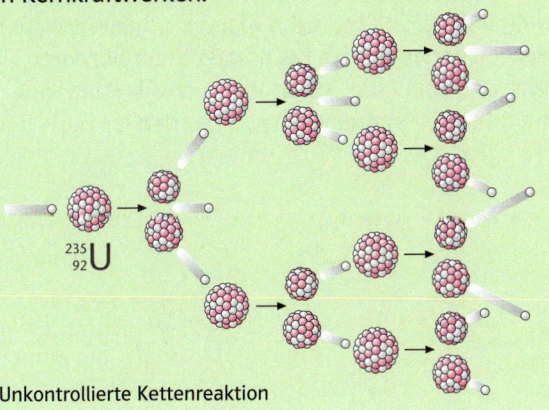

Unkontrollierte Kettenreaktion

AUFGABEN

1 ○ Gib an, was ein Isotop ist.

2 ◐ Bestimme die Anzahl an Protonen im Atomkern von Plutonium. Nutze das Periodensystem im Anhang.

3 ◐ Erkläre, was die Halbwertszeit mit dem radioaktiven Zerfall zu tun hat.

4 ◐ Ordne die zwei Fälle einer Kettenreaktion folgenden Begriffen zu: friedliche Nutzung – nichtfriedliche Nutzung.

5 ● Erkläre, wie man Halbleiter dotiert.

175

Wechselwirkung

In den Naturwissenschaften wird häufig die Frage nach Ursache und Wirkung gestellt. Auf eine Ursache folgt immer eine Wirkung. Das gilt auch für die Beispiele auf dieser Doppelseite.

Wenn z.B. Urankerne mit Neutronen beschossen werden, dann hat das eine Wirkung auf die Urankerne. Auf die Wirkungen kann man auch Einfluss nehmen, wenn man die Ursachen versteht.

Strahlenschäden

Ionisierende Strahlung (z.B. von radioaktiven Stoffen) kann die Ursache für Schäden an lebenden Zellen sein. Gesundheitliche Schäden und genetische Mutationen können die Folge sein.
Es ist daher wichtig, sich vor den möglichen Wirkungen der ionisierenden Strahlung zu schützen. Für Personen, die im Beruf ionisierender Strahlung ausgesetzt sind, gelten besonders strenge Vorschriften.

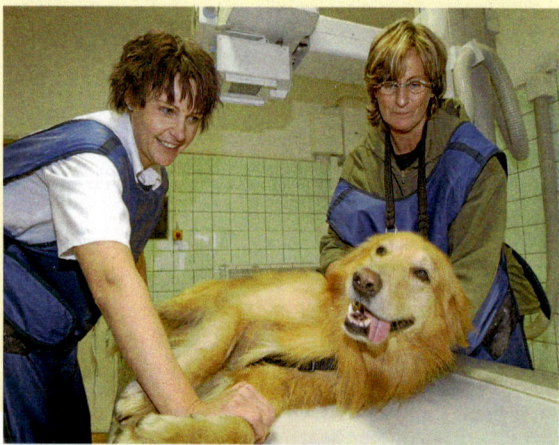

Die Bleischürze schützt vor den Wirkungen ionisierender Strahlung.

Kernspaltung

Die Kernspaltung wurde entdeckt, als Wissenschaftler Uran-235-Kerne mit Neutronen beschossen. Sie stellten fest, dass der Uran-235-Kern in zwei leichtere Kerne gespalten wurde.
Die Wissenschaftler kamen zu folgender Schlussfolgerung: Der Beschuss mit Neutronen ist die Ursache, die Kernspaltung ist die Wirkung.
Man kann auch beeinflussen, wie groß die Wirkung der Neutronen auf den U-235-Kern ist: Langsamere Neutronen haben nämlich eine größere Wirkung auf den U-235-Kern. Wenn man also mehr Kernspaltungen erzeugen möchte, muss man Neutronen verlangsamen. Dies geschieht in Kernkraftwerken mithilfe der sogenannten Moderatoren.

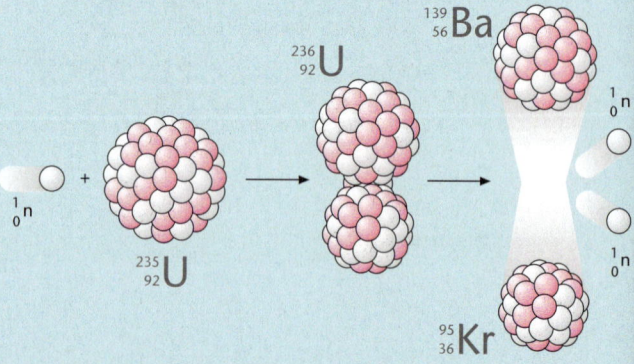

Neutronen bewirken die Kernspaltung von Uran-235 in Barium-139 und Krypton-95.

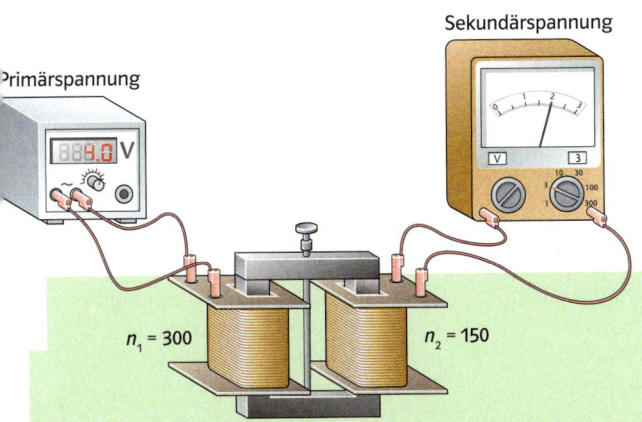

Primärspule Eisenkern Sekundärspule

Ein Transformator beeinflusst die Höhe von Spannungen.

Der Transformator

Ein Transformator besteht aus einer Primärspule und einer Sekundärspule. Primärspule und Sekundärspule haben einen gemeinsamen Eisenkern. Wenn die Primärspule an eine Wechselspannung angeschlossen ist, dann wird in der Sekundärspule ebenfalls eine Wechselspannung induziert. Bei unterschiedlichen Windungszahlen von Primärspule und Sekundärspule ändert sich die Höhe der Spannung.

Der Transformator hat damit die Wirkung, Spannungen zu verändern. Dies ist wichtig für unser Energieversorgungsnetz: Die Spannung wird mit Transformatoren auf Hochspannung erhöht und dann übertragen. Dies hat zur Folge, dass bei der Übertragung geringere Wärmeverluste auftreten. Kurz vor den Haushalten wird die Spannung mit Transformatoren wieder verkleinert.

Induktion

Wenn in einer Spule das Magnetfeld verändert wird (z. B. durch Bewegung eines Dauermagneten), dann wird eine Spannung erzeugt. Dieser Vorgang heißt elektromagnetische Induktion. Die entstehende Spannung wird als Induktionsspannung bezeichnet.

Die Ursache für die elektromagnetische Induktion ist die Veränderung des Magnetfelds, die Wirkung ist die Induktionsspannung.

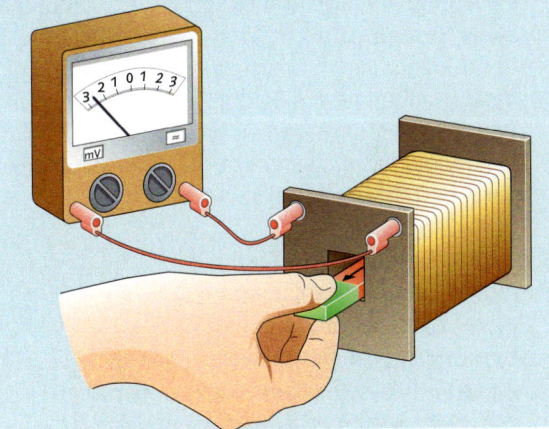

Die Veränderung des Magnetfelds in der Spule bewirkt die Induktionsspannung.

AUFGABEN

1 ○ Nenne die möglichen Folgen ionisierender Strahlung auf den menschlichen Körper.

2 ○ Beschreibe die mögliche Wirkung, wenn ein Neutron auf einen U-235-Kern trifft.

3 ○ Beschreibe die Wirkung eines Transformators.

4 ◑ Beschreibe die Ursache für die elektromagnetische Induktion.

5 ● Beschreibe, wie man eine Kettenreaktion bei einer Kernspaltung beeinflussen kann.

1 Bewegte Körper und ihre Energie

1 a) Die Geschwindigkeit ist Weg pro Zeit. Wenn ein Auto in einer Stunde einen Weg von 30 Kilometern zurücklegt, dann beträgt seine Geschwindigkeit 30 km/h.

b) Wenn eine Ampel von Rot auf Grün umschaltet, dann beschleunigt ein Auto und erhöht seine Geschwindigkeit. Die Beschleunigung ist Geschwindigkeitszunahme pro Zeit. Wenn die Geschwindigkeit pro Sekunde um 2 m/s zunimmt, dann beträgt die Beschleunigung 2 m/s^2.

c) Wenn ein Auto vor einer roten Ampel abbremst, dann wird es verzögert. Die Verzögerung ist eine negative Beschleunigung. Wenn die Geschwindigkeit eines Autos pro Sekunde um 5 m/s abnimmt, dann beträgt die Verzögerung 5 m/s^2.

2 Gemeinsamkeiten: Bei beiden Diagrammen ist auf der x-Achse (waagerechte Achse) die Zeit t eingetragen.
Unterschiede: Bei einem t-s-Diagramm ist auf der y-Achse (senkrechte Achse) der Weg s eingetragen. Bei einem t-v-Diagramm hingegen ist auf der y-Achse (senkrechte Achse) die Geschwindigkeit v eingetragen.

3 a) Ein fahrendes Auto benötigt eine bestimmte Strecke, um zum Stillstand zu kommen. Das ist der Anhalteweg.
b) Der Sicherheitsabstand ist die Strecke, die man als Autofahrer zum Vordermann einhalten muss. Wenn man den Sicherheitsabstand einhält und aufpasst, dann kann man rechtzeitig anhalten, wenn der Vordermann bremst.
Mögliche Ergänzung: Man kann den Sicherheitsabstand mit der Faustformel „halber Tacho" abschätzen.

4 Kinetische Energie ist ein anderer Begriff für Bewegungsenergie. Ein Körper, der in Bewegung ist, besitzt kinetische Energie.

5 Siehe hier Bild 1.

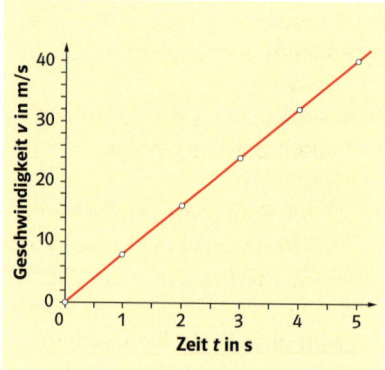

1 Zeit-Geschwindigkeits-Diagramm

6 Nach dem Absprung wird der Fallschirmspringer zunächst beschleunigt. Er befindet sich im freien Fall. Seine Geschwindigkeit nimmt schnell zu (auf rund 200 km/h). Kurz vor der Landung öffnet er den Fallschirm. Dadurch wird er abgebremst und verringert seine Geschwindigkeit (auf rund 20 km/h). Bei der Landung kann der Fallschirmspringer seine Geschwindigkeit durch Ziehen an den Leinen noch weiter verkleinern. So kann er sanft landen.

7 Der Wirkungsgrad gibt an, welcher Anteil der insgesamt eingesetzten Energie für den gewünschten Zweck tatsächlich genutzt wird.

8 Befindet sich ein Snowboardfahrer hoch oben in der Halfpipe, so hat er potentielle Energie (Höhenenergie). Beim Herabfahren nimmt die potentielle Energie ab. Der Snowboardfahrer wird schneller. Seine kinetische Energie (Bewegungsenergie) nimmt zu. Am tiefsten Punkt der Halfpipe ist die potentielle Energie in kinetische Energie umgewandelt worden. Bei der Weiterfahrt an der gegenüberliegenden Seite der Halfpipe nach oben nimmt die kinetische Energie wieder ab. Die potentielle Energie nimmt dabei wieder zu.

9 Individuelle Lösung, z. B.:
Sehr geehrter Herr Heinrich, ich danke Ihnen für das Interesse an unseren Fahrzeugen. Sie haben geäußert, dass Sie ein Fahrzeug mit möglichst vielen Kilowatt kaufen möchten. Da kommen mehrere Sportwagen-Modelle in Frage. Wir können Ihnen Modelle mit bis zu 500 kW in unserem Autohaus anbieten.
Gleichzeitig haben Sie geäußert, dass Sie den Wagen für den Stadtverkehr benötigen. Da bei innerstädtischen Fahrten fast nie Geschwindigkeiten von 50 km/h überschritten werden dürfen, schlage ich Ihnen vor, einen Wagen anzuschaffen, der eine Leistung von 100 bis 130 kW hat. Das sind zwar

weniger Kilowatt als bei einem Sportwagen, dafür kann ich Ihnen mehrere Extra-Einbauten anbieten, die Ihre Stadtfahrten angenehmer machen. Diese Extra-Einbauten können Sie sich individuell nach Ihren Wünschen zusammenstellen. Wir haben mehrere neue Modelle in unserem Autohaus, die ich Ihnen gerne vorstellen möchte.

2 Elektrische Energie erzeugen und nutzen

1 Die elektrische Stromstärke gibt an, wie viele Elektronen pro Sekunde an einer Messstelle vorbeifließen.
Die elektrische Spannung gibt an, wie stark die Elektronen in einem Stromkreis angetrieben werden.

2 a) Die elektrische Leistung ist eine im Alltag häufig benutzte Bezeichnung für die elektrische Energiestromstärke. Die elektrische Energiestromstärke gibt an, wie viel elektrische Energie pro Zeit übertragen wird.
elektrische Energiestromstärke = elektrische Energie / Zeit
b) Die elektrische Leistung wird in der Einheit Watt (W) angegeben.

3 Elektromagnete werden z.B. in den folgenden Geräten verwendet: Lasthebemagnet auf einem Schrottplatz, Gong, Klingel, Lautsprecher, Türöffner.

4 a) Die Windungszahl gibt an, wie viele Windungen eine Spule besitzt.

b) Die Primärspule ist die Spule eines Transformators, die an eine Spannungsquelle angeschlossen wird.
c) Die Sekundärspannung ist die Spannung, die an der Sekundärspule eines Transformators entsteht.

5 Windkraftwerke und Wasserkraftwerke nutzen regenerative Energiequellen.

6 Das Magnetfeld eines Elektromagneten kann verstärkt werden,
– wenn man Spulen mit einer größeren Windungszahl verwendet,
– wenn man die Stromstärke erhöht,
– wenn man einen Eisenkern in der Spule verwendet.

7 a) Der Rotor eines einfachen Elektromotors besteht aus einer Spule mit Eisenkern. Der Stator ist ein Dauermagnet. Die Spule wird über Schleifkontakte mit Strom versorgt. Wenn Strom durch die Spule fließt, dann dreht sich der Rotor ein kleines Stück – bis sich die ungleichnamigen Pole von Rotor und Stator gegenüberstehen. In diesem Moment vertauscht der Kommutator die Stromrichtung durch die Spule: Jetzt stehen sich gleichnamige Pole von Rotor und Stator gegenüber. Der Rotor dreht sich weiter, bis sich erneut ungleichnamige Pole von Rotor und Stator gegenüberstehen.
Danach wiederholt sich der beschriebene Vorgang und der Elektromotor läuft.

b) Ein Elektromotor erzeugt Bewegungsenergie aus elektrischer Energie: Wenn man einen Elektromotor mit Strom versorgt, dann erzeugt der Elektromotor eine Bewegung. Beim Generator ist es genau umgekehrt: Ein Generator erzeugt elektrische Energie aus Bewegungsenergie. Wenn ein Generator durch Bewegung angetrieben wird, dann erzeugt er Strom.

8 Die elektrische Energie wird über lange Stromleitungen übertragen. Bei kleinen Spannungen entsteht Wärme in den Stromleitungen. Diese Wärme kann nicht genutzt werden. Daher könnte dann nur ein Teil der elektrischen Energie im Haushalt ankommen. Deshalb überträgt man die elektrische Energie nicht mit einer Spannung von 230 V, sondern mit Hochspannungen bis zu 380 000 V.

9 Beispiele für Verfahren zur Erzeugung elektrischer Energie:
– In Kohlekraftwerken wird Kohle verbrannt. Die dabei entstehende Wärme nutzt man, um Wasserdampf zu erzeugen. Der Wasserdampf treibt eine Turbine an, die mit einem Generator verbunden ist. Der Generator erzeugt dann die elektrische Energie.
– In Wasserkraftwerken wird fließendes Wasser auf eine Turbine geleitet. Ein angeschlossener Generator erzeugt die elektrische Energie.
– In einer Biogasanlage entsteht durch Vergärung von

Biomasse ein brennnbares Gas, das Biogas genannt wird. Beim Verbrennen von Biogas entsteht Wärme, die zur Stromerzeugung verwendet werden kann.

10 Im Norden Deutschlands werden viele neue Windparks gebaut, die elektrische Energie erzeugen. Diese elektrische Energie wird vor allem für die Industrieschwerpunkte im Süden Deutschlands benötigt. Daher werden neue Stromleitungen benötigt, die die elektrische Energie aus dem Norden in den Süden Deutschlands transportieren.

11 a) Gegeben: $P = 400\,W = 0{,}4\,kW$; $t = 2$ Stunden (pro Tag)
Gesucht: E
Formel: $E = P \cdot t$
Energiebedarf pro Tag:
$E = 0{,}4\,kW \cdot 2\,h = 0{,}8\,kWh$
Energiebedarf pro Jahr:
$E = 0{,}8\,kWh \cdot 365 = 292\,kWh$
Der Computer benötigt eine elektrische Energie von 292 kWh im Jahr.
b) Kosten pro Jahr bei 0,25 €/kWh:
292 kWh · 0,25 €/kWh = 73,00 €

12 Bei einer Wechselspannung verändert sich die Polung der Spannung ständig. Die Frequenz (in Hertz) gibt an, wie oft dies pro Sekunde geschieht. Bei einer Wechselspannung ändert sich der Spannungswert in einem gleichbleibenden Rhythmus. Die Amplitude einer Wechselspannung gibt den höchsten Spannungswert an, der dabei erreicht wird.

13 Individuelle Lösung, z. B.: Nachhaltigkeit liegt dann vor, wenn etwas auch zukünftig zur Verfügung steht und das Umfeld nicht schädigt.
In der Forstwirtschaft bedeutet Nachhaltigkeit: Es werden nicht mehr Bäume gefällt als nachwachsen können.
In der Energiewirtschaft bedeutet Nachhaltigkeit: Eine Energiequelle steht uns auch zukünftig zur Verfügung. Dies gilt nicht für fossile Brennstoffe, da ihre Vorräte begrenzt sind. Zudem kann die Verbrennung fossiler Brennstoffe unsere Atmosphäre schädigen.

3 Radioaktivität und Kernenergie

1 U ist das Symbol für das Element Uran.
92 ist die Ordnungszahl. Diese Zahl gibt an, an welcher Stelle man das Element Uran im Periodensystem findet. Diese Zahl entspricht auch der Anzahl an Protonen im Kern, der sogenannten Kernladungszahl. Außerdem entspricht diese Zahl der Anzahl an Elektronen in der Hülle eines neutralen Uran-Atoms.
Die Zahl 235 ist die Summe der Anzahl von Protonen und Neutronen. Das bedeutet: Im Kern befinden sich außer den 92 Protonen noch 143 Neutronen (92 + 143 = 235).

2 Als Entdecker der radioaktiven Strahlung gilt HENRI BECQUEREL. Er legte ein Stück Uransalz auf eine Fotoplatte, die noch eingepackt war. Trotzdem sah er später die Umrisse des Uran-

salz-Stücks auf der Fotoplatte. Die Fotoplatte war durch die Verpackung hindurch belichtet worden. BECQUEREL hatte so die radioaktive Strahlung entdeckt.

3 Man kann radioaktive Strahlung nachweisen durch Schwärzung von Filmen oder mit einem Geiger-Müller-Zählrohr. Ein Film wird durch die radioaktive Strahlung geschwärzt. Im Geiger-Müller-Zählrohr ionisiert die radioaktive Strahlung Atome. Dadurch werden Elektronen frei, die einen Stromstoß auslösen.

4 Radioaktive Strahlung wird in der Medizin u. a. dazu eingesetzt, um medizinische Instrumente oder Verbandsmaterialien zu sterilisieren. Durch die radioaktive Strahlung werden Bakterien und Viren abgetötet. Alternativen:
– Mithilfe radioaktiver Strahlung können in der Medizin Krankheiten diagnostiziert werden. Ein Beispiel ist die Szintigrafie der Schilddrüse.
– Radioaktive Strahlung kann zur Therapie von Krebserkrankungen dienen. Dazu wird krankes Gewebe bestrahlt.

5 a) α-Strahlung und β-Strahlung bestehen beide aus Teilchen, die einen radioaktiven Kern verlassen. Die Art der Teilchen ist jedoch unterschiedlich. α-Strahlung besteht aus Heliumkernen, also aus 2 Protonen und 2 Neutronen. α-Strahlung ist also 2-fach positiv geladen. β-Strahlung hingegen besteht aus Elektronen. β-Strahlung ist

also einfach negativ geladen. Auch bei der Reichweite in Luft unterscheiden sich α-Strahlung und b-Strahlung: Die Reichweite der α-Strahlung beträgt nur wenige Zentimeter. Die Reichweite der β-Strahlung dagegen beträgt mehrere Meter.

b) Man kann α-Strahlung mit dünnen Schichten aufhalten, z. B. mit einem Blatt Papier. Es reichen aber auch bereits mehrere Zentimeter Luft als Abstand.

Zur Abschirmung von β-Strahlung hingegen benötigt man dickere Schichten: z. B. 100 Blatt Papier oder ein 5 mm dickes Aluminiumblech.

c) Wenn ein radioaktiver Kern β-Strahlung abgibt, dann passiert Folgendes: Im Kern wandelt sich ein Neutron um, und zwar in ein Proton und ein Elektron. Das Elektron verlässt den Kern als b-Strahlung. Zurück bleibt ein Kern, der nun ein Proton mehr als vorher hat. Die Ordnungszahl ist um 1 höher als vorher.

6 Der Geigerzähler besteht aus einem Metallrohr (4), das mit Edelgas gefüllt ist. Vorne ist es durch eine dünne Folie, das Glimmerfenster (1), verschlossen. In das Innere des Rohrs ragt ein Metalldraht (7). Zwischen Rohr und Metalldraht besteht eine Spannung von 500 V. Die Halterung des Metalldrahts enthält dazu eine Isolierung (5). Dringt Strahlung (6) in das Rohr, wird das Gas im Inneren ionisiert: Aus einem Edelgasatom wird somit ein Ion (2) und ein Elektron (3). Die frei

gewordenen Elektronen lösen weitere Elektronen aus den Edelgasatomen. So wird eine Elektronenlawine ausgelöst. Dadurch kommt es im Geigerzähler zu einem kurzzeitigen Stromfluss. Der Stromfluss wird mit einem Verstärker (10) vergrößert. Mit diesem vergrößerten Stromfluss kann mit einem Lautsprecher (8) ein Knacken erzeugt werden. Mit einem angeschlossenen Zähler (9) kann man die Anzahl der Impulse (Knackgeräusche) zählen.

7 Der Begriff „Umgebungsstrahlung" bezeichnet die immer vorhandene Strahlung, auch wenn kein radioaktives Präparat in der Nähe ist.

8 $^{239}_{94}$Pu hat im Kern 94 Protonen und 145 Neutronen, also insgesamt 239 Kern-Teilchen. Verlässt ein α-Teilchen den Kern, so verlassen ihn 2 Protonen und 2 Neutronen. Die Ordnungszahl sinkt um 2 auf 92. Die Ordnungszahl 92 gehört zum Element Uran. Es entsteht also Uran.

9 Als Halbwertszeit bezeichnet man die Zeitspanne, in der jeweils die Hälfte eines radioaktiven Stoffes zerfallen ist.

10 In einem Kernkraftwerk wird durch die Spaltung von Uran-235-Atomkernen Energie freigesetzt. Das Uran befindet sich in Brennstäben.
Die Spaltung der Uran-235-Atomkerne findet als kontrollierte Kettenreaktion statt. Bei jeder Spaltung eines

Atomkerns werden mehrere Neutronen frei, die wiederum je einen Atomkern spalten könnten. Damit keine unkontrollierte Kettenreaktion entsteht, müssen Neutronen eingefangen werden. Dies geschieht durch sogenannte Regelstäbe, die sich zwischen den Brennstäben befinden.

Die bei einer Kernspaltung frei werdenden Neutronen sind zu schnell, um weitere Atomkerne spalten zu können. Deshalb werden sie durch einen Moderator abgebremst. Als Moderator dient Wasser, in das die Brennstäbe eingetaucht sind. Das Wasser im Reaktor erhitzt sich durch die freigesetzte Energie. In einem Wärmetauscher wird Wasserdampf erzeugt. Der Wasserdampf treibt eine Turbine und diese einen Generator an.

11 Wenn der Mensch durch Strahlung belastet wird, können grundsätzlich Schäden auftreten. Die Wahrscheinlichkeit, dass solche Schäden auftreten, hängt jedoch von der Höhe der Strahlenbelastung ab. Erst wenn die Strahlenbelastung etwa 80-mal höher ist als die durchschnittliche Belastung eines Bundesbürgers, ist dies gefährlich.
Wenn sie 125- bis 250-fach höher ist als die durchschnittliche jährliche Belastung, werden Embryos geschädigt und man kann ein verändertes Blutbild nachweisen.
Wenn sie 2 000-fach so hoch ist, sterben 50 % der bestrahlten Personen.

Das Risiko, durch die alltägliche Strahlenbelastung zu erkranken, ist also sehr gering. Trotzdem sollte man versuchen, jede zusätzliche Strahlenbelastung unbedingt zu vermeiden.

4 Daten, Dioden und Elektronik

1 Daten sind Werte, die man aus Befragungen, Beobachtungen oder Messungen sammelt.

2 Beispiele für Datenwandler: Telefon, Lautsprecher, Mikrofon

3 analog: stufenlos
digital: gestuft

4 Mit einer Diode kann man Wechselstrom in Gleichstrom umwandeln.

5 Eine Diode ist ein Halbleiterbauteil mit folgender Eigenschaft: Eine Diode lässt den Strom nur in eine Richtung hindurchfließen.

6 Bei der Solarzelle wird Lichtenergie in elektrische Energie umgewandelt.

7 Beispiele für Sensoren:
– Wasserhahn-Sensor
– Sensor für das Erkennen von Parklücken und das automatische Einparken

8 a) Halbleiter leiten bei tiefen Temperaturen und bei Dunkelheit schlecht, weil fast alle Elektronen fest gebunden sind.
b) Bei Energiezufuhr gibt es mehr freie Elektronen. Deshalb leiten Halbleiter bei Energiezufuhr besser.

9 In einem Halbleiter werden bei Energiezufuhr Elektronen aus ihren Bindungen herausgelöst. Diese Elektronen können sich dann frei im Halbleiter bewegen. In einigen Atomen fehlt dann allerdings ein Elektron. Eine Stelle mit fehlendem Elektron bezeichnet man als Loch.

10 a) Man dotiert Halbleiter, um ihre Leitfähigkeit zu erhöhen: Unter dem Begriff „Dotieren" versteht man nämlich das gezielte Einbringen von Fremdatomen. Diese Fremdatome stellen zusätzliche freie Elektronen oder Löcher im Halbleiter bereit. Dadurch erhöht sich die Leitfähigkeit des Halbleiters.
b) Bei einem n-dotierten Halbleiter bringt man in den Halbleiter gezielt solche Fremdatome ein, dass zusätzliche freie Elektronen entstehen. Bei einem p-dotierten Halbleiter hingegen entstehen durch die Fremdatome zusätzliche Löcher im Halbleiter.

11 Wenn eine Diode in Durchlassrichtung geschaltet ist, dann fließt Strom durch die Diode. Dabei muss der kurze Draht mit dem Minuspol der Spannungsquelle verbunden sein und der lange Draht mit dem Pluspol. Wenn die Diode allerdings andersherum eingebaut wird, dann fließt kein Strom: Die Diode ist in Sperrrichtung geschaltet.

12 Einsatzbereiche:
– Dioden können verwendet werden, um Wechselstrom in Gleichstrom umzuwandeln.

– Leuchtdioden kommen in vielen elektronischen Geräten als Anzeige zum Einsatz.

13 Ein Sendemast sendet elektromagnetische Wellen aus. Diese elektromagnetischen Wellen breiten sich nun aus. Elektromagnetische Wellen können die Luft durchdringen und sich über viele Tausend Kilometer ausbreiten. Ein Rundfunkempfänger kann diese elektromagnetischen Wellen empfangen. So kann z. B. Musik über weite Entfernungen übertragen werden.

14 Dioden lassen den elektrischen Strom nur in eine Richtung hindurch. Genauso lassen Einbahnstraßen den Verkehrsfluss an Autos nur in eine Richtung hindurch. Da der elektrische Strom ein Fluss von Elektronen ist, kann man Dioden als „Einbahnstraßen für Elektronen" beschreiben.

15 Wenn Licht auf die Grenzschicht einer Solarzelle trifft, dann passiert Folgendes: Elektronen werden aus den Bindungen herausgelöst. So entstehen frei bewegliche Elektronen und Löcher. Die frei beweglichen Elektronen werden an einer Seite der Solarzelle (z. B. der Oberseite) gesammelt und die Löcher an der anderen Seite (z. B. der Unterseite). Zwischen der Oberseite und der Unterseite der Solarzelle entsteht dadurch eine Gleichspannung. Mit dieser Gleichspannung kann ein elektrisches Gerät betrieben werden.

Jede Aufgabe enthält einen klaren Arbeitsauftrag an dich, du musst ihn nur richtig erkennen. Je nach Formulierung erwartet deine Lehrerin oder dein Lehrer ganz unterschiedliche Antworten von dir. Diese Liste hilft dir, Arbeitsaufträge richtig zu verstehen und zu bearbeiten.

abschätzen
das Ergebnis ungefähr angeben und es begründen

angeben/aufschreiben/aufzählen/nennen
Begriffe, Informationen oder Aussagen zusammentragen

begründen
Ursachen, Gesetze oder Beweise für etwas anführen

beschreiben
eine Sache durch Fachbegriffe und in eigenen Worten wiedergeben

beurteilen
erkennen, ob eine Aussage zutrifft, und das Ergebnis begründen

bewerten/Stellung nehmen
dir eine eigene Meinung bilden, begründen und äußern, wie du zu dem Sachverhalt stehst (gut oder schlecht)

diskutieren
Meinungen austauschen, einander gegenuberstellen und abwägen

dokumentieren/protokollieren
alles Wichtige zu einem Thema oder Versuch aufschreiben und aufzeichnen

einen Versuch planen
überlegen, wie ein Versuch aufgebaut, durchgeführt und ausgewertet werden könnte

eine Vermutung formulieren
überlegen, was das Ergebnis sein könnte

entwickeln
zu einem Thema oder Sachverhalt eigene Gedanken äußern und sie begründen

erklären
eine Sache mit Regeln, Gesetzmäßigkeiten oder Ursachen darstellen

erläutern
eine Sache nachvollziehbar und verständlich darstellen

erörtern
Vor- und Nachteile zu einem Thema anführen und diese beweisen

ordnen/zuordnen
verschiedene Sachen wie Gegenstände, Geschehnisse usw. in eine richtige Reihenfolge bringen

präsentieren
ein Referat, ein Plakat oder das Ergebnis einer Gruppenarbeit vorstellen

recherchieren
zu einem bestimmten Thema Informationen sammeln

skizzieren
eine Zeichnung erstellen, die nur das Wichtigste enthält

(über)prüfen
kontrollieren, ob Regeln, Inhalte oder Aussagen zutreffen

vergleichen
Dinge in Beziehung setzen und erkennen, was gleich, ähnlich oder unterschiedlich ist

Stichwortverzeichnis

A

α-Strahlung 112f, 142
α-Teilchen 112
α-Zerfall 113
Aktivität 118f, 142
Aktivität, spezifische 118f, 142
Amplitude 66f
Analog-digital-Wandler 148f
Anhalteweg 24f, 44
Anion 103
Asse 130f
Atom 102f, 142
Atomhülle 102f, 142
Atomkern 102f, 142
Atomwaffe 139
Außenpolgenerator 70f

B

β-Strahlung 112f, 142
β-Teilchen 112
β-Zerfall 113
BECQUEREL, HENRI 106, 108, 118
Beschleunigung 14ff, 44
Bewegung
  – beschleunigte 14f, 44
  – gleichförmige 6f, 44
  – verzögerte 23, 44
Bewegungsenergie 30, 36f, 44
binäre Darstellung 148f
Biogasanlage 88, 94f
Biologischer Schild 128
Bit 149, 166
Blockheizkraftwerk 88
BOHR, NIELS 138
BRAUN, FERDINAND 152f
Bremsweg 24ff, 44
Brennelemente 126
Brennstäbe 126ff
Brennstoffe, fossile 83, 93
Brennstofftabletten 128
Brennstoffzelle 33
Byte 149

C

C-14-Methode 114, 117
CURIE, MARIE 114
CURIE, PIERRE 114

D

Daten 146f, 166
Datenwandler 147
DEMOKRIT 102
DIESEL, RUDOLF 32
Dieselmotor 32f
Digital-analog-Wandler 148
Diode 158ff, 166
dotieren 156f, 166
Durchlassrichtung 158ff
Durchschnittsgeschwindigkeit 7
Dynamo 68f

E

EDISON, THOMAS 80
Ein-Weg-Kommunikation 147
Eisenkern 55, 65, 72f
Elektromagnet 54ff
Elektromotor 33, 58ff, 69, 98
Elektron 102f, 142, 154ff, 160f, 166
Elektronenstrom 156f, 166
Elementarmagnet 52f
Empfänger 147
Endlagerung 130f
Energie 30, 48ff
  – kinetische 30, 36ff, 44
  – potentielle 36ff, 44
Energieentwertung 30
Energieerhaltungssatz 30, 44
Energiemix 136
Energiequelle 82f
  – regenerative 82f, 86f, 98
Energiestromstärke 40, 44, 48f

Erdbeschleunigung 22, 44
Erdgas 82f
Erdöl 82f

F

FARADAY, MICHAEL 61
Feld, magnetisches 53ff
Feldlinien, magnetische 53, 56
FERMI, ENRICO 138
Filmdosimeter 108f
Fotovoltaik 162f
freier Fall 22, 44
Frequenz 66f
Fukushima 132f, 139
Funkübertragung 152f, 166

G

γ-Strahlung 112f, 142
Gasturbinenkraftwerk 88
GEIGER, HANS 108
Geiger-Müller-Zählrohr 108f, 142
Geigerzähler 109, 142
Generator 68ff, 98
Geschwindigkeit 6f, 10f, 44
Gong 57
Gorleben 130f
Grenzschicht 162

H

HAHN, OTTO 122, 138f
Halbleiter 154f, 166
Halbwertszeit 114ff, 142
Halfpipe 36f
HERTZ, HEINRICH 152
Hiroshima 139
Hochspannung 78f, 98
Hochspannungsleitungen 79
Hochspannungstransformator 74f
Hochstromtransformator 74f
Höhenenergie 36f, 44

I

Induktion 62ff, 68f, 98
Innenpolgenerator 70f
Inselnetze 81
Ion 103
Ionisation 108
Isotop 103

K

Kanal 147
Kation 103
Kernbrennstoff 126
Kernenergie 125ff, 136
Kernfusion 136
Kernkraftwerk 88f, 126ff
Kernladungszahl 103
Kernspaltung 122f, 142
Kernzerfall 113
Kettenreaktion 124ff, 142
  – kontrollierte 124ff
  – unkontrollierte 124f
Klimaerwärmung 93
Klingel 57
Kohle 82ff
Kohlekraftwerk 84f, 89
Kohlenstoffdioxid 85, 92ff
Kommunikation 146f
Kommutator 58f
Konrad 131

L

Lasthebemagnet 57
Laufwasserkraftwerk 86f, 89
Lautsprecher 57, 150, 166
LED 51, 158f, 166
Leistung 40f, 44, 48ff
Leuchtmittel 51
LEUKIPP 102
Lichtmaschine 68f
Loch 155ff, 160f, 166
Löcherstrom 156f, 166

M

Magnet 52f
MARCONI, GUGLIELMO 152f
MEITNER, LISE 122, 138f

Methan   93
Mikrofon   150, 166
Moderator   126f
Momentangeschwindig-
   keit   7
MOORA   117
Morsleben   131
MÜLLER, WALTHER   108

N

Nachhaltigkeit   87, 98
n-dotiert   157, 160, 162,
   166
Netzteil   76
Neutron   102f, 142
NEWTON,
   ISAAC   29
Newton'sches
   Kraftgesetz   28f
Nordpol   52f
n-Schicht   160ff
Nutzenergie   82f, 98

O

OERSTED, HANS
   CHRISTIAN   54, 61, 106
Offshore-Windpark   90f
Onshore-Windpark   90f
OPPENHEIMER,
   ROBERT   138
Ordnungszahl   103
OTTO, NICOLAUS AUGUST   32
Ottomotor   32f
ÖTZI   11f

P

p-dotiert   157, 160, 162,
   166
Primärenergie   82f, 98
Primärspannung   72ff
Primärspule   72ff
Primärstrom-
   stärke   75
Proton   102f, 142
p-Schicht   160ff
Pumpspeicherkraft-
   werk   86f

R

Reaktionsweg   24f, 44
Reaktionszeit   24f
Reaktordruckgefäß   126ff
Reaktorgebäude   128
Reaktorunfall   132f
Rechendreieck   11, 16f
Regelstäbe   126f
REIS, PHILIPP   151
Rotor   58f
RUTHERFORD,
   ERNEST   102, 106f

S

Schilddrüse   119f
Schüttellampe   62
Schweißgerät   76
Sekundärenergie   82f, 98
Sekundär-
   spannung   72ff
Sekundärspule   72ff
Sekundärstrom-
   stärke   75
Sender   146f
Sensor   164
Sicherheitsabstand   26
Sicherheitsbehälter   128
Signal
   – analoges   148f, 166
   – digitales   148f, 166
Silicium   154f, 166
Solarkraftwerk   89
Solarmodul   163
Solarzellen   87, 89, 162f,
   166
Spannung   48f
Speicherkraftwerk   86f, 89
Sperrrichtung   158ff
Sperrschicht   160f
Spule   56, 58ff, 62ff, 72f
Stator   58f
Sterilisation   120
Stoßionisation   108f
Strahlenbelastung   135
strahlenexponiert   140f
Strahlenkrankheit   135
Strahlenschutz   141

Strahlung
   – kosmische   110
   – terrestrische   110
STRAßMANN, FRITZ   122,
   138f
Stromausfall   81
Stromstärke   48f
Stromversorgungsnetz   78f
Südpol   52f
Szintigramm   120

T

Telefon   150f, 166
Transformator   72ff, 78f,
   98
Transformatoren-
   station   76
Treibhauseffekt   92f, 98
Treibhausgase   92f, 98
Tschernobyl   132f, 139
Tumorbehandlung   120
Türöffner   57

U

Umgebungsstrahlung   110
Umspannwerk   79
Universaldiode   158

V

Verbrennungsmotor   32f,
   69
Verbundnetz   79, 81
Verzögerung   23

W

Wärmekraftwerk   84f
Wasserkraftwerk   86f, 89
Wechselspannung   66ff
Wechselstrom   66, 80,
   159, 166
Welle, elektromagneti-
   sche   152f, 166
WESTINGHOUSE, GEORGE   80
Wiederaufbereitung   130f
Windkraftwerk   86f, 89ff
Windungszahl   55, 65, 72ff
Wirkungsgrad   34f, 44, 51

Z

Zahnbürste, elektri-
   sche   76
Zehnerpotenz-Schreib-
   weise   104f
Zeit-Geschwindigkeits-
   Diagramm   13, 44
Zeit-Weg-Diagramm   12f,
   44
Zeit-Weg-Gesetz   20
Zerfall, radioaktiver   113
Zerfallsreihe   115
Zündanlage   76
Zündkerze   76
Zwei-Wege-Kommunika-
   tion   147
Zwischenlager   130f

Vorsilben für Vielfache und Teile von Einheiten

Vorsilbe	Bedeutung	Beispiel	Vorstellung zum Beispiel
Femto f	$10^{-15} = 0,000\,000\,000\,000\,001$	$1\,fm = 10^{-15}\,m$	Größe von Protonen und Neutronen
Pico p	$10^{-12} = 0,000\,000\,000\,001$	$1\,pPa = 10^{-12}\,Pa$	Luftdruck im erdnahen Weltraum
Nano n	$10^{-9} = 0,000\,000\,001$	$1\,nm = 10^{-9}\,m$	Größe von Molekülen
Mikro μ	$10^{-6} = 0,000\,001$	$1\,µg = 10^{-6}\,g$	Masse eines größeren Staubkorns
Milli m	$10^{-3} = 0,001$	$1\,mV = 10^{-3}\,V$	Spannung in den Nerven zur Reizleitung
Zenti c	$10^{-2} = 0,01$	$1\,cl = 10^{-2}\,l$	Volumen von einem Kaffeelöffel Flüssigkeit
Dezi d	$10^{-1} = 0,1$	$1\,dm = 10^{-1}\,m$	Handbreite
	$10^{0} = 1$	$1\,A$	Stromstärke bei einem Zitteraal-Angriff
Deka da	$10^{1} = 10$	$1\,dam = 10\,m$	Breite einer Straße
Hekto h	$10^{2} = 100$	$1\,hl = 10^{2}\,l$	Volumen eines größeren Koffers
Kilo k	$10^{3} = 1000$	$1\,kA = 10^{3}\,A$	Stromstärke bei einer Elektrolokomotive
Mega M	$10^{6} = 1\,000\,000$	$1\,MHz = 10^{6}\,Hz$	Frequenz elektrischer Schwingungen im Radio
Giga G	$10^{9} = 1\,000\,000\,000$	$1\,GW = 10^{9}\,W$	Leistung eines Kernkraftwerks
Tera T	$10^{12} = 1\,000\,000\,000\,000$	$1\,TW = 10^{12}\,W$	Leistung eines Gewitterblitzes
Peta P	$10^{15} = 1\,000\,000\,000\,000\,000$	$1\,Pm = 10^{15}\,m$	Weg, den das Licht in einem Monat zurücklegt

Größen und Einheiten

Größe	Zeichen	Einheit	Zeichen	Größe	Zeichen	Einheit	Zeichen
Länge	s, l	Meter	m	Kraft	F	Newton	N
Fläche	A	Quadratmeter	m²	Arbeit	W	Joule, Wattsekunde	J, Ws
Volumen	V	Kubikmeter	m³	Energie	E	Joule, Wattsekunde	J, Ws
Masse	m	Kilogramm	kg	Leistung/ Energiestromstärke	P	Watt	W
Dichte	ϱ		$\frac{kg}{m^3}, \frac{g}{cm^3}$				
Stoffmenge	n	Mol	mol	Temperatur	T	Grad Celsius	°C
						Kelvin	K
Molare Masse	M		g/mol	Ladung	Q	Coulomb	C
Zeit	t	Sekunde	s	Stromstärke	I	Ampere	A
Geschwindigkeit	v		$\frac{m}{s}; \frac{km}{h}$	Spannung	U	Volt	V
Frequenz	f	Hertz	Hz	Widerstand	R	Ohm	Ω

Umrechnungen

Umrechnung von Masseneinheiten			
Tonne t	Kilogramm kg	Gramm g	Milligramm mg
1 t =	1000 kg		
	1 kg =	1000 g	
		1 g =	1000 mg

Umrechnung von Volumeneinheiten			
Kubik-meter m³	Kubikdezi-meter dm³	Kubikzenti-meter cm³	Kubikmilli-meter mm³
1 m³ =	1000 dm³		
	1 dm³ (l) =	1000 cm³ (ml)	
		1 cm³ =	1000 mm³

Eigenschaften verschiedener Stoffe

Feste Stoffe	Dichte bei 20 °C in g/cm³	spezifische Wärmekapazität in kJ/(kg · K)	Ausdehnung eines 1-m-Stabes bei 20 °C und Erwärmung um 10 K in mm	Schmelz-temperatur in °C	Siede-temperatur in °C
Aluminium	2,70	0,896	0,238	660	2400
Beton	2,2 – 2,5	0,879	0,11		
Blei	11,35	0,129	0,294	327	1750
Eis (– 4 °C)	0,92	2,090	0,37		
Eisen	7,86	0,452	0,116	1535	2800
Gold	19,30	0,129	0,142	1063	2660
Kochsalz	2,16	0,854	0,48	808	1461
Kupfer	8,93	0,385	0,168	1083	2582
Silber	10,50	0,237	0,193	961	2180
Zinn	7,30	0,226	0,27	232	2680
Flüssigkeiten			**Ausdehnung von 10 l bei 20 °C und Erwärmung um 1 K in ml**		
Alkohol (Ethanol)	0,789	2,40	11,0	– 114	78
Quecksilber	13,546	0,138	1,8	– 39	357
Wasser	0,998	4,18	2,1	0	100
Gase	**in g/l**				
Helium	0,179	5,23		– 273	– 269
Kohlenstoffdioxid	1,977	0,837		– 78	– 57
Kohlenstoffmonoxid	1,25	1,05		– 204	– 191
Luft	1,293	1,005		– 213	– 193

Periodensystem der Elemente

I (1)

1 | 1,0 **H** / 1 — Wasserstoff

Legende:
- mittlere Atommasse in u — 186,2 **Re** / 75 — Ordnungszahl
- Elementsymbol
- Metalle ▢
- Halbmetalle ▢
- Nichtmetalle ▢
- fest ■ (schwarz)
- gasförmig ■ (rot)
- flüssig ■ (blau)
- Elementname — Rhenium

II (2)

2
| 6,9 **Li** / 3 — Lithium | 9,0 **Be** / 4 — Beryllium |

3
| 23,0 **Na** / 11 — Natrium | 24,3 **Mg** / 12 — Magnesium |

Nebengruppen

III A (3)	IV A (4)	V A (5)	VI A (6)	VII A (7)	VIII A (8/9/

4
| 39,1 **K** / 19 — Kalium | 40,1 **Ca** / 20 — Calcium | 45,0 **Sc** / 21 — Scandium | 47,9 **Ti** / 22 — Titan | 50,9 **V** / 23 — Vanadium | 52,0 **Cr** / 24 — Chrom | 54,9 **Mn** / 25 — Mangan | 55,8 **Fe** / 26 — Eisen | 58,9 **C** / 27 — Coba |

5
| 85,5 **Rb** / 37 — Rubidium | 87,6 **Sr** / 38 — Strontium | 88,9 **Y** / 39 — Yttrium | 91,2 **Zr** / 40 — Zirconium | 92,9 **Nb** / 41 — Niob | 95,9 **Mo** / 42 — Molybdän | 98 **Tc** / 43 — Technetium ($4,2 \cdot 10^6$ a) | 101,1 **Ru** / 44 — Ruthenium | 102,9 **R** / 45 — Rhodi |

6
| 132,9 **Cs** / 55 — Caesium | 137,3 **Ba** / 56 — Barium | 57–71 Lanthanoide | 178,5 **Hf** / 72 — Hafnium | 180,9 **Ta** / 73 — Tantal | 183,8 **W** / 74 — Wolfram | 186,2 **Re** / 75 — Rhenium | 190,2 **Os** / 76 — Osmium | 192,2 **Ir** / 77 — Iridi |

7
| 223 **Fr** / 87 — Francium (22 min) | 226 **Ra** / 88 — Radium (1600 a) | 89–103 Actinoide | 267 **Rf** / 104 — Rutherfordium (78 min) | 268 **Db** / 105 — Dubnium (29 h) | 271 **Sg** / 106 — Seaborgium (2 min) | 270 **Bh** / 107 — Bohrium (61 s) | 270 **Hs** / 108 — Hassium (23 s) | 278 **M** / 109 — Meitne |

Lanthanoide
| 138,9 **La** / 57 — Lanthan | 140,1 **Ce** / 58 — Cer | 140,9 **Pr** / 59 — Praseodym | 144,2 **Nd** / 60 — Neodym | 145 **Pm** / 61 — Promethium (17,7 a) | 150,4 **Sm** / 62 — Samarium | 152,0 **E** / 63 — Europi |

Actinoide
| 227 **Ac** / 89 — Actinium (22 a) | 232 **Th** / 90 — Thorium ($1,4 \cdot 10^{10}$ a) | 231 **Pa** / 91 — Protactinium ($3,3 \cdot 10^4$ a) | 238 **U** / 92 — Uran ($4,5 \cdot 10^9$ a) | 237 **Np** / 93 — Neptunium ($2,1 \cdot 10^6$ a) | 244 **Pu** / 94 — Plutonium ($8,0 \cdot 10^7$ a) | 243 **A** / 95 — Americ (737 0 |

Bildnachweis

U1.1 plainpicture GmbH & Co. KG (Hans Berggren), Hamburg; U1.2 plainpicture GmbH & Co. KG (Ulrich Mertens), Hamburg; 2.1 Getty Images (The Image Bank/Seth Joel), München; 2.2 Getty Images (alienhelix), München; 3.3 Getty Images (E+/thomas lehmann), München; 3.4 plainpicture GmbH & Co. KG (Image Source), Hamburg; 4.1 plainpicture GmbH & Co. KG (Johner), Hamburg; 4.2 Getty Images RF (E+), München; 5.3 Getty Images RF (imageBROKER), München; 5.4 plainpicture GmbH & Co. KG RF (Score. by Aflo), Hamburg; 6.1 CC-BY-SA-3.0 (Böhringer), siehe *3; 7.2 shutterstock (Jacek Chabraszewski), New York, NY; 9.3 Thinkstock (Hemera), München; 10.1 Imago (Schöning), Berlin; 10.2 Picture-Alliance (Marius Becker dpa/lnw), Frankfurt; 11.2 Thinkstock (moodboard), München; 12.1 shutterstock (Meryll), New York, NY; 14.1 Imago (LAT Photographic), Berlin; 16.1 Getty Images (Lonely Planet), München; 17.3 Hapag-Lloyd AG, Hamburg; 20.1 Thinkstock (iStock/), München; 21.1 Astrofoto (NASA), Sörth; 21.2 akg-images, Berlin; 22.1 Thinkstock (iStock), München; 23.1 Thinkstock (iStock), München; 25.2 iStockphoto (Dirk Baltrusch), Calgary, Alberta; 26.1 Thinkstock (iStockphoto), München; 30.1 Thinkstock (iStock), München; 30.2 dreamstime.com (Supergenijalac), Brentwood, TN; 31.1 iStockphoto (chictype), Calgary, Alberta; 35.2 Fotolia.com (claudia otte), New York; 35.3 Thinkstock (Joseph Gareri), München; 36.1 Thinkstock (moodboard), München; 37.2 dreamstime.com (Ilfede), Brentwood, TN; 39.4 Picture-Alliance (Juergen Feich), Frankfurt; 40.1 dreamstime.com (Nguoilangbat), Brentwood, TN; 40.2 Daimler AG, Stuttgart; 41.1 Fotolia.com (thomaslerchphoto), New York; 41.2 Fotolia.com (Chlorophylle), New York; 41.3 Fotolia.com (Thaut Images), New York; 41.4 PantherMedia GmbH (dieschu), München; 41.5 iStockphoto (Stratol), Calgary, Alberta; 41.6 Thinkstock (SergBob), München; 42.1 Fotolia.com (vschlichting), New York; 43.2 Picture-Alliance (Jens Wolf/dpa), Frankfurt; 43.3 Fotolia.com (benjaminnolte), New York; 45.1 Thinkstock (Fuse), München; 46.1 Getty Images (Digital Vision/Steve Wisbauer), München; 46.2 Corbis (Josh Westrich), Berlin; 47.3 Getty Images (E+/Bosca78), München; 47.4 Getty Images (Photonica/Silvia Otte), München; 48.1 shutterstock (Deyan Georgiev), New York, NY; 48.2 Fotolia.com (Günter Menzl), New York; 50.1 Fotolia.com

(Hans12), New York; 50.2 Georg Trendel, Unna; 51.1 Action Press GmbH, Hamburg; 52.1 Klett-Archiv (Zuckerfabrik digital), Stuttgart; 52.3 Klett-Archiv (Ginger Neumann), Stuttgart; 53.4 Klett-Archiv, Stuttgart; 53.5 Ciprina, Heinz-Joachim, Dortmund; 54.1 dreamstime.com (Dan Van Den Broeke), Brentwood, TN; 54.2 Klett-Archiv (Zuckerfabrik digital), Stuttgart; 57.1 Klett-Archiv (Katja Buß), Stuttgart; 57.2 shutterstock (worradirek), New York, NY; 57.3 Klett-Archiv (Zuckerfabrik Digital), Stuttgart; 57.4 FOCUS (SPL/Andrew Lambert Photography), Hamburg; 57.5 f1 online digitale Bildagentur (Blend Images/Dave and Les Jacobs), Frankfurt; 59.2 Maiworm, Michael, Sprockhövel; 59.3 Klett-Archiv (Fabian H. Silberzahn), Stuttgart; 60.1 Klett-Archiv (Ute Schuhmacher), Stuttgart; 61.1 Deutsches Museum, München; 61.2 Thinkstock (iStockphoto), München; 62.1 Klett-Archiv (Heinz Joachim Ciprina), Stuttgart; 64.2 Maiworm, Michael, Sprockhövel; 68.1 Klett-Archiv (Joachim Boldt), Stuttgart; 69.3 Klett-Archiv (Heinz Joachim Ciprina), Stuttgart; 70.1 Maiworm, Michael, Sprockhövel; 70.2 Thinkstock (Digital Vision), München; 71.3 Maiworm, Michael, Sprockhövel; 71.4 altrofoto.de, Regensburg; 74.1; 74.2 Klett-Archiv, Stuttgart; 76.1 shutterstock (cheyennezj), New York, NY; 76.2 Klett-Archiv, Stuttgart; 76.3 Fotolia.com (motorradcbr), New York; 76.4 Picture-Alliance (Jens Kalaene/dpa), Frankfurt; 76.5 Thinkstock (Chepko Danil), München; 77.1 shutterstock (Dmitriy Shironosov), New York, NY; 78.1 Klett-Archiv, Stuttgart; 80.1 Interfoto (Mary Evans), München; 80.2 gemeinfrei; 81.1 laif (Paul Langrock/Zenit), Köln; 81.2 Corbis (CHIP EAST/Reuters), Berlin; 85.4 Thinkstock (iStockphoto), München; 86.1 Fotolia.com (DeVIce), New York; 87.3 akg-images (euroluftbild. de), Berlin; 88.1 Thinkstock (iStock), München; 88.2 Imago (imagebroker), Berlin; 88.3 laif (Paul Langrock/Zenit), Köln; 88.4 PantherMedia GmbH (Ralph Rösch), München; 89.5 Fotolia.com (Hardy), New York; 89.6 VISUM Foto GmbH (Panos Pictures/M. Redondo), Hamburg; 89.7 Thinkstock (Hemera), München; 89.8 Thinkstock (iStock), München; 90.1 shutterstock (Bildagentur Zoonar GmbH), New York, NY; 90.2 akg-images (euroluftbild. de), Berlin; 91.3 shutterstock (v.schlichting), New York, NY; 92.1; 92.2 Thinkstock (iStock), München; 94.1 Picture-Alliance (Sander), Frankfurt; 97.1 Masterfile Deutschland GmbH, Düsseldorf; 97.2 Picture-Alliance (Johann Groder), Frankfurt; 100.1 Action Press GmbH, Hamburg; 100.2 Avenue Images GmbH (PhotoAlto/James Hardy), Hamburg;

100.3 Getty Images (Vetta/caracterdesign), München; 101.4 Getty Images (E+/thomas lehmann), München; 101.5 Getty Images (OJO Images/Martin Barraud), München; 104.1 Thinkstock (iStock), München; 105.2 FOCUS (DRS A. YAZDANI & D. J. HORNBAKER/SCIENCE PHOTO LIBRARY), Hamburg; 106.1 laif (Bettina Flitner), Köln; 106.2 Action Press GmbH (REX FEATURES LTD.), Hamburg; 107.3 Fotolia.com (Noel Powell), New York; 108.2 Bundesamt für Strahlenschutz, Salzgitter; 109.4 Klett-Archiv (Matthias Müller), Stuttgart; 111.3 Barmeier, Marion, Essen; 114.1 Picture-Alliance (dpa/epa Ansa), Frankfurt; 116.1 Thinkstock (matija_me), München; 117.1 Picture-Alliance (dpa/ Landesamt für Denkmalpflege), Frankfurt; 117.2 Fotex GmbH (Stefan Malzkorn), Hamburg; 120.1 Okapia (V.Steger/P.Arnold), Frankfurt; 121.1 Thinkstock (iStockphoto), München; 121.2 ddp images GmbH (SIPA/Thompson), Hamburg; 121.3 PantherMedia GmbH (okeen), München; 129.1 Fotosearch Stock Photography (Digital Vision), Waukesha, WI; 130.1 ddp images GmbH (Helmholtz Zentrum Muenchen), Hamburg; 131.2 Photothek.net Gbr (Thomas Imo), Radevormwald; 132.1 Picture-Alliance (dpa), Frankfurt; 132.2 Picture-Alliance (dpa/EPA/ABC TV), Frankfurt; 135.2 Corbis (KOSTIN IGOR/CORBIS SYGMA), Berlin; 135.3 Picture-Alliance (dpa/Johann Haas), Frankfurt; 137.1 iStockphoto (Mark Kostich), Calgary, Alberta; 137.2 Corbis (Igor Kostin/Sygma), Berlin; 138.1 Picture-Alliance (United Archiv), Frankfurt; 139.3 Süddeutsche Zeitung Photo, München; 140.1 f1 online digitale Bildagentur (MEV), Frankfurt; 140.2 Picture-Alliance (dpa/Andreas Lander), Frankfurt; 140.3 weisflog.net, Cottbus; 141.4 shutterstock (Andresr), New York, NY; 144.1; 144.2 plainpicture GmbH & Co. KG (Image Source), Hamburg; 145.3 Getty Images (Photographer's Choice/Tom Grill), München; 145.4 Getty Images RF (E+), München; 145.5 Getty Images (Image Source), München; 146.1 shutterstock (travis manley), New York, NY; 146.2 shutterstock (Mark Burrows (Nottingham, UK)), New York, NY; 149.2 Ciprina, Heinz-Joachim, Dortmund; 150.1 Thinkstock (Photodisc), München; 151.1 Getty Images (SSPL), München; 151.2 shutterstock (James Laurie), New York, NY; 151.3 PantherMedia GmbH (Klaus-Peter Huschka), München; 151.4 Thinkstock (Ingram Publishing), München; 151.5 Picture-Alliance (dpa/Uwe Anspach), Frankfurt; 151.6 iStockphoto (blackred), Calgary,

Hinweis zu den Versuchen

Vor der Durchführung eines Versuchs müssen mögliche Gefahrenquellen besprochen werden. Die geltenden Richtlinien zur Vermeidung von Unfällen beim Experimentieren sind zu beachten. Da Experimentieren grundsätzlich umsichtig erfolgen muss, wird auf die üblichen Verhaltensregeln, insbesondere auf die „Richtlinie zur Sicherheit im Unterricht" (RiSU) nicht jedes Mal erneut hingewiesen.

Einige Substanzen, mit denen im Unterricht umgegangen wird, sind als Gefahrstoffe eingestuft. Sie können in den einschlägigen Verzeichnissen nachgeschlagen werden, zum Beispiel in der GESTIS-Stoffdatenbank der Deutschen Gesetzlichen Unfallversicherung.

Die Versuchsanleitungen sind nach Schüler- und Lehrerversuchen unterschieden und enthalten in besonderen Fällen Hinweise auf mögliche Gefahren. Das Tragen einer Schutzbrille beim Experimentieren ist unerlässlich.

1. Auflage   1   12 11 10 9 8 | 27 26 25 24 23

Alle Drucke dieser Auflage sind unverändert und können im Unterricht nebeneinander verwendet werden.
Die letzte Zahl bezeichnet das Jahr des Druckes.

Autorinnen und Autoren: Marion Barmeier, Dr. Klaus Hell, Wolfgang Kugel, Till Stephan, Oliver Wegner
Berater: Matthias Bömeke
Unter Mitarbeit von: Susanne Baumbach, Wolfram Bäurle, Manfred Bergau, Anke Beuren, Dr. Irmtraud Beyer, Jürgen Birkner, Irmgard Bohm, Joachim Boldt, Knut Braun, Heinz Joachim Ciprina, Sandra Diederichs, Simone Dietze, Nicole Dolpp, Roland Frank, Thorsten Fraterman, Eycke Fröchtenicht, Dr. Günter Ganz, Gabriele Geissler, Paul Gietz, Ramon Gomez-Islinger, Renate Görlitz, Michael Guckeisen, Stephan Haas, Gerda Hagen, Michael Hänsel, Gitta Heide, Wolfgang Heitland, Günter Herzig, Lea Hoffmann, Barbara Hoppe, Dr. Eberhard Hummel, Rolf Ixmeier, Ute Jung, Prof. Dr. Dietmar Kalusche, Tanja Kasprzak, Anne-Kathrin Klaus, Rainer Knetsch, Bettina Krause, Wencke Lehmacher, Johann Leupold, Claudia Lissé-Thöneböhn, Manfred Litz, Miriam Loitzsch, Dr. Gabriele Mai-Gebhardt, Michael Maiworm, Antonia Marquart, Sabine Mels, Anke Méndez, Dr. Otfried Müller, Sabine Nelke, Dr. Markus Pawlowski, Reinhard Peppmeier, Wolfgang Pfeifer, Uwe Pietrzyk, Dr. Peter Pösch, Dr. Helmut Prechtl, Hildegard Recke, Dr. Meike Reinhold, Roland Ritter, Wilhelm Roer, Alexander Röhrer, Renate Röhrich, Josef Saal, Burkhard Schäfer, Bernd Schäpers, Petra Schleusener, Anja Schmitz, Elisabeth Schreiber, Dr. Hans-Jürgen Seitz, Oliver Sommer, Karl-Heinz Sonntag, Götz Straßburger, Eberhard Theophel, Dr. Bernd Thomas (†), Andrea Treske, Michael Wächter, Marianne Walcher, Ingrid Wald-Schillings, Silva Wallaschek, Burkhard Weizel, Charlotte Willmer-Klumpp, Ulrike Wolf, Simone Zetzl

Redaktion: Dr. Björn Vogt
Herstellung: Katja Maier

Layoutkonzeption und Gestaltung: KOMA AMOK®, Kunstbüro für Gestaltung, Stuttgart
Umschlaggestaltung: KOMA AMOK®, Kunstbüro für Gestaltung, Stuttgart
Illustrationen: Matthias Balonier, Lützelbach; Joachim Hormann, Stuttgart; Angelika Kramer, Stuttgart; Karin Mall, Berlin; Alfred Marzell, Schwäbisch Gmünd; Tom Menzel, Rohlsdorf; Otto Nehren, Achern; normaldesign, Schwäbisch Gmünd; Gerhart Römer, Ihringen
Satz: media office gmbh, Kornwestheim
Reproduktion: Meyle + Müller, Medien-Management, Pforzheim
Druck: Firmengruppe APPL, aprinta druck, Wemding

Printed in Germany
ISBN: 978-3-12-068860-0